图书在版编目(CIP)数据

1910年的列车/段锡著. -- 昆明 : 云南美术出版社, 2018.5
ISBN 978-7-5489-3210-9

Ⅰ. ①1… Ⅱ. ①段… Ⅲ. ①铁路运输－交通运输史－云南 Ⅳ. ①F532.9

中国版本图书馆CIP数据核字(2018)第098488号

出 版 人: 李 维 刘大伟
责任编辑: 韩 洁 方 帆
摄影供图: 段 锡 张长利
封面设计: 刘 雨

1910年的列车

段 锡 著

出版发行 云南出版集团
云南美术出版社（昆明市环城西路609号）
制版印刷 云南省人大机关印务中心
开 本 889mm×1194mm 1/32
印 张 12
字 数 280千
版 次 2018年6月第1版第1次印刷
书 号 ISBN 978-7-5489-3210-9
定 价 45.00元

滇越铁路百年纪事

1910年的列车

段 锡著

云南出版集团
云南美术出版社

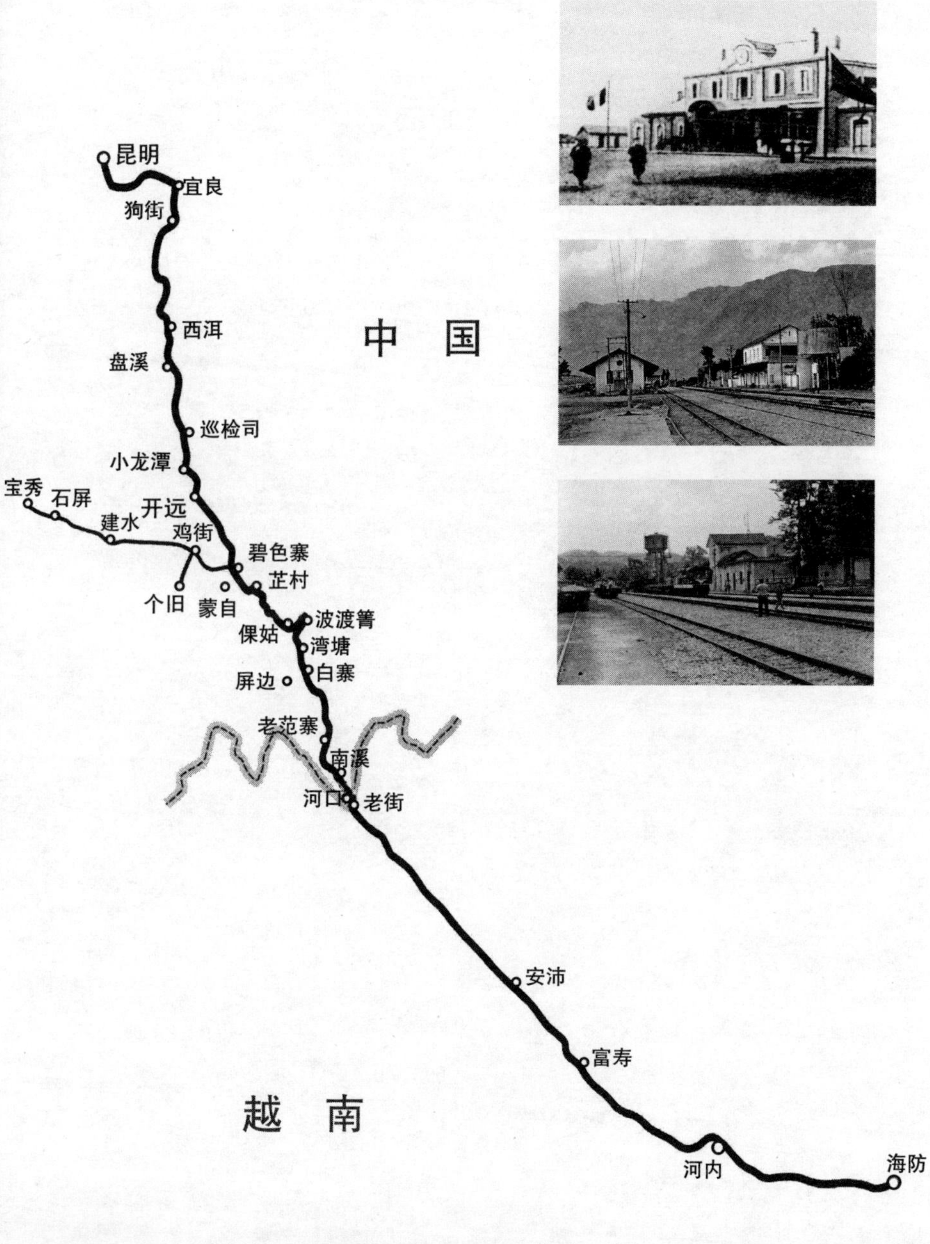
昆明
宜良
狗街
西洱
盘溪
巡检司
小龙潭
开远
宝秀
石屏
建水
鸡街
碧色寨
芷村
个旧
蒙自
波渡箐
倮姑
湾塘
白寨
屏边
老范寨
南溪
河口
老街
中国
安沛
富寿
越南
河内
海防

目 录

第一章　1910年的震撼

1910年的列车，惊世震撼，它打破了数千年来云南封闭落后的自然经济状况，并以列车速度实现着社会、经济文化的剧变，可以认为是云南对外开放的起始。

1910年通车典礼

滇越铁路1903年10月开工，1910年3月31日通车，历时六年零三个月。通车庆典之日，滇越铁路公司总办马仙日登邀请了云贵总督李经羲和各司道大员，在位于昆明塘子巷的滇越铁路一等站云南府车站举行通车仪式。会议气氛热烈隆重。车站四处张灯结彩，不惟锣鼓喧天，龙狮竞舞，仅鸣放礼炮的时间就足有半个小时。会上不算被邀请出席的大员及各界知名人士，仅自发围观的群众就里三层、外三层，水泄不通。站外、机口外不能亲眼目睹，只能听声的人更不计其数，全部加起来不下两万。人们奔走相告，互相传讯。大多数人并未思考，也不曾知晓铁路的性质、“路权”等问题。而眼前活生生的事实是：在许多云南人还不知道工业时代的交通工具为何物时，云岭高原的深山沟壑之中，竟然先于全国大多省份地区跑起了蒸汽机车。无疑，它是云南境内的第一条铁路，在没有汽车运输的情况下，是云南当时唯一的一条运输大动脉；是中国西南地区的第一条铁路；全国当时通往国外的第二条铁路。人们常常习惯用落后、封闭等字眼形容云南等西南边疆的一些省区，殊不知云南在一百年前，当内地省区还在用牛马车代替脚力，用香油火照明时，却已在群山峻岭中奔驰着列车，点上了电灯，这也许是云南人民应引以为骄傲、自豪之事。

人们习惯将云南形容为美丽、富饶、神奇，云南的先民创造了青铜文化、稻作文化、茶叶文化、马帮文化……然而，也得承认，在一百年前的云南，尽管有数千年的文明史，但先民们是在一种自然经济、小农经济的落后封闭状态下，以马帮行进的缓慢速度创造优秀文化的。

是1910年的列车，使云岭大地发生惊世之震撼，让云南开始了解世界，也让世界认识云南，并以列车速度实现着社会、经济的剧变。

滇越铁路通车已近百年，多年来，云南的历史学家、经济学家、作家们均极少提到它，甚至是讳莫如深；而与云南历史有关的书籍也避开不提或在贬义上提及滇越铁路，似乎这条铁路对云南历史、云南人民的经济生活从未发生过什么影响，连火车汽笛的长鸣与轮轴的“扎扎”声在云南的大山中也从来未响过。大家似乎不约而地、有意地忽略、回避这

个旧市中山路

个旧市吉安街

条铁路，而把过去的时代，过去的云南描绘成一个充满奇风异俗的与世隔绝的乌托邦。收集整理的尽是优美的民间传说、民间放事，用的尽是“神秘”“悠远”“亘古”“斑驳绚烂”“丰富多采”等褒扬的词句。其实滇越铁路就在身边，并早已滞留在云南人的心中，与大家的生活密切相关，甚至到今天也仍是云南南北大动脉。原因很简单，因为它是在特殊历史条件下帝国主义侵略、法国殖民主义政策下的产物，是被迫、被动修筑的国际铁路及被迫、被动地对外开放。通过这条铁路，法国人自然获得丰厚的政治、经济利益与特权。但客观讲，滇越铁路的建成通车，除了法国人侵略、掠夺之外，近百年来该铁路对云南经济、文化发展有没有起到重大作用呢？对于推动云南社会文明进程有没有起到积极促进作用呢？回答也是肯定的。它充分体现了1910年的列车对云南的震撼和影响。这种震撼前所未有，这种影响涉及云南经济、文化的方方面面。

首先，滇越铁路修通，打破了云南几千年原始、封闭、落后的小农经济、自然经济状况。此前，云南由于明显的交通障碍，整个社会是自给自足的经济形式存在，社会生产力水平低下，社会分工不发达，生产规模狭小，没有工厂，只有“作坊”，可以算工厂的前身，人数一般不过几人、一二十人，成不了气候，且单位（包括城镇、乡村）分散、孤立、互不往来。这种状况必然导致人们的思想、行为因循守旧、墨守陈规、闭关自守。毛泽东同志分析中国封建时代的特点时曾指出：“自给自足的自然经济占主要地位。农民不但需要生产自己需要的农产品，而且还要生产自己需要的大部分手工业品。地主和贵族对于从农民剥削来的地租，也主要是自己享用，而不是用于交换。那时虽有交换的发展，但是在整个经济中不起决定的作用。”毫无疑义，一百年前的云南属于生产力低下的自然经济状况。

滇越铁路通车，一种传统的运输方式在铁路的冲击下渐渐消失，甚至带动了沿线许多城镇昆明、个旧、蒙自、碧色寨、开远、建水、蒙自等的兴起和繁荣。就连路南县（今石林县）的禄丰村，原是一个地处深山、外人罕至的村庄，铁路通车后，当地人有的开山场、办木料，有的烧炭或运销农产品，很快就由沉寂变得沸腾起来，不少人家因此致富……因而，滇越铁路通车，打破了云南落后封闭的状况，改善了云南的交通，加速了云南自然经济向商品经济的转化，促进了云南城乡建设和发展。

诚然，云南有历史悠远的秦五尺道、有辉煌灿烂的马帮文化，但一百年前，人们通过秦五尺道出省到北京要三个月、仅走出省门也要十天半月。李乔先生是云南著名的彝族作家，今年已九十余岁，是土生土长的滇南石屏人。他告诉记者，他的祖父当年给人当保镖，去一趟北京走了三个月。在数千年的历史长河中，云南人就是用这种速度，通过秦五尺道创造了马帮文化、青铜文化，真是壮哉何其艰！翻开《东周列国志》《前后汉演义》，哪一个章节里提到过云南？在中华文明史中，遥远的边陲省份云南一般是轻描淡写的，在历代中央王朝历史中从未扮演过重要角色。大多是讲野史、流放地、蛮子之类的轶闻趣事才提到云南。《三国演义》中诸葛亮为解除后顾之忧，集中精力北伐，而对云南进行南征、平定活动。在第八十七回到第九十回中就写道："征南寇丞相大兴师，抗天兵蛮王初受执""驱巨兽六破蛮兵，烧藤甲七擒孟获"等。

但滇越铁路修通后则不然，云南出现了一桩划时代的大事，有了云南列车，还是国际列车，也是中国最早的列车之一，不能不令世人瞩目，也令云南人引以自豪。与昔日相

个旧通往矿山的宝华门

1936年兴建的乍甸小学

比，从河口到省府昆明，再慢也不过一天一夜的工夫；从昆明乘滇越铁路列车经越南海防到香港不过一个星期；到北京、上海，也不过是十余天的时间。便利的交通必然促进经济文化的交流、发展。虽然通车伊始，云南的一些乡绅、黎民将它视为洪水猛兽、视为外星人垂顾、恐龙临世，但毕竟中原一带还在使用千万年前先民已使用的牛车、马驮运输，点香油灯，穿土布衣时，云南人通过滇越铁路已经嗅到西方先进的工业文明气息。中国第一座水电站——石龙坝电站购买的德国西门子公司的发电输电设备，云南亚细亚烟草公司、宣威火腿公司引进的机器和技术人员，云南锡业公司为提高大锡产量和质量购买的采、选、冶、化验设备等，均通过滇越铁路运来，有力地促进了云南近代工业的发展。滇越铁路把省府昆明与蒙自、河口口岸连在一起，把滇中、滇南的重要城镇个旧、开远、宜良、建水等穿缀起来，并通过这条线路，把个旧的大锡、弥勒竹园的红糖、宜良大米运送到省外或国外，加速了云南商品经济的流通与发展。

铁路通车，逐步改变了云南人原有的生活状况，医院、教堂、商店、住宅等法式现代建筑多起来了，电灯、电话、

20世纪50年代的云南纸烟厂(昆明卷烟厂前身)

自来水、汽车等逐步进入铁路沿线一部分人的生活中。高规格的现代化享受，令那些僻远的山民们心跳加速。随之，人们的思想、生活观念、对待外来事物的态度也逐渐发生变化。对一般老百姓而言，电灯、电话可能是奢侈品，但此时滇南与滇中的普通老百姓已经用上棉布、棉纱、铁钉、钮扣、蜡烛、玻璃器皿、镜子、火柴、煤油、汽油、肥皂、牙膏、马口铁、缝纫机、罐头等许多人们从来没有见过、更没有用过的物品。这些都是小东西，但却给人们带来生活上的极大方便，是人们生活的必需品。滇越铁路对云南的冲击、影响，最直接的就是人们生活上发生的变化及促进了云南自然经济向商品经济的转化及城镇建设、消费时尚、思想观念的改变。从此，云南的建设速度，沿着滇越铁路，变成了火车轮子的速度及列车行进的速度。

自蒙自开关，蒙自、昆明相继辟为商埠与滇越铁路通车后，造成和带动了蒙自、蛮耗、碧色寨、个旧等城镇的兴旺与繁荣。外国洋人、省外商人纷纷来蒙、碧开设洋行、公司，突出的有英商英美烟草公司、法商安兴洋行、哥胪士洋行、亚细亚水火油公司、美孚煤油公司等。这些洋行公司的

“云南宣威浦在廷兄弟食品罐头有限公司”商标，该公司成立于1920年，设备系通过滇越铁路从欧洲运进

设立，扩大了外国商品的销售数量，并在极大程度上抢占了市场。以此为支点，棉花、棉纱、布匹及其他棉织品为第一位，占进口总值40%—60%以上的西方各种工业产品、生活用品不断涌入中国云南市场。无论进口的电动机组、钢材、水泥，也无论是火柴、蜡烛、搪瓷器，外观、质量均远比国内产品优异，因而进口洋布、洋纱热销，土布滞销，土杂货商店日减，洋杂货商店日增，致使入超突出。这种对民族工业的威胁，使之濒临死亡的危机，必然使民族工业作殊死的

1910年投入使用的云南府站(一等站)

20世纪初兴建的乍甸文兴桥

开远法式铁路医院病房

搏斗，犹如清末的“洋务运动”，即迫于外虏临近、黑云压城的情势下产生的。因而客观上对云南民族工业表面上是打击，实际上是促进和推动。

滇越铁路通车对云南经济发展的刺激最有代表性的莫过于云南个旧锡业，以至在以后的数十年间，个旧锡业一度成为云南的支柱产业，经济命脉，主要的财政税收大户，新中国成立后的中央直属企业。其实，法国人在修筑滇越铁路之先，对云南的铁路线与矿山作了多次考察，他们既垂涎云南丰富的物产、昆明“四季如春”的气候，更看中个旧锡矿这块“肥肉”。把碧色寨车站定为特级站即为一例，目的是方便个旧锡矿的运输。因而某种意义可以说：修筑滇越铁路的主要目的是方便个旧锡矿的运输，掠夺个旧锡矿；反之，滇越铁路的建成、通车又促进了个旧锡业的飞速发展，它们相辅相成，互相作用。

百年来，滇越铁路的文化影响至深，以至如今碧色寨山里的老太太，晚上劳作后仍保持着喝一小杯咖啡的风雅。而铁路沿线的山民与外地人交流的神情轻松自然。山乡里的小学校，修筑得也颇有西洋风韵。很多时候，铁路的运输价值已退居其次，它更像是沿线山民与外部世界接触的通道，起着文化传播的作用。沿线物产资源源源不断运往外地的同时，也带来了外部世界的新思想和生活方式。总之，云南列车的出现，不仅替代了原来缓慢的马帮、河运，而且东西文化的碰撞对于当时封闭的云南产生了极大的冲击，发生了许多不仅是量，也是质的变化。这种变化不仅反映在生活上，也反映在社会生活方式上。

滇越铁路的建设、开通，则是将西方先进的科技文化，最早地、大规模地带进云南人民社会生活与生产建设中的典型例证，可不是吗？当中原一带的满清大员在行跪拜礼、晚上点小油灯、出门骑马坐轿时，云南人也开始见面握手、点电灯及乘坐铁路列车了。这里更毋言与周边多个国家、民族的跨境相通，与外来文化的冲撞融会——这就是云南文化：一个既丰富多彩、具有各民族特征，但又与全国各省区及域外文化交流、融合的多元、综合文化。火车是工业文明的一种象征。滇越铁路列车的开通运行，则沟通、加强了云南与内地、与海外的经济往来及文化交流，同时也加速了云南自身的经济建设与文化发展。于是形成了滇越铁路列车通车后在历史上及在云南人民的社会生活中产生的特殊、快捷的效

索道运输

竖井运输

应和影响。

云南自明清以来，以土法生产的矿业占重要地位。其缓慢发展的个旧锡业，在鸦片战争以后迅速发展起来，特别是滇越铁路通车后，锡出口量猛增，其出口量之大几乎与生产量相等。尤其在第一次世界大战期间，各交战国对锡的用量亟增，一般出口量都在6195吨以上，最高时竟达11223吨。个旧锡矿锡产量及出口量，至今也很少突破当时的规模。于是“锡都”的美誉不胫而走，迅速传遍世界，百余年来，欧美的工业企业家没有不知道个旧的。在中国的地理教科书中就有一个章节专门介绍锡都个旧，锡产量占世界第二位，质量占第一位。

个旧锡业，除1909年成立的个旧锡业公司属官僚资本外，其余大都是私矿，它们在个旧锡业的采矿量、洗选量中占80%至90%，户数有时数百家，多时数千家。大的私矿人数多达一两千人。个旧矿山最兴旺时期，总人数达十余万人。

由于通过滇越铁路运进了一些外国设备，使得个旧锡矿成为当时全国机械化程度较高的矿山之一。其中有深1130尺、日产矿石130吨的竖井，井口有电动绞车，巷道铺有轻便铁轨，用风动工具打眼放炮。运输矿石已采用架空索道，还用了水力采矿。当然，这些机械的使用，比起现在还是落后的，况且当时也只是局部使用，大部分工作还是原始、笨重、危险的。但它毕竟是生产力的解放，是简单、原始生产劳动到工业机械生产的一大进步与飞跃。

兴旺的生产基地与硕大的矿山消费人群极大地吸引了省内外、海外的客商。昆明的名炒菜师傅、名中医、名戏剧艺人及摄影师均云聚个旧，逐渐形成为矿山生产建设服务的饮食等各种行业，并使个旧城初具规模。仅十余年的时间，就形成了城市的基本格局，铸就了“锡城”，也簇拥了来自五湖四海的矿工与市民，他们一起开发矿山，建设锡城。在一些至今残存的老街巷斑驳零落的遗迹中，不禁让人联想昔日个旧的繁荣，土法冶炼的艰苦卓绝，砖槽选矿的科学严谨，更让人窥见个旧锡文化的辉煌灿烂。这些老街及房屋都是20世纪20年代左右的建筑，它同样证明个旧矿山历史上最繁荣的时期是在滇越铁路通车之后。

朱熹有首诗曰：“半亩方塘一鉴开，天光云影共徘徊；问渠哪能清如许，为有源头活水来。”该诗在这里可以引伸为要发展经济、盘活经济，则交流与交通是重要因素。如今改革开放中还有一句最直白的话：“要致富，先修路。”更说明交通的重要性。因而，滇越铁路通车对个旧锡业发展所起的作用，对于整个云南经济发展所起的作用不言而喻。就如云南石龙坝水电站的建设，在滇越铁路通车的当年，就通过它运来了德国西门子公司的两台发电机组，并于1913年正式向昆明地区供电，成了中国最早的水力发电站。云南昆明成了全国最早用上电的城市之一，如果没有滇越铁路通车，极有可能没有石龙坝电站的建设……

个碧石铁路一侧富饶的乍甸坝

农业方面，由于云南长期以来交通不便，封闭落后，输出困难，谷贱伤农。随着滇越铁路通车，外国资本主义侵略的扩大和深入，被破坏了的农村自然经济，大量破除之后的农民及手工业者，又给资本主义造成劳动力市场，不少人就涌向个旧锡矿当起了锡矿工人，到碧色寨车站当起了搬运工人，到滇越铁路上当起了铁路工人，成了个旧锡矿、滇越铁路较早的工人，也是云南较早的“工人阶级”“无产阶级”。另外，滇越铁路沿线的农村，由于铁路通车，无形中提高了农业生产率、改善了农产品的贸易条件，农民长期自给自足的那些农副产品，可以摆到车站上，也可以运到其他地方，甚至大城市里销售。部分产品还可以出口，因而一定程度盘活了农村经济，提高了农民收入，提高了农民的生活质量。因路而兴、因路而活、因路而富的路南县（现石林县）禄丰村，个旧市鸡街、乍甸村，蒙自县新安所、碧色寨即为最好的例证。那时，小火车成了山里人的“公共汽车”，沟通了山民对外的经济交流。火车经过的山谷成为了当地山民赶集的最好去处。鸡猪、山货、土特产挤满了沿线铁路车站，火车缓缓地开到人们面前，大家才忙着起身躲避，火车一走，大家又聚拢了。有几次云南农村遭灾，粮食欠收，开远等地的粮食就靠滇越铁路从越南、缅甸运来，这种情况在滇越铁路通车前绝对做不到。

滇越铁路不惟是一条商业交通线，带动了云南的经济发展，而且它是一条外来文化的传播线，不仅加速了云南自然经济向商品经济的转化，同时促进了云南城镇建设、消费时尚和思想观念的转变。滇越铁路通车，西方先进的文化、教育、卫生经验成果、各种科学书籍、杂志、医疗卫生器械、药品也迅速传到原来封闭的中国云南。不仅电灯、电话、汽车进入一部分人的生活，且看电影、穿西服、穿裙子、男女同校、鞠躬握手代替跪拜作揖也渐入民俗。殊知在此之前的千百年中，男女接触是授受不亲、七龄男女不能同床；穿西服是假洋鬼子；大姑娘穿裙子则是伤风败俗……

废科举而办学堂成了一种趋势。1902年改五华书院为高等学堂，1903年设两级师范学堂，同时还创办了一些专业学堂，如方言学堂、工矿学堂、农业学堂、清政学堂、商业学堂、速成铁路学堂等等。1918年开办了女子师范及女子职业学堂。1922年12月，由唐继尧倡议并捐资创办的私立东陆大学，次年4月20日正式开学，为云南的首所高等院校。此前，无数优秀学子只能到省外或国外“留学”。

1911年云南主要的城乡普遍开办了小学堂，像昆明的中华小学、书林小学、明通小学，个旧的宝华小学、乍甸小学都是该年度成立的。废宗祠、庙宇改建学堂，是当时最革命、进步的行动，它为云南后来的人才培育起了关键的作用。很多当代云南名人，都是从彼时的小学校中起步，踏着中学、大学的阶梯，步入人生，步入社会。

欧洲人来滇兴办教会、传教也是滇越铁路修通后的这段时期得以大量涌入。传教，基本是宣传“基督”“天主”教义。但教会同时也办有学堂，学习历史、地理、自然、物理知识，比起中国传统的私塾学习“四书五经”，读“人之初、性本善”进了一步，更科学合理；教会也办有医院，用的是西医、西药，它与中医迥然不同，各有妙处。清朝末年，状元袁嘉谷曾经到日本考察政务，目的是向西方学习，回国后统编了教科书，并且他一向主张“中学为本西学为用”，即不排斥对外国先进经验的学习借鉴。实际上，当时教会学堂、教会医院对后来云南教育、卫生的发展，对云南学校、医院（指西医）的兴办，都有一定的影响和促进。如今开远市还保留下一幢法国人侵略云南时期的“开远医院”，在当时设备、药品均堪称一流，还可以做一些稍大的外科手术，让该地区的民众惊叹。这时期云南不少城镇建盖了医院，房子样式、医疗设备、药品、人员培训都是按西方的。西医医疗见效快、科学合理，很快就为市民接受。把庙宇改学堂，学生学习物理、化学、数学知识蔚然成风。学习在于借鉴，“采他山之石攻玉”有什么不好？时至今日，昆明市的一些老年人还清楚地记得“洋孃孃”（传教士、修女）在昆明街头发“洋画片”的事。她们一个个满脸笑容，穿黑色长裙，戴白帽，披白色披肩。对于中国人来说，那打扮怪怪的，一身缟素，与那张白皙、和蔼的脸庞似乎不太协调，让人感到可亲又可怖。见到小孩就道一声“Hello!”（你好!），然后递给一张洋画片，上边印着一些欧美的童话故事，如《卖火柴的小女孩》《白雪公主》，也有一些圣经故事，如《圣母玛丽亚》《西斯廷圣母》《维纳斯》等，极大地吸引了春城的小孩，小孩子不可能知道上边的故事，却被艳丽的色彩及不同于东方的外国洋人形象所吸引。这亦为传播

云南陆军讲武堂

西方文化的一种基本形式。如此等等，都体现着滇越铁路也是外来文化之传播线。

20世纪初期，云南还先后成立了一些有关军事的武备学堂、陆军小学堂、讲武堂、军医学堂、测绘学堂、陆军速成中学等。其中尤以1909年成立的讲武堂最为著名，在全国都享有声誉。

昆明城西，画桥烟柳的翠湖一侧，一幢占地数十亩的场院式建筑坐落在这里。落日余辉中，那耀眼的黄墙青瓦掩映在绿树丛中，在四周为两层楼的硕长房屋围护中，有一块广大的场院，平坦的土面，让人联想昔日阅兵、操练的景象。那就是讲武堂，一切显得那样地庄严、肃穆。辛亥革命时期，由这里走出了不少军事人才，在辛亥革命、护国讨袁运动及后来的抗日战争中起了重要作用，朱德、叶剑英、周保中等都是讲武堂里培养出来的卓越军事家。

早期，讲武堂还设有华侨学习班，吸引了海外诸多有志的华侨青年到这里学习。一部分邻近国家的青年，将自己国家、民族的命运牵系于心，也托词“华侨”来参加学习。最后，在本国的民族革命斗争中起了巨大的作用，成为了斗争中的勇士或领袖。

20世纪初，昆明有中专学校十余所，学生大约三千余人。随着滇越铁路的开通，“小火车”带来了西方先进的科学文化，受其影响，这批学生也羡慕西方的民主与科学，重视当时较先进的生产力及生产关系，对北洋军阀的卖国行为和地方军阀的穷兵黩武极为不满，希望革新政治，实行民主制度。有的成立了学生自治会、全省学生爱国会，宣传爱国主义思想，传播新思潮，“英勇地出现于运动的先头”，与全国一样，成为反帝反封建的资产阶级民主革命发展的一个新阶段。

西南联大蒙自分校旧址

1937年7月，日本发动侵华战争，中国半壁河山相继沦陷，东南沿海口岸为日军占领，滇越铁路一时间成为西南大后方唯一连通海外、连通欧美的运输线，大量军事、医药用品等物资就靠该线路运入中国后方、运到临时首都重庆。

1937年底，北平、天津相继沦陷。北京大学、清华大学、天津南开大学的师生纷纷逃出沦陷区，骑马、步行到了云南，有的则取道香港，经越南海防乘滇越铁路列车进入云南，之后成立“西南联合大学”，简称“西南联大”。而西南联大文学院就落脚在滇越铁路线上的重镇蒙自县。其时蒙自名人云聚，朱自清、冯友兰、闻一多、陈寅恪、刘文典等学者是为代表。另外，徐悲鸿等一些全国著名画家也来到昆明，遍走滇西，他们一起促进了云南抗日运动的掀起，同时促进了云南文化艺术事业的发展，影响之大，甚至可为云南文化艺术发展的分水岭。至今在昆明、大理、丽江、蒙自等地留下了他们诸多的书画墨迹及传闻轶事。蒙自周家大院还在，在榕阴展翠、柏树相连中，那两层楼的居室便是当时的女生宿舍，置身此地，仿佛可听见她们朗朗的读书声，真是

“香柏鼓风古柏香”，仅女生们穿着的白袜、素裙、短袖蓝裳的学生服，就成了县城女性青年羡慕和模仿的对象。闻一多先生旧居依旧，当时他住在哥胪士洋行楼上，每天潜心治学，撰写了《天问注疏》等专著。除授课外他很少下楼，似乎蒙自春天美丽的晚霞，风光明媚的南湖也与之无缘。于是“何妨一下楼”成了西南联大师生对他住所的别称，“何妨一下楼主”成了闻一多先生在蒙自的别号。如今周家大院、哥胪士洋行、闻一多先生故居均成为重点文物保护单位。

毋庸置疑，通过滇越铁路，法国人在通车后的30年间，掠去了中国云南无尽的财富，一定程度控制、左右了云南的财政和金融。与此同时，通过滇越列车也给云南带来了

王力

吴宓

杨武之

朱自清

闻一多

陈寅恪

刘文典

潘光旦

钱穆

越南前国家主席胡志民曾在芷村居住旧居

巨大变化。一方面带进了当时西方先进的文化、文明及先进的工业革命成果，打破了云南自给自足的封闭的小农自然经济状况；同时，在20世纪初叶，也一定程度促进了云南经济文化与文明的发展进程，其中包括铁路沿线的许多城镇：个旧、蒙自、碧色寨、开远……因路而兴、因路而富，从平静到繁荣，因此可以认为，某种程度上，滇越铁路通车是云南现代化之路的开始。它对云南的震撼，可谓前所未有。

直到今天，滇越铁路作为全国惟一的窄轨铁路，它以其独特的身姿跨越百年历史。

它是一条气势磅礴的蛟龙，在滇南的崇山峻岭中穿行。它是一百年前创造的一大杰作，每个组成部分——路面、桥梁、隧道、曲线半径以及最大坡度都经过了精心设计，最适宜在高山耸峙、深谷交缀、地质情况复杂的云南山地运动；它是一条当时世界上最险峻的铁路，以至建路伊始，西方有位资深的记者称之为最危险、可怕的铁路，是“除巴拿马运河、苏伊士运河外，世界上的第三大工程”。

红土高原群山逶迤，沟壑纵横，数千年来交通闭塞，靠人背马驮运输物品，一百年前，数十万路工在这里开山筑路。一条铁龙翻山越岭、穿云破雾，奔驰在这块古老、神秘、封闭的土地上，人们惊奇，人们恐惧，人们欣喜，它成了当时中国第二条连接国外的铁路，中国西南的第一条铁路。又过二十余年，个碧石铁路开通，构成了云南交通干线，横贯云岭高原南北的大动脉。

故名思义，滇越铁路北起昆明，南抵河口，直插越南，止于海防。云南段长465千米。1910年的列车，即指滇越铁路滇段。1957年，改名为昆（明）河（口）铁路，但大家仍习惯称之为滇越铁路。

呼啸的列车，它依南盘江蜿蜒，沿南溪河盘旋，沿途山大箐深，道路艰险曲折，坡陡弯急，桥隧相衔。昆明至河口全长不过400千余米，直线距离才300千余米，却宛若天梯，海拔高低落差竟达1807米，最大坡道31.5%，最小曲线半径80米，曲线长度超过总长的一半以上，时速不过30千米左右。云南十八怪中有一怪："火车不通国内通国外"或"火车没有汽车快"，指的即滇越铁路与20年后修建的民营寸轨个碧石铁路。试想艰难的修路岁月，每一寸轨道都凝聚着开路劳工的血汗，每一座桥隧均体现着工程技术人员的智慧，但最终成为先辈留给后人的巨大财富。如果把滇越铁路比做彩虹，虽美却过于轻巧，似乎不堪历史的重压；如果把它比做铁龙，虽威却过于修饰，其中满含了屈辱和血泪。

滇越铁路，来自1910年的列车，飞驰的百年列车、滚滚的车轮、幽蓝的铁轨，连接6个地州，跨过12个市县，牵引着900多万人的关注与企盼。沿途有闻名遐迩的"春城"、"锡都"、天下奇观石林、滇中粮仓宜良，以及历史文化名城建水、石屏，边陲重镇开远、蒙自、河口，它们似珠玉，似宝石，璀璨夺目，被穿缀在滇越铁路旁。在铁路南段、西段还有旖旎多姿的热带、亚热带风光，古朴的民族风情、多彩的节日庆典；丰富的矿产、水稻、水果、蔗糖、烤烟，一切均极大地吸引着南北商贾，海外游客。无疑，在交通运输方面，在云南的经济、文化建设与巩固国防建设中，滇越铁路发挥过重大作用。

有意思的是，这条铁路却是一百年前法国人发起、勘测、设计、修筑的，它筑路的目的何在？对云南政治、经济、文化的影响如何？在云南百年的历史发展进程中起了什么作用？俱扑朔迷离，莫衷一是。何况当年围绕滇越铁路产生了诸多轶闻趣事，可谓巉崖跌宕，妙趣横生，引人入胜。

滇越铁路的建设至今已一百年，从云南铁路发展，甚至中国铁路发展看，它的历史都是最悠久的。

一百年来，云南经济、文化发展，特别是20世纪前半叶的经济活动、重要人物活动及重大事件大都与滇越铁路有关。

长长的窄轨，长长的路，长长的列车跨过了长长的历史。经过百年沧桑，回首往昔，前人的足迹早已成为隔世的回声。通过滇越铁路，人们不禁唤回难抹的记忆，看到了在这长长的轨道上镌刻着云南人民的多少荣辱辛酸，多少成功骄傲，也引起多少由衷反思。

滇越铁路不仅震撼云南的经济、文化，还震撼着人们的心。

第二章 险峻优美的地貌

滇越铁路沿途山大坡陡，沟壑纵横。从碧色寨到河口近200公里的线路，基本没有一段直线，从车尾到车头始终看不到透视点。

开远南洞线路

滇越铁路逢山开路，遇水搭桥，或于山腹中穿行而过，或沿江河绕行，沿途地貌特殊，地势险峻优美。只见千峰万仞，岚光锁翠，黛色含青，枯藤乱挂，古渡幽程，别具一番自然境界。

滇越铁路滇段从河口至昆明，一路上旋，左转右盘，形成两级大的阶梯。河口为最低点，在椰子、棕榈树成行成排，河口县繁华的沿江大道一侧的南溪河与红河交汇处的江边，海拔仅76.9米。而芷村车站的海拔为1634米，这是第一阶梯。之后海拔有所下降，到开远时降至1064米。由开远北上到接近昆明的水塘寨，海拔上升到2030米，形成第二段大的阶梯。

从河口至昆明直线距离不过300公里，而海拔竟从76.9米提升到2030米。为了解决提升、下降问题，不得不将线路延展到465.2公里，比直线距离多出160余公里，不少地段达最小80度的曲线半径，降坡达30‰的极限。从碧色寨到河口近200公里的线路，基本没有一小段直线，从车尾到车头看不到透视点，列车行进在群山中，仿佛一条随时腾挪舞动的巨龙，左盘，右旋，升腾，下跌，无休无止，永不疲倦。

昆明至河口，除列车开出不久至宜良的一个多小时的时间内在穿越高原山地外，其余均沿河依山而行。上段宜良至开远间为大成河、八大河构成的南盘江，属中国四大江——珠江的上游；下段芷村到河口为南溪河，系红河主要支流之一。这一带河谷切割严重，地形复杂，有高原山地、山间平原、山地峡谷。险峻的地势，形成了昆明到河口不过300公里的直线距离，高低相差竟1807米的特殊地形地貌。其中倮姑站至白寨间最为陡险，44公里的区段，海拔落差1242米，平均坡度20‰，在世界铁路线上是绝无仅有的，可为吉尼斯之最。

开远至昆明一段地质构造属凹陷地带，开运至河口属滇黔地台南端边缘地带。沿线地层有震旦纪变质岩系，分布在河口至波渡箐之间，其余为三叠纪——寒武纪的石灰岩、页岩、沙岩、泥灰岩及砾岩等。南溪河谷及南盘江沿岸，岩层破碎，节理发育，地下水丰富，沿途沟箐众多，支流不断。至南溪、蚂蝗堡地段，溪流多到地名只好以之取名，曰“一条半”“二条半”，直至“八条半”。堑坡风化剥落严重，落石、崩塌频繁，造成施工的艰巨性与危险性，特别在100年

滇越铁路铁桥

前，科技程度不是很高的情况下，死人的事时有发生。即便路段建成后，塌方、山石崩塌阻断路面之事故几乎年年雨季或大或小都有，使铁路常常停运。地震烈度昆明至芷村为7度以上，其中阳宗海至徐家渡达9度，芷村至河口为6度。

昆明气候属高原暖温带，最热月平均气温19.8℃，最冷月平均气温7.7℃，年平均气温14.8℃，被誉为“春城”。冬无严寒，夏无酷暑。宜良至芷村为亚热带，年均降雨量1000毫米左右，集中在5月至10月份，年均气温18℃左右。个碧石铁路延线的石屏、建水、个旧，与昆明和宜良一样气候温和、宜居。个旧因锡而名，因锡而富，“锡都”的铿锵大名早已蜚声海外，然城区却小而秀美，坐落在两山峡谷之中，一边曰老阴山，一边曰老阳山，阴阳相对，捧着锡城这颗“明珠”。

难得滇越铁路有一小段直线，但前边又拐了一个大弯

至今遗存的滇越铁路沿线雕楼(碉堡)

滇越铁路沿线工程施工，特别是芷村到河口段的条件是极其险恶的，但从旅游观光的角度看却很优美、险峻，其优美不亚于黄山、庐山，其险峻胜过华山、泰山。

由昆明乘滇越铁路列车南下，穿过呈贡、王家营、水塘、阳宗海、凤鸣村、可保村等地到达宜良。此时，由曲靖涌出的珠江源在宜良坝子展露，即南盘江。宜良以后，滇越铁路沿南盘江缓缓而下，越过坐落在南盘江边的羊街、狗街、滴水、徐家渡、禄丰、糯租、西洱、山河口、盘溪、热水塘、西址邑、拉里黑、巡检司、小龙潭等车站，到达开远市。因火车大都沿南盘江穿行，列车与江流平行移动，故看到的景观大多为平视或仰视。南盘江时而气势磅礴，争相奔流，撞壁萦石，发出淙淙声响；时而平静缓慢，推推搡搡，悠然漫步峡中，让舟楫任意行驶。由列车车窗往外看，道旁是碧绿的江水，两岸是巍峨的青山与高耸的悬崖绝壁。

火车下行因弯道多、速度快，不时左右摇动并发出“叮叮咣咣”的声响，令人心烦。但两岸优美的自然景观，却又让人百看不厌，倦意顿消。仰视蓝天，常常一线穿南北，左右为高耸的山崖阻绝；环顾四周，只见青峰垂直壁立，层层叠叠，接天踵日，岩岫巉绝。悬崖上青松飞峙，藤蔓倒挂，参差披拂。临江处，成群的猿猴不时从灌木丛中钻出下垂汲水，你拉我拽，一只接一只，不由让人想起“猴子捞月亮”的童话故事，其天真可爱让人童心不减，诗兴勃发。此情此景，加之变幻迷离的云烟、点点白帆，偶尔凄厉的猿啼，构成一幅幅轻盈、明快、湿润淋漓的中国山水画。其中既有浓烈的墨色，也有鲜艳的色彩，浓妆淡抹，肆意挥洒，有动有静，平添了画面的层次与气势。沿江行驶，如车厢里再播放着《春江花月夜》《二泉映月》《梁祝》等二胡、琵琶或小提琴曲，更是情景交融，音诗成韵，令人赏心悦目，一世难忘。

由开远到芷村、大塔一带的山势有其特色。它不算高，却有气势；不奇，却棱角分明。加之山下南洞成片的苍松翠柏，绿树掩映的红墙黄瓦古寺及冰凉沏骨的地下阴河水，这一带成了人们休闲、观瞻、避暑的好去处。大庄、草坝、蒙自、碧色寨与宜良一样，均为坝子，是云南高原山地中难得的“小平原”，美丽、富饶的米粮川。

芷村是由河口上行第一道天梯的制高点，南溪河的源头。铁路两边的山头有似桂林，如笋、如鸡冠、如驼峰，奇突变幻，形状怪异。夹岸小溪泉水叮咚，时隐时没，缓缓汇入南溪河。芦苇花一丛丛从沟边的缝隙石罅中长出，疾风吹来，摇头晃脑，似旌旗挥动。不成形的灌木、冷杉是这里的主要植物，它们成片地包抄在稀稀疏疏的简陋的茅屋四周，优美的环境宛若桃花源。改革开放后，纯朴的苗族在芷村站上建起了小餐馆。有意思的是，你可以不交押金也可以借他们的碗抬米饭、米线上车，待几日后返回路过车站时还碗亦可。这种质朴的民风似乎在清代小说《镜花缘》中才有过。

从芷村经落水洞至戈姑，山势呈下行趋势，但落差不大，两岸有梯田、农舍。南溪河水未形成气势，还停留在山间泉水的阶段。

从倮姑经停塘、波渡箐、冲湾、湾塘至白寨一带的地理条件则迥然不同，是整段滇越铁路中最为奇险的路段。实际上倮姑至白寨是一个下旋的大山弯，两站间距仅44公里，高低相差却1242米，只好用延展线路的办法及最大极限降坡来达到列车上行、下行的目的。不少地方大弯套小弯，弯去弯来还是弯，往往达80度的半径。

倮姑站近乎于大山顶部，下临深渊。伸头下望，自己仿佛置身云端、濒临太空。对面山头莽莽苍苍，横无涯际，延

可保村隧道

展的铁路宛若一条纤细的玉带，捆绑在山脚下。上下铁路高差千余米，箐深更不止千米。44千米的铁路大弯，有如上天铸造的一柄弯弓安置人间，一头在波渡箐，一头在白寨，绕过冲湾、湾塘向白寨倾斜。笔直的山体不少地段近于垂直90度，可谓磐石如柱，巍巍挺拔，气势磅礴。列车行于悬崖绝壁，令人头晕目眩，心惊肉跳。20世纪50年代初，从东北调了十余个火车司机到云南工作，加强云南的机务力量。然而，这些司机来到后，看到险峻的山崖，无底的山谷，实在胆怯，干不了几天就坚持要求调回去了。即便开了几年的“老驾驶”有时也感到害怕，因为当时是蒸汽机车，马力不大，速度一快，超过极限，就容易发生溜车、翻车事故。20世纪40年代，在滇越铁路上开火车的老司机金振邦当讲起这段经历还心有余悸。而在陡险的路段上，有时列车负重稍多，还得两个机车头牵引，或一个在前边拉，一个在后边推，方能爬上陡坡。难怪在云南民间流传着这么一段话："船形的火车，蛇行的铁路，英雄的司机，不怕死的乘客。"充分说明滇越铁路上的惊险离奇。

这一带大山青葱苍翠，墨绿如黛，杂树灌木居多。因山太高，一年四季即便中午和盛夏亦云雾缭绕，正所谓"高耸入云端"。古人说："白云深处有人家"，用在这里似乎过于轻巧，太富于诗意。这里是"高山之巅有人家"。两峰相对，遥遥相望，村落点点，炊烟如缕，讲句夸张的话，大喊一声似乎也能听见。但要想从倮姑走下深涧，又爬上对面山头抵达苗家村寨并非易事，从天明走到日落，速度还得加快一点，否则还需在大山里过夜。这里是山有多高，水有多高，人有多高。而再高的山岭，再深的丛林都有人生息繁衍。

倮姑到白寨梯田层层叠叠，如鱼鳞般镶嵌，一丘丘，一台台，成千上万。千万年来，云南的先民长期在红土高原上劳作，不仅创造了青铜文化、马帮文化、茶叶文化，更在生

落水洞至戈姑一带转360度的铁路线

产力、生产关系落后的情况下，创造了梯田文化、稻谷文化。有位省外的画家来过这里，面对群山，面对层层的梯田，他激动不已，用手中的画笔迅速记下眼前的一切，然而勾勒了半天，四五个小时过去了，屏息静观，差之远矣，哪有真实景物的气势。实际的梯田成千上万，爬满山坡，他不过画了十分之一、百分之一。“文化大革命”中，正是“农业学大寨”的火红日子，有一次，一位上头的“大人物”来到了这里，看到这层层的梯田，他热忱地表扬县、乡领导说：“你们学大寨学得好呐，短短两年时间建造了这么多梯田!”县领导诙谐无奈地说：“我们这里的梯田已有一两千年的历史，祖祖辈辈早已经在这里耕作。”

梯田堆垒万年秋，大寨何以竟风流？
唯见白痴胡狂语，哪有好汉言相酬。

著名的“人字桥”就建在倮姑与白寨最险峻的路段停塘与波渡箐之间。这里青峰壁立，怪石嶙峋，两岸绝壁相距70米，桥两端均与曲线半径为100米的隧道相连，山顶到河谷的深度300余米，桥面到谷底高近200米。谷底水流湍湍，山洪不断，人若从桥上摔下，十摔十亡。百年前的中国铁路工人与法国的工程技术人员就在这种艰苦恶劣的环境条件中工作，并构建出了举世瞩目的“人字桥”。

抗日战争时期，大约1941年春，日本飞机数度轰炸“人字桥”“白寨大桥”。然因山势险峻，飞机与山体碰撞的机率极大，胆小的日本侵略者不敢拿生命冒险，飞机仓促投弹，准确率实在太低，日本人终未遂愿，“人字桥”“白寨大桥”安然无恙。

出洞又入洞，桥隧紧相连。这是滇越铁路倮姑一带之特点。“人字桥”仅为其中之一。有的隧道因内有延展弯线，隧道长，车速慢，不得不放了许多通风孔。

冲湾、湾塘的山势虽不及倮姑险峻，但因同在一山脉与山箐中运行，仍处处深谷，时时绝壁。深箐对面的山坡坡面有时形状特殊，如泥鳅脊背般从上至下一条一条倾泻，似有矿脉储藏山体内部。

车到白鹤桥、腊哈地一带，险峻的山势也大减。此时的南溪河水通过沿途山泉的融会，已具规模，宽阔的水面使之成为一条真正意义的河。

列车行至老范寨，南溪河也变得平缓起来，此后列车便一直沿南溪河行进，直至河口、过境。这里山水如画，崖岩显露，但较之倮姑、湾塘也无奇险景观了。

南溪站两岸榕树、香蕉、菠萝、橡胶树密布。榕荫如伞如盖，浓厚缜密的枝叶若柳悬垂，高达30余米。其生发长势与西双版纳的榕树、榕荫有所区别，板根的数量、粗壮度都显得少而小。硕大的椰子树往往屹立在车站两旁，有的直径可达50公分，高30米，其他地方很难见到。这一带天气湿热，属热带气候。盛夏，沉闷的空气令人难耐，高温可达

列车行进在南溪河边

山间村旁的滇越铁路线

四十一二度，即便初冬的11月初，有时气温还到30℃。

深冬，中国北方已冰天雪地，但南溪、山腰、河口只需穿件毛衣，足可以对付整个“隆冬”。讲句笑话，这一带的居民，一辈子仅衣服钱就不知省下多少。

山腰是中国国门之一。山腰站人不多，不过一二十人，长期担负着中国对越、对东南亚国家出口物资调运工作。然而，山腰站工作人员兢兢业业，多年来不断刷新出口贸易率。山腰车站环境优美，香蕉遍野，椰榕密布。含羞草在内地是珍稀植物，极难见到，这里却长满车站两旁，成片成蓬，目不暇接，成了一道特别景观。

从山腰站绕行一座小山，约6公里，便到边陲重镇河口县。城边有四连山，山上苍松翠柏，林深树密，古来为兵家所争的军事要地。山下是河口县城区，为红河、南溪河相夹，形成一个富饶的小三角洲。对岸是越南的老街省，由老街跨过红河为谷柳市，乃越南的一个闹市。原来的河口县百余间瓦房，一两千户居民，一条小街。近年城市建设突飞猛进，与昔日相比也是天壤之别。改革开放及边境口岸的设立使之瞬间变得繁华喧嚣起来，城市建设扩大了，整洁了，街道增加了，商品增加了，往来贸易以及旅游的外地人、外国人多了。一幢高大庄严的海关大楼屹立在红河岸边，与越南老街遥遥相对的公路桥头，它象征了新时期河口县的崛起。百年前的蒙自海关河口分关就设在县城内。这是一幢法式建筑，一层楼，红顶黄墙，百页窗式的门扉、窗棂，拱顶，一厅两耳四室式，四面有窗子，光线明亮。屋子四周有回廊，可穿廊绕行。屋子西北面生长着一颗高大的榕树，粗壮的枝干证明它与屋子同龄，时间跨度也逾百年。如今，该屋子为“河口起义纪念馆”，让人联想的既有昔日路工起义战斗的烽烟，更有蒙自“开关”、河口设“分关”时期的河口繁华与后来的衰败，列车行进的喧嚣及千舟竞发的热闹。如今虽人去楼空，但河口“海关”仍可以佐证。

列车过了河口边境后进入越南老街，之后开往河内、海防，一马平川，再无莽莽的山脉、陡险的青峰、崎岖的山道。

然而，云南境内，滇越列车所过之处，南盘江、南溪河沿岸，峭拔的山体、凌厉的气势，却形成一道险峻、优美的风景线。不惟如此，这里还物产丰富，名胜古迹多，自然景观、人文景观让人目不暇接。

滇越铁路滇段纵横贯通昆明市和玉溪、红河、文山三地州所属呈贡、宜良、华宁、弥勒、开远、蒙自、屏边、马关、河口等市县，分布着云南省重要的能源、化工、建材、有色金属工业基地，且农业发达，旅游资源得天独厚。

开远附近小龙潭煤矿褐煤保有储量10.93亿吨，由铁路运往开远电厂、化肥厂、水泥厂、巡检司电厂、个旧锡矿等滇南一带的厂矿，加之民用煤，年需280万吨左右。在20世

滇越铁路列车行驶在滇南群峰中

纪80年代以前，电力与煤气不发达时，煤是昆明、个旧、开远、蒙自等地城乡居民生活的主燃料。

昆明附近地区的磷矿石，地质探明储量41亿吨，居全国第一位，其中工业储量22.8亿吨，每年通过滇越铁路运往滇南约48万吨。昆阳磷矿也是全国产磷大矿之一。

随着农业生产的发展，科学种田成了农业稳产、高产的保证，其中化肥代替传统的农家肥使用成了关键。近50年来，云南境内所建各类化工厂有十余家，而滇越铁路沿线化肥年产量在10万吨以上的就有红河州磷肥厂、开远解放军化肥厂、个旧磷化工总厂，每年通过“小火车”外销运量在35万吨以上。

开远水泥厂是云南水泥厂大户之一，年产水泥50万吨，主要销往省内，铁路运输年占16~20万吨。试想百年前，“黄毛泥”“洋灰”（即水泥）要从欧洲通过轮船水运及滇越铁路陆运才到云南，如今，社会进步也不知多少倍，再勿须远渡重洋，源自欧洲了。

蒙自县白牛厂以产银为主，系多金属矿床，储量丰富，仅银储量就达6000多吨，居全国第二位。与银伴生的锡、铅、锌、硫铁矿均达到大型规模，其潜在价值一百二十多亿元。传说三百多年前的一个深夜，漆黑的天空突然闪耀一片银光，沉睡的山民惊醒了，呆住了。那片白光系由九头白牛组成，并渐渐沉入白牛厂一带的山峰，于是变成开采不尽的白银。如今，白牛厂已被列为全国四大产银基地之一。它与在蒙自县境内的云南999电池股份有限公司一起为该县的龙头企业，税利大户。

云南省锰矿多集中于滇南，其保有储量居全国第六位，富矿储量占全国的50%，居首位，最大的锰矿厂是建水锰矿厂。

非金属矿石现探明储量最大的是个旧市乍甸镇白云山一带的霞石矿，地质储量达32亿吨。屏边县的大理石储量为5亿多立方米。对于霞石矿、大理石的开发，两地具有潜在的美好前景。

在滇越路滇段吸引区内矿产资源丰富，铅、锑、铜储量居全省第二位。而在各种有色金属储量中，锡储量178.66万吨，精锡年产1.3万吨，包括焊锡达2万吨，年产量占全国的70%。个旧锡开采历史也有两千多年。远古代有“铜俑灯”等国家级珍宝传世，现代则有冶金工业上最伟大的发明——电热连续机械结晶机，连续三届获国优金奖的“云锡牌”精锡及“花耳香炉”“虎纹笔洗”等国家珍宝工艺品展露辉光。

滇越铁路沿线农业比较发达，特别坝区如宜良、建水、石屏盛产油菜、甘蔗、烤烟等经济作物及粮食和蔬菜。宜良是云南水稻主要产区，谓滇中米粮川。湿热的气候最适宜水稻生长，一年两熟。列车通过宜良坝子，一年四季展露人们眼前的大抵两种色调，一种是插播后的满坝碧绿，一种是收割在望的一派金黄。云南有很多坝子，但有的是干坝，缺水。宜良则不同，四面山上龙泉喷涌，坝中一条清澈的江水横贯而过，因而宜良具有盛产水稻的得天独厚的有利条件。石屏、建水的气候、水利条件与宜良相类，农作物水稻仍是它们的强项。

建水的酸石榴果大粒实，酸中回甜，味道特别。石屏豆腐中尤以北门水井一两个厂家的最好，每天定购者门庭若市。上午7点便有人排队，10点钟后便被抢购一空，陆陆续续运往外地。竹园是甘蔗、红糖产区。蒙自过桥米线、年糕全省最负盛名，新安所甜石榴是云南石榴的主产区，被一车车拉往广州等地出售，很有销路，如果能解决保鲜问题，可望输往欧洲。

从落水洞经老范寨、南溪、山腰等站至河口，基本沿南溪河谷下倾。这里植物茂密，物竞天成。婀娜多姿的董棕，展开热情的臂膀；江边的榕树如伞，枝枝丫丫落地生根，独树成林；芭蕉树满山遍野，人工种的、野生的，孰知彼此，

建水东门城楼

只待成熟时尽管收割。丰富的热带水果菠萝、椰子、芒果、无花果、广石榴，应有尽有。河口集市上，每天从越南过境的边民，从附近山里来的乡民，大多挑筐背箩，盛满了形形色色的热带水果。

滇越铁路沿线除了遍布的工业生产基地、农产品丰富的“坝子”外，旅游资源亦得天独厚。这里有驰名中外的“天下第一奇观”石林，被誉为亚洲第一洞的建水燕子洞，全国第二大的建水孔庙，还有昆明市的滇池、西山、大观楼、金殿、筇竹寺、黑龙潭，近年新建的民族村、世博园等风景名胜，真让人如拣珍珠，如拾珠玉，美不胜收。

滇池，海拔1886米，碧波千顷，水天一色，被誉为“高原明珠”，面积316平方公里，诗云“茫茫五百里”并非夸张，它记载了昔日滇池的面积，为云南第一大湖，国家级旅游度假区。同时，滇池的存在调节了昆明气候，使得昆明冬暖夏凉，成了名副其实的春城。

西山，又称碧鸡山，在滇池西岸，由城中远望如“睡美人”，不仅神似，亦为形似，蔚为奇观。这里林木苍翠，山泉流涌。取道上山，华亭寺、太华寺、三清阁移步换景，尽掩映于茂林修竹深处，即便盛夏，也凉爽无比。龙门石窟则凿于罗汉崖削壁之上，工程艰巨，崖洞奇险。登临之，则身居高位，濒临太虚，睹滇池湖光、昆明胜景，尽收眼底，令人万虑俱消。

金殿，又名太和宫，坐落于昆明鸣凤山，1602年创建，1671年重建。其铜铸真武殿是全国最大的铜殿，从明万历年间到现在已有400年历史。内中还长期陈放着据传为清初吴三桂使用过的数十斤重的大刀和七星宝剑。

黑龙潭，在昆明城北龙泉山麓，离城约15公里。上观龙泉观有五进十三所殿宇，与下观黑龙宫俱建于明洪武年间，已具数百年之历史。而古木参天，植被满山，泉壑幽深，潭清水碧，以及龙泉观内的唐梅、宋柏、明茶一起成了黑龙潭之特色。另外，一块高两米的凸字碑，利用光学原理给人的视觉差异，让观者一会感到字是凸的，一会感到字是凹的，忒增加游人乐趣，数百年来，游黑龙潭的客人，无有不观此碑者。

大观楼，清康熙二十一年（公元1682年）建，在滇池北滨，与太华山隔水相望。楼前有清代布衣寒士孙髯翁所提180字长联，被誉为“天下第一长联”。“五百里滇池奔来眼底，披襟岸帻，喜茫茫空阔无边……”其气势之磅礴、宏伟，内容之深广，词句雕琢之精华，令人拍手叫绝，叹为观止。毛泽东同志曾甚赞长联。康有为曾在杭州作有类似的一对长联，然而，其效果及影响差之远矣。

筇竹寺，位于昆明西北玉案山，是禅宗佛教传人云南的第一寺庙，内有1883年至1890年清光绪时期黎广修所塑五

昆明大观楼

百罗汉。这些罗汉虽为神，但形象取自现实生活中社会各阶层的人。为了塑好这些群像，黎广修每到昆明市街头，必然手持泥团，暗自雕出所见具有典型性、代表性的人物面貌，带回筇竹寺供自己创作神佛之用。因而他雕塑的神，实际是平凡的但形象典型的人，个个栩栩如生，惟妙惟肖，传神异常，被誉为“东方雕塑艺术宝库中的明珠”。

石林，天然景观，大自然鬼斧神工造就，位于昆明东南石林县，面积11.92平方公里。这里石峰拔地横空，百态千姿，宛若莽莽森林，又似玉笋矗立，令人惊叹，被誉为“天下第一奇观”。常有中外友人垂顾，而“阿诗玛”的优美传说也传遍九州，成了石林县美丽纯洁的彝族少女的代称。多年来，石林一直是云南重要的旅游景点之一。

南湖，位于蒙自县城之南，这里十顷涟漪，画桥烟柳，古树浓阴，楼台掩映，湖光山色，自然天成，素有“小西湖”之称谓。内有柳岸闻莺、湖堤春晓、瀛洲亭等多处景观。湖边、城内还有玉皇阁、魁星阁、法国海关、税务司署、法式花园、哥胪士洋行等不少名胜。置身南湖，当踏过一座座玲珑小巧的拱桥时，不禁让人联想起动人的“过桥米线传说”。

燕子洞，原属开远，后划归建水县，以“古洞奇观，春燕云集”而著称于滇，又有“亚洲第一洞”之说。清乾隆年间，傅宁和尚云游至此，后逐代开拓，至今已二百多年。燕子洞坐落在离建水县城25公里的群山环抱之中，公路一侧。洞外林深树密，遮天蔽日；洞内钟乳四垂，冰帘垂挂，又似神幔神幡，旌旗遍布。每年春分季节，但见燕羽姣姣，漫天飞舞，穿廊绕座，萦纡回旋，似与游人共乐，成了滇南地区一个特殊的自然景观。

文庙，在建水县城西北部，建于元朝，重建于明弘治年间，至今仍坚固完好，是云南古建筑中保存较好的名胜之一。其规模宏大，占地114亩，布局严谨，镂工精巧。大殿20根石柱支撑，每根5米余。正面22扇门扉，具镂空浮雕，图案生动。中有清乾隆年间铸造的铜鼎、元成宗加封孔子“大成至圣文宣王”的砂石碑、满汉两文书写的《告成太学碑记》等，有一定的历史价值。该文庙系全国第二大文庙，为省级重点文物保护单位。

朝阳楼，建水城东门，明洪武二十二年（公元1389年）建。由土城改砖城，三重檐歇山顶建筑，高24.45米，长77.33米，宽25.88米，其巍峨耸立，气势雄伟，是滇南，也是云南省代表性的古城门建筑。1962年，76岁高龄的朱德委员长重登朝阳楼，抚今追昔，百感交集，曾留下五言诗一首，曰：“夏日访临安，欣然改旧观，昔年军驻地，今日作良田；械斗之风息，人民建乐园，边疆如此固，邻友亦同欢。

双龙桥，中国十大著名古桥之一。在建水城西五里之外，横跨泸江、塌冲两河之上。因两河如双龙蜿蜒，盘曲相连而得名。该桥建于清乾隆年间，为传统石拱桥，全长148米，两侧垒条石为栏，桥上原建楼阁三座，后毁于兵燹，存两座。因桥有17个桥洞，故又名“十七孔桥”，在云南绝无仅有，在全国除颐和园的“十七孔桥外”，要数建水双龙桥了。该桥系省重点文物保护单位。

朱家花园，是滇南，也是云南省著名的人工园林，属人文景观，建于清朝末年。原为个旧锡矿大老板朱渭清在建水的府宅，占地数十亩，系江南园林之建筑格局，中有楼、台、亭、榭，小桥、流水，三进大院，斗拱飞檐。梁、柱、门、棂雕龙画风，尽展清末时期的工艺水平。如今朱宅已辟为园林，供人观瞻，成为建水县难得的又一重要景观。

建水双龙桥，又名十七孔桥

异龙湖，位于石屏县境内，与抚仙湖、星云湖、杞麓湖齐名。湖东西长15公里，南北宽约3公里，北岸地势平坦，良田千顷；西南岸碧峰高峙，秀水拍岸，素有“三岛九曲”之称，是云南著名风景名胜之一。原湖中岛屿及湖岸上寺塔林立，碑刻颇多，湖水与城垣相接，水天一色，浩浩荡荡，人们一出城即可以泛舟出海、走村串寨。江西布政使司王恩民在他撰写的《海潮寺记》一文中曾说，异龙湖“五爪诸山，环翠点黛，水势波涛，变幻百出……是壮百代奇观。”如今，异龙湖由于原因种种，积水有所减少，然而环湖百亩荷塘、千顷红莲，较之往昔一样的妖娆。

除此以外，昆明的圆通寺、个旧的宝华寺、石屏的来鹤亭、建水的指林寺、蒙自的缘狮洞、开远的南洞、宜良的九乡等均各具特色，有着悠久的历史文化，倘能一观，也令人终生难忘。

滇越铁路沿线的名胜古迹、自然景观昔日是云南人民休闲的胜地，今日改革开放，它成了中外游客的乐园。时代变了，文物依旧，然老树春生，它在以新的身姿，伴随时代的强音，与滇越铁路列车一起滚滚向前。

滇越铁路沿线，除一路风情与物产丰富胜迹多外，还有一道风景线，它就是小站——群山中的风景线。

滇越铁路通车，不惟造就了碧色寨、个旧、开远、宜良等城镇的瞬间崛起，也使沿线的许多小站及与小站邻近的村落变得喧嚣热闹起来。加之小站清新、艳丽的色彩，在云岭群峰中的重要地位，确实点缀了群山。

在云岭群峰中，连绵的滇越铁路北起昆明，南抵河口，硕长的铁道线上，设有车站34个。建路初期，碧色寨、河口站为特等站，设有海关和海关分关，乃因它们分别是出国的关卡，水、陆运输的必经之地，又是滇越铁路与个碧石铁路的交汇点，个旧大锡外运的中转枢纽，其位置自然比省会昆明站高。昆明站为一等站，除正线外，设站线5股，站坪长700米，地点在昆明城南的塘子巷。昆明是省府所在地，法国领事馆驻地，云南政治、经济、文化的中心，故昆明站又称云南府车站。开远为二等站，除正线外，设站线3股，站坪长600米。三等站有可保村、宜良、禄丰村，盘溪、芷村、腊哈地等，各站设站线2股，站坪长400米。其余为四等站，共24个，各有站线1股，站坪长350米。滇越铁路各站间距离一般为10千米左右，最长的为小龙潭至巡检司间为20.5千米，最短为落水洞至芷村间为8.4千米。股道布置均为横列式。

云南大山连绵，沟壑纵横，林深树密，数千年的封闭状态，经济、文化均比较落后，县城与县城，村落与村落之间的交通往来，在滇越铁路修通以前，主要靠秦五尺道、中越古道及山间的毛路。整个社会经济结构呈自然经济状态，即一种自给自足的经济形式，劳动产品只是用来供给本经济单位或生产者本人享受和消费，没有或很少有交换关系的存在。严重的交通阻绝与原始落后的马帮运输成了社会生产力低下与社会分工不发达的原因。虽然不能否认马帮文化、秦五尺道、中越古道对云南经济、文化的发展、对云南的农产品、手工业品起了一定的交换作用，但在整个经济中并未起到大的决定作用。这种状态直到中国封建社会末期，即20世纪初期，商品货币关系进一步发展，自然经济才得以逐渐瓦解。

来自1910年的云南百年列车起了积极的催化作用。它使云南的自然经济向商品经济瞬间转型，使得商品生产者有了市场交换的契机，不同的商品能够与市场交换互相联系起来，得以流通，得以发展。

滇越铁路修通，带来了西方的工业文明，使云岭群峰增加了新的因素，增添了活力。大山之中不时发出的“呜呜”声与车轮滚动的“轧轧”声打破了山谷的寂静，而交错排列在滇越铁路线上的一座座法式车站站房便成了云岭群峰中一道道靓丽的风景线，平整的站台及两边宽敞空地便成了沿途人们商品交换、中转运输的枢纽与迎来送往的窗口。

这些大大小小车站的站房都是按法国式样建筑的，玲珑、简洁、别致，红瓦、黄墙是其特色。在翠绿的万山群中，倒真有“一点红”的反差效果，显得鲜明夺目。远远看去，那毓秀的车站建筑，湛蓝的铁轨与木质护栏的平行线条，高大繁茂的大青树、桉树，衬以背后巍巍苍葱的大山，不仅具有形式美感，且具有一种含蓄的诗情画意。若是朝雾缭绕山腰，或是夕阳映照半山，那情景、那色彩，任何语言都无法形容。

车站四周，包括铁路边，常种植的乔木是桉树，又称金鸡纳酸树，树干高大挺拔，外层树皮长片长片的，呈白灰紫色。桉树常发出一种刺鼻的怪味，系药用植物，据说用叶煮水喝可防治脑膜炎之类的病症。此外还有柏树、榕树、杉树等。靠近南溪河下游，即河口、南溪、腊哈地一带，炎热的热带气候，促进着植物繁茂生长。车站四周、铁道两旁，香蕉、菠萝、大榕树、椰子树、棕榈应有尽有，跃入人们眼帘是大自然赐予的令人心旷神怡的“绿”的景观。

车站的墙体、柱子用石材打制成规则的方块用水泥拌沙灰砌就，墙壁有的用石头堆砌，有的用烧制的砖块建构，墙面用黄色涂料粉刷。屋顶瓦片除了都是红色外，造型也不同于中国式的圆筒结构，上边有一道道沟槽，呈长方块扣榫式，使用起来便捷、平整。门框、窗框为拱顶式。门扇上部圆拱呈放射状，玻璃结构；中间主要部分呈百页窗式，色彩均为绿色。这种建筑风格，与中国云南山村城镇的建筑迥然不同，体现着强烈的异国风情。

大多数车站设有站台、站房售票处、休息厅、办公室、站长室，但小站的站长室就在售票处，无休息厅，乘客就在站台上休息候车。站台一般有三至五米宽，用打磨平整的石板铺就，质朴、清雅。车站靠列车一面的屋檐长长地伸出，遮住了站台，使其可以挡阳蔽雨。列车到来前，乘客就在这里或站或坐，纵情聊天。站台正中的墙面上挂着一个“三面钟”，又称“子母钟”，给乘车人报时用。站台一端吊一根废钢轨，由站长敲击报告列车进站或指挥发车。

车站的环境及院落往往是清新雅致的。两侧的木栅栏上缀满了青藤、爬山虎、紫丁香。院子中间种满了夹竹桃、缅桂花、鸡冠花、柿子花。盛夏，殷红的鸡冠花朵绽放了，挂满枝头，那红色如云霞光彩灿烂，简直要滴落下来。每朵都有小碗大小，分五瓣，摘一朵，掰一瓣，中间分开，靠着分泌的汁浆，贴在鼻上，倒真有点大公鸡的味儿。很多农村的孩子到小站乘车，多玩此花。由于云南地势北高南低，滇越铁路大多处于热带、亚热带气候，气温较高，适宜各种花草植物生长，一年到头，这里绝无“北国风光，万里雪飘”的景象，带给旅客的总是春意盎然、四季常春的景观。

当然，乡民们关注的不是良辰美景，而是快捷的交通运输给他们带来的方便。一百年前，南下河口，北上昆明，少说也得走十天半月。而滇越铁路修通，人们只需步行个把小时，来到车站上，踏上滚滚而来的列车，便可以去到想要去的地方。建水西庄是个典型的因通过铁路到个旧矿山开矿致富的村子，家家户户青砖大瓦房、两层楼、三间两耳四合院，与附近的村寨相比，可谓鹤立鸡群，同时也让他们眼馋。土地改革时期，建水一带的村民为西庄村民编了个顺口溜：

> 青砖筒瓦地主房，一进二院白山墙；
> 何人识君富如许，只缘矿山二老板。

“二老板”者相对大老板而言，即“小资本家”、小老板与稍有钱财者。这些村民一家家因置了房产、盖了房子后便无钱购买土地，因而成份只能评个“中农”，多少年后人们议论起来，亦为趣谈。

实际上，多年来许多小站已成为当地村民的集市。除了推销一定数量的农副产品，近一些的村民有时也会像城里人逛超市、逛百货公司一样到车站上转悠，也成为休闲的一种乐趣。

说小站是集市，一点不假，每天由远至近、山上山下涌来的小贩与质朴的自种自食的村民少则一二十，多则上百人，加上成排的拉客木轮小马车，与小站清雅、静谧的环境

滇越铁路沿线车站集市

形成一动一静、一张一弛，既对立又协调的关系。叫卖的东西不止凉水、瓜子、煮鸡蛋、凉米线，滇南盛产的水果香蕉、菠萝、芒果、苹果、梨、甘蔗、石榴，土法生产的米花糖、丁丁糖、葱管糖、狮子糕、沙糕，以及咸鸭蛋、煮包谷等，也是一应俱全，都是列车乘客在长途旅行中的方便快餐及长时间乘车心烦时消遣的零食。

列车到站了，大多数小站只停留一两分钟，乘客不敢下车，列车员也不准许乘客下车。这时叫买的小贩蜂涌到车厢旁，叽叽喳喳叫个不停，竭力鼓吹自己的东西新鲜、便宜、好吃，并把手中的物品高高地举到车窗口。车上的旅客则讨价还价，精心挑选自己喜爱的食物。有时小站上要“会车”（列车交错反向行驶），因滇越铁路是单线，先来的一列要等前边站区发出的列车来到站台交错后方能前进。此时停车时间少则五六分钟，多则半把小时，车上的乘客就可以利用这段时间到站台上挑选自己喜欢吃的东西。动作快的乘客还可以乘隙爽口地吃上两碗凉米线、十多块烧豆腐，并加上多多的辣椒粉，然后吸着嘴，像有烟瘾者过完瘾后，舒适地回到列车上。

有的车站路基较高，车窗离地面也高，矮小的山民小贩想出了用竹杆夹鸡腿送进车窗的办法。因为价钱是统一的，又是整数，不找不补，根据所要数量，将钱夹在取过鸡腿的竹夹上，完成了卖方与买方的交易。不用立规，人们恪守道德标准，卖东西的山民从来不会想到有受骗的时候，而买方

盘溪车站上的马车队

也不会拿了鸡腿后不付款。用竹杆夹鸡腿伸进车窗买卖成了滇越铁路上多年来全国绝无仅有的特殊交易方式。这种形式从20世纪初直延续到50年代末。

不少小站还有木轮小马车接客。这些马车体量不大，一匹马拉，车身长不超过1.5米，宽不超过1米，有的敞篷，有的有篷。为了迎合客人的审美心理，有的还把篷杆、围布装点得花花绿绿，垂须吊球，仿佛抬新娘过门的轿子。早期的木轮小马车轮子是木制的，与牛车轮子无异，轮子外圆边上包铁皮，增加坚韧度。后来随着时代进步，改用三轮车轮子，即用橡胶或橡胶织物装在轮辋上，缓和了外界冲击，提高了与路面间的附着系数，乘客坐在车上也不像原来那么颠簸了。

旅客到站后，总是拖儿带女，携包拎箱，行路极不方便，小马车为之排忧解难，出钱不多，省力不少。随着列车远去的气笛声，小马车也跟着离开了小站，在叮叮咚咚的马铃声及皮扎皮扎的吆喝声中，一辆跟着一辆，马车夫与乘客一道，坐小马车行进在山间小路或坝区的田野上，向村镇驰去。小马车行进在山间或田间小路上，令人心旷神怡，悠哉、悠哉，别具一番滋味。

小马车与竹杆夹鸡这两种滇越铁路上小站风景线中的特殊景观，时至今日，铁路车站上的一些老职工及附近的村民依旧津津乐道，勾起一种难以抑制的童心稚气。

列车来了，列车去了，小站暂时的喧嚣转瞬间又趋于平静。每个小站从站长到职工，一年四季都紧张单调地工作着。然而，他们一丝不苟，认真当好每个班，扳好道岔，拧紧每颗道钉。小站大多远离城镇，因而清雅、静谧，除了袅袅的炊烟，徐徐的山风，便是鸟雀的鸣唱。

近百年过去了，滇越铁路上的数十个大大小小的车站站房基本不锈不腐，除了少许的墙面色彩脱落，窗棂有所污损，总体与昔日无异。一幢幢法式站房、法式的窗棂、百页窗扉、法式的子母钟，机车转盘依然如故，只要拂去它的尘埃，便可焕发迷人的光彩。要说变化，就是吹哨声、打钟声换成电铃声，手提号子灯换成电动控制灯，少数石板铺就的站台换成水泥站台。

滇越铁路上除了少有的几个特等站、一等站，大量是三、四等小站，然而，它却是必不可少的中转枢纽，是乡民贸易、交通的窗口，物资集散地。在云南山大、坡陡、村落分散，物资交流不畅通的情况下，小站的存在显得很有意义。同时，在云南百年的发展中，它也无言地伴随着历史的进程、证明着人们生产、生活与社会的变化。

列车进入昆明站

第三章　修路缘起与蒙自开关

滇越铁路的修筑得追溯到鸦片战争与《中法续议商务专条》、蒙自开关。除政治、经济原因外，云南气候也是法国人唾涎之理由。20世纪前半叶，仅关税一项对云南的经济、文化建设起了很大的作用。

滇越铁路修路缘起，《中法续议商务专条》的签订，还得追溯到鸦片战争历史大背景、大环境，没有它也许就没有后边的故事，没有滇越铁路的修筑。即便有，也是数十年以后的事，当然它又是另外一种性质、格局与形式。

早在1773年，西方最发达的资本主义国家英国，为了掠夺财富，通过所属的东印度公司，向中国输出大批鸦片严重损害了中国民众的健康，同时使中国的白银大量外流。财政出现空前危机。一些爱国人士看到这种情况忧心如焚，纷纷提出禁烟主张，林则徐是其中之代表人物。

1839年3月24日，林则徐作为禁烟钦差大臣，到广东禁烟。

从1839年6月3日凌晨直到6月25日，经过二十多天才把所缴的两万多箱鸦片全部销毁。

这就是震惊中外的“虎门销烟”，它体现了中国人民反抗外来侵略的坚强意志。

1840年至1842年，英国在美、法的支持下发动了侵华战争。史称“鸦片战争”。

在这段历史时期，许多西方国家强迫中国政府签订了一系列不平等条约，获取中国领土，勒索大量赔款，强立租界，开放通商口岸，划分势力范围，攫取种种特权。逐步地控制了中国的经济命脉，操纵中国的政治、军事、经济，严重破坏了中国自给自足的封建经济基础，使中国逐步沦为半殖民地半封建社会。这就是道光二十年（1840年）鸦片战争之后，西方各国列强争相瓜分中国的大背景。

在这种“瓜分”的大背景下，西方列强均各有自己的算盘，在“瓜分”行列中毫不示弱，希望自己捷足先登，得到在中国的最大利益。其中英、法两国觊觎云南之心蓄谋已久，云南丰富的物产、待开发的资源如珠玉、似宝石，磁铁般地吸引着他们。银光闪闪的个旧锡若金子般珍贵，其次经丝、皮革及其他一些金属都是欧洲最炙手可热的货品。反之，云南是一个广大的消费市场，欧洲的棉纱、棉布、煤油、人造靛、烟草、钢铁、毛织品、纸，甚至小到火柴、烛、马灯、伞，都是云南广大民众的生活必需品。这些东西当时都习惯冠个“洋”字，如洋油、洋火、洋伞、洋法烛、洋铁桶、洋毛泥（水泥）、洋瓷缸。英、法两国要想便当地获取云南的资源财富，又要顺利地推销欧洲工业产品、生活用品，并赚取中国云南的银元，靠什么东西运输物资？海上自然是轮船，但越南段及中国云南段的陆路运输靠古老原始的肩扛人挑，或是靠行动缓慢的牛拉马驮，显然不行。这里即便不论成本，仅仅是那些机器的个头、重量，就让这些古老方法不能胜任。这就使得英、法两国不约而同想到“火车”。当时欧洲已经率先使用，并通过实践证明，它无疑是当时世界上最优秀、最便捷、运输量最大的交通运输工具。因而当时英、法均想以修筑铁路入手，让吞蚀的触角稳沉、久远地伸入云南，让长冗的列车无休止地承载锡锭、丝绸等输往欧洲。

1831年，英国政府图谋从其殖民地缅甸修铁路通行云南境内。1858年，英国退休军官斯普莱（R.Sprye）建议由缅甸仰光修建铁路至云南思茅，再由思茅经广州达汉口，成为环绕近半个中国的主要铁路干线。1862年，英国再度策划由缅甸的八莫修铁路到云南下关，并经昆明达四川叙府（今宜宾），以控制长江上游。然因原因种种，这些方案均只是纸上谈兵，未能实施。

与此同时，英国的入侵伙伴法国与之貌合神离，唯恐英国独占西南，急于1862年侵占越南南部之后，以探险为由，派出数批探险队先后探测澜沧江下游和红河上游，试图找寻进入云南的便捷通道。清同治十二年（1873年），法国悍然出兵攻袭河内，迫使越南阮氏王朝缔结《法越和亲条约》，取得了对越南北部的保护权及沿中国云南红河至蒙自的河道通航权。但是，这并非是法国的终极目的，以越南为基地，北越为跳板，进一步打开通向中国西南的大门，夺取滇越铁路权益，才是法国进入中国云南的重要目的。正如当时法国驻西贡总督杜白蕾致法国海军与殖民地部的信中讲的："我们……出现在这块与中国交界，也是中国西南各个富饶省份的天然产品出口的地方，根据我个人意见，这是一个关系到我们今后在远东地区争霸的生死问题。"在《巴黎殖民报》署名雪生的《法人与云南》一文中也赤裸裸地道出了修筑滇越铁路，进入云南的政治、经济目的，文章说："云南物产矿源之丰富，尤为支那全部所不及，必宜实行取而领有之，以为法人子孙万世之基业，断不可使他人势力侵占当份。"其掠夺、称霸之心昭然若揭。

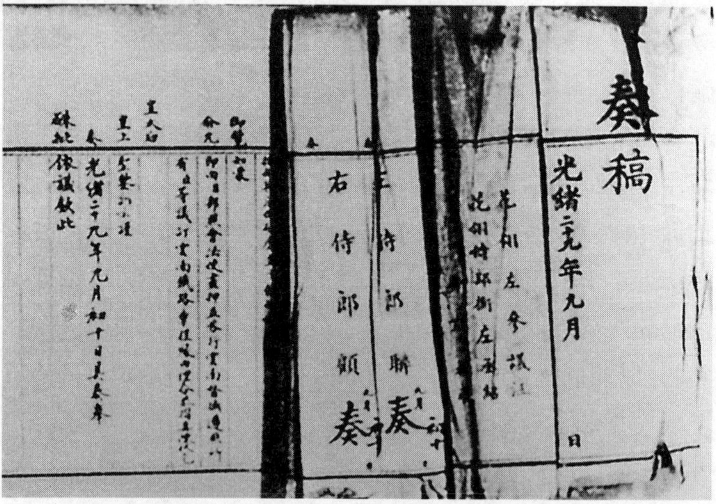

清政府外务部与法国议定《云南铁路章程》奏稿影印件，主要内容即中国允许法国修筑滇越铁路滇段等条款

有一篇法国人写的题为《滇越铁路》的文章，也露骨地挑明法国人修筑滇越铁路的政治目的是为了把云南变为它的殖民地，进而把大西南变为它的势力范围；经济目的是为了掠夺云南丰富的自然资源，倾销商品，把云南变为它的原料供应地与商品倾销市场。这篇文章写道："云南铁路是长期的目的的实现与法国政府坚决努力的成就。具有巨大的目前尚未大部分开采的自然资源的中国，对像欧洲的工业和商业来说，是无可比拟的敞开的销售场所和向最勤勉的人提供的巨大财源……云南这个巨大而沉睡的地区，需要铁路来使它振奋……"

另外，法国人强夺滇越铁路修筑权，除了政治、经济方面的原因外，还有一个鲜为人知的原因。法国人不堪忍受其殖民地越南炎热的气候，希望前往旅游胜地云南休闲度假，提供便捷的通道。在《滇越铁路》一文中，这位法国人说："……丰富的地下资源，温和而有益于健康的气候，充分说明了这里的有利条件，从健康观点上讲，云南对于疲倦的欧洲人提供了有益的条件。《印度支那官报》也说："吾法居留越地者，将可移住舒适卫生之云南省静养。行程便利，需费又省，其为功于法人殖民之生活，殊非浅矣。其有前患病思归者，今可尽移殖法国云南矣。"另有法人古德尔孟亦云："以气候论，云南宜编入越南版图，实天然之形势使然也。"在此，古德尔孟和《印度支那官报》的野心暴露无遗，即不但要把云南"编入越南版图"，还要进一步把中国云南变为"法国云南"。在《巴黎殖民报》上发表的文章《法人与云南》中甚至将昆明比喻为法国巴黎，文章说："……云南气候温和，寒暖适宜，恰似巴黎。使滇越铁路完成，则安南殖民，皆可由该路径移云南，固不必遥望本国，而兴非土之叹矣。"这些文章不仅阐述了修筑滇越铁路的政治、经济目的，也表明了以云南作为休养度假之地的目的。为了达到这个目的，法国人与中国政府无论战，无论谈，无论和，都以咄咄逼人的气势，要挟清政府同意法国在云南修筑滇越铁路。

为什么铁路会在中国最封闭的地区之一的云南修建？这个问题在1910年，法国滇越铁路公司在铁路通车后出版的一本蓝色封面大16开的报告《云南铁路》中也可以作出答复。在《云南铁路》报告中，法国撰稿人以极为精确的数据，全方位地描述了云南的地质水文、降雨量、贸易、人口、矿产资源等各方面的情况。对云南情况的熟悉了解，胜过当时中国官方掌握的材料。换言之，当时中国官方不可能提得出如此具体的关于云南的科学、严密的报告。因而从这份报告中，我们可以清楚地看出西方列强的帝国野心、资本主义的扩张欲。

之后，法国发动了侵略越南北方的战争。1883年迫使越南阮氏王朝签订了第二次《顺化条约》，于是，整个越南正式沦为法国殖民地。越南北方的沦陷，使法国人取得了溯红河进入云南的“跳板”。

法国用武力进攻越南北方的同时，采取了双管齐下的办法，一面向中国政府提出与云南通商的要求。1882年，法公使宝雷（Bouree）向清政府提出：“法国切愿设法自海口以达滇境通一河路，惟使该河有裨商务。”该河路即指红河水路。李鸿章与宝雷在上海签订的协议中，同意“法国得自海口以达滇境通一河路，以保胜（今越南老街）为中国境地辟之为商埠”。因越南当时为中国藩属，因此把越境内的保胜称为中国境地。

1883年12月，法国把越南变为“保护国”之后，又向中国军队发起了进攻，挑起中法战争。在清军连连失利的情

蒙自邮局旧址

况下，李鸿章代表清廷于1884年5月在天津与法使签订了《中法会议简明条款》，条款规定："中越边界开放通商，日后议定有关商约税则时，应有益于法国商务。"

法国人并不以此为满足，它同时提出要中国提前撤回越南驻军，遭清政府拒绝。于是法国人于1884年6月向谅山中国军队进攻，并迅速调集海面部队，于8月向台湾进攻，在福州马尾港以主力舰队突袭中国兵船。因中国兵船势单力薄，火力与法人相距甚远，被击沉9艘。清政府被迫正式与法军宣战，这就是"中法战争"。

在法军二度向中国镇南关进攻的战役中，爱国将领冯子材率全体官兵英勇还击，大败法军。但是，清政府却利用胜利作筹码，向法国乞和。于是，法国反而提出要中国为这次战争"赔偿"25亿法郎，如中国不允，"必须给予别项，即或中国允由东京（越南）至滇省添造铁路，并允于滇省通商所造铁路之费，中国应行囊助，按每年须还本国造铁路之费，还至30年为期……如不照办……总要兵至北京。"其要求之过份，其气焰之嚣张，是可忍，孰不可忍。然清政府的态度与既往无异，经过反复拉锯折腾，于清光绪十一年四月二十七日（1885年6月9日）由李鸿章与法国公使巴德诺（Jules Patenortre）在天津订立《中法会订越南条约十款》，亦称《越南条约》，又称《李巴条约》。法国“不胜而胜”，把侵略势力伸入了中国云南、广西。

一幅《点石斋画报》刊登的中法签订《越南条约》的场面，难得真实、生动地记录了签约会场：一幢中国老式殿堂，古椅两排，屏风林立，环境庄严、肃穆。一边坐着外国洋人，有穿礼服的，有穿骑兵服的，个个肥头大耳，挺胸凸肚，雍容华贵。有的正襟危坐，态度严肃；有的两手环抱胸前，一副得意洋洋样；有的两人交头接耳，窃窃私语。对面坐的是中国官员，他们一个个花翎紧系，长长的大辫子垂于脑后。因背对读者，看不清面孔，望不见表现，试想他们此时的心情是极为复杂的，是荣耀？是求辱？也许都是，也许都有，犹如五味瓶打翻在地，有酸、有甜、有苦、有麻、有辣，其尴尬可想而知，其猥琐让人睥睨震怒。

在《越南条约》第七款中规定：“彼此言明，日后若中国拟创造铁路时，中国自向法国业此之人商办……”1887年，法国政府单方面，也可以说是私下制定了在其殖民地越南修建铁路并将铁路延伸到中国云南昆明的“东京公共工程规划”，可谓司马昭之心，昭然若揭。

1886年，法国迫不及待地委派恭思当来华，与清政府签订《中法越南边界通商章程》，议定进出广西、云南边界货物的税则。

清光绪十三年五月六日（1887年6月26日）中国与法国在北京签订《中法续议商务专条》，条约规定：中国允许开放广西龙州、云南蒙自与蛮耗为中越边界上的通商口岸，允

中法签订《越南条约》画面

许法国派驻蒙自的法国领事官属下一员在蛮耗驻扎；规定法国商品经上述通商口岸运入中国者，一律享有减税特权……至此，法国人经过多年的武力入侵，终于打破了清政府在云南的闭关锁国政策，在清政府向外国入侵势力节节妥协之际，法国人梦圆了云南蒙自开关的条约准备。同时也为滇越铁路的修筑、《中法滇越铁路章程》的签订留下伏笔。

还在1887年初，云贵总督岑毓英为适应蒙自通商的需要，奏请清廷增设巡道一员，专门管理开关、通商事宜，将临安（今建水）、开化、广南三府归巡道管辖，置分巡临安开广道，道署设于蒙自县城，兼管关务。同年秋，吏部准奏。至此，清王朝把蒙自开关、通商的各项准备工作、相应的行政管理措施作了进一步的安排处理。

清光绪十五年（1889年）初，云南巡抚谭钧培与法国领事官弥乐石和海关税务司哈巴安（A.P.Happer，Jun），会同分巡临安开广道道尹汤寿铭亲临蛮耗一带作最后一次实地勘察，同时会商设关、收税的具体事宜，上书清廷于光绪十五年七月二十八日（1889年8月24日）正式开关。在蒙自县城东门外设正关，水陆联运中转枢纽蛮耗设分关；县城西门外及河口、新街3处设分卡。将原安平同知所管的白马关划归蒙自关管辖，改为分关。订立蒙自正关通商章程专条十款，其内容含：蒙自正关界地、边界贸易、货到报送、土货到卡运内地税厘票单、查验货物、完纳税项、发收税单、呈缴税单、子口税单、办公时刻等。订立蛮耗分关通商章程专条十九款，其内容含蛮耗分关界址、停泊之处、船到报关等。在

蒙自哥胪士洋行外景

蒙自建立外国领事机构，开设洋行、公司，即史称的“蒙自开关”。它是云南的第一个海关。为了贸易、通商的需要，同时设立了电报局、邮政局。它们也是云南较早的电报局、邮政局。

当时海关不设在省城昆明而设在蒙自，乃因蒙自是云南通往海外的中心枢纽，靠红河最近，陆上来的商品可以从这里尽快地通过红河水道转运香港地区及越南。同年8月25日，蒙自照约开关，蛮耗设分关，河口设查卡，沿袭古道开始了国际贸易。于是蒙自成为一等大县，外商集中区，蛮耗成为重要的也是唯一的陆、水运输中转码头。

至此，在《中法续议商务专条》的界限下，蒙自开埠通商照约实行。蒙自海关开始承办征收关税的业务，法国同时在蒙自成立领事府。蒙自开关不仅使法国在中国西南——云南获得前所未有的经济利益，也打破了云南千百年来封闭落后的经济、文化落后状态。名不经传的蒙自小城，一跃成为

蒙自哥胪士洋行

蒙自老衙门

云南重要的、一时间胜于省府昆明的商贸中心城市。达官云集，商贾往来，洋人出没，劳工遍布，运输骡马成群，市场繁荣，成了蒙自开关后的景象。它既使外国洋人获益匪浅，亦使云南经济、文化流通和繁荣，外贸进出口额不断上升。在沉睡了千年的云南大山中，呈现了局部的、千年难得的流通与繁荣气息，掀开了云南被迫对外开放的序幕。其实，蒙自开关是法国人篡取在中国云南路权的第一步，是修筑滇越铁路的前提和基础。蒙自开关后的短暂兴旺又更坚定了法国人在中国云南筑路的野心，同时使云南外贸总额呈大幅度上升趋势。

蒙自开关到滇越铁路通车前的这段时期是蒙自经济文化最为兴盛发达的时期，据蒙自县志记载：有近十几个国家和国内8个省的商人在蒙自做生意。在这里人们可以听到英语、法语、德语、日语、希腊语等外语，也可以听到两广、两湖、贵州、四川，乃至浑厚的天津方言。滇剧，这一云南的特殊剧种，也有名家从昆明到蒙自组班搭台唱戏，并从此

蒙自法国东方汇理银行

落脚生根。时至今日，红河州滇剧团也还设在蒙自。蒙自先后建了48家外贸商号、洋行、公司，英、美、法、日等国的商号、洋行就驻在这里。城东门外甚至形成了外国机构与企业的集中区。在多家洋行、公司中，重要的有20家，其中法商6家，英商5家，德商3家，希腊商3家，意商1家，日商1家，美商1家。诸如：1901年法国人开办的亚细亚水火油公司；1908年开设的经营五金器材的维厘公司，1913年改称邦沙爷洋行，1916年迁昆明；希腊人1906年开的福鼎酒楼；意大利人1905年开的经营食品、小百货的加波比央哥公司；德国人1905年开的同样经营食品、小百货的士波顿洋行。此外还有英国人、日本人开的洋行、公司。县城西门一带的世发街、铜房街、石墙子内外，形成巨大的商业区。一个个杂货店、酱茶铺、纸烟摊，以及黯然的老茶馆，在黑白时光里，至今依稀散发出喧闹而亲切的市井气息；落寞颓废的高墙大院，总蕴藏着一段辉煌历史。

在诸多外国人开设的洋行中，当数“哥胪士洋行”最享盛名，它历时最久，寿命最长。在“阻洋修路”“拒洋修路”最坚决的周云祥起义到蒙自时，哥胪士洋行被数百矿工紧紧包围，但也未动洋行一块瓦砾。当时哥胪士站在洋行屋顶上向围攻的人群大声叫唤：“我是希腊的，不是法国的!”终幸免于难。哥胪士洋行占地3.5亩，1905年开业，1940年停业，历时35年。哥胪士原是公司小职员，后与兄弟一起筹资5万银元在蒙自东门外弥里村盖了蒙自最好的一幢西式两层楼的房屋，经营五金、百货、食品罐头和蔬菜等，它就是哥胪士洋行。总店设在海防，蒙自、昆明设分店。进口转销的货物小到一根针，大到建筑材料，种类多达一千余种，是当时蒙自所有洋行中影响最大、种类齐全、最守信誉的一家。

有个店员叫普民生，14岁时经人介绍到哥胪士洋行当店员，月薪是90元老滇币。公司要求职员要穿西服上班，第一个月他拿到工资，就为自己打扮一番，买了西装、领带、洋伞、毡帽、皮鞋。几十年过去了，他对往事记忆犹新。

此外，哥胪士还开办了酒店，有房间十余间，供中西人士住宿，兼售西餐。酒店坐北朝南，面对南湖，风清气爽，景致优美，生意极佳。滇越铁路通车后，碧色寨和开远都开有分店，直到抗日战争期间，国民政府炸毁滇越铁路河口至碧色寨线路后方停业。

至于店铺，蒙自城街巷相连的大、中、小型规模者不计其数。蒙自开关后，来往于蒙自水陆通道的国内外商人、马帮络绎不绝，尽云集蒙自。服务行业应运而生，应时而生。县城除开设马店、饭店、修理店、洗染店、理发店外，还开设了照像馆、轿铺、妓院。

当时蒙自县有客栈24家，有高、中、低档之分。高档自然是接待外国洋人的，低档是杂役、搬运夫等投宿的。客马店有十余家，多在城边上，如“荣升”“大宝”等，都是当时蒙自响当当的大字号，每天可歇驮马二三百匹。全县每天可歇数千匹马。客马店在各服务行业中排位不高，但却是顶顶重要的行业。在以骡、马运输为主的年月，客马店的接待能力、接待量，实际就是运输能力、货物吞吐能力及经济运转能力的体现。据红河州有关文史资料记载，蒙自鼎盛时期，有时一天骡马多达五六千匹。

蒙自过桥米线最有特色，为云南名膳。其源于明末清初，至今已三百多年的历史。它以佐料丰富，制作精细，吃法特殊，味道鲜美而享誉社会，名传五洲。传说很久以前，蒙自城内有一秀才，为赴京赶考，苦于城里人声喧哗，心想何不到南湖找一清静之处攻读。他勤劳贤慧的妻子为了让丈夫安心读书，每天坚持给丈夫送饭，由于路途较远，送去的饭菜常常是凉的。一日，他妻子把家里的一只母鸡杀了，炖熟后买来米线，鸡汤用罐盛好，互不相混，送往南湖。待到丈夫面前，揭开罐盖，罐内鸡汤仍热气腾腾，原来是表面鸡油保温之故。妻子喜出望外，从此便常常给丈夫送米线。而丈夫学问日进，终得金榜题名。因其妻子在送米线的途中要

烧制过桥米线汤

可口的蒙自过桥米线

经过几座桥梁，后该吃法就取名“过桥米线”。这虽系传说，但有一点可以认定：蒙自是云南过桥米线的发源地、过桥米线之乡。

轿铺是一个特殊服务行业，同时也是城市中一种便捷的交通工具。蒙自开关后就成立了“全和仁”“海清仁”等轿铺九家，拥有轿夫二百四十多人。

清光绪十六年（1890年），蒙自人蒋子端在县城开设了一个“风雅轩像馆”，这是滇南地区最早开设的像馆，也是云南最早开设的像馆之一。以后，蒙自在民国时期又先后开设了“怡光像馆”“余芳像馆”。当时云南山民把照相机视为神奇之物。

百货店也属新生事物，蒙自人把经营洋货的商店叫“百货店”。据倪云开老先生说，那时他还小，家里开了一个中

法国花园

蒙自玉皇阁

型百货店，每天所收银币成箱成桶，营业额在四五百块大洋。有一天，父亲叫他与妹妹将装钱的柜子抬到后屋卧室点数，里边有双毫、半开，满满的一柜。在昏暗的煤油灯下，全家人看着成堆成片的钱币，那高兴劲无以伦比，笑得连嘴也合不拢。像倪云开家开的这种百货店当时在蒙自城不过是极普遍的店铺，类似规模的少说也有上百家。他家经营状况尚且如此，可想见其他也会一样兴旺。这就是“开关”给小城蒙自带来的经济发展的一个缩影。

以当时的度量衡计，蒙自开关后，1890年云南进出口总额928，272关平两，清宣统二年（1910年）为11，464，929关平两，进出口总额增长了11.36倍，其中进口增长9.89倍，出口增长11.3倍。从清光绪十五年（1889年）至宣统二年（1910年）的22年间，进出口总额累计125，339，517关平两，其中进口70，050，237关平两，出口55，289，280关平两，进口额比出口额高26.7%。其中有4年出超1，716，983关平两，其余18年入超16，477，934关平两，出入超相抵，净入超14，760，951关平两。

该时期，蒙自处于全省外贸中心地位。1896年以前，全省只有一个蒙自关，蒙自外贸总值占全省外贸总值的100%。1896年1月2日，设思茅关，1902年5月8日设腾越关，虽如此，在1910年滇越铁路通车前的这段时期，蒙自关外贸总值仍占全省外贸总值的77%—89.7%，始终居于全省的主导地位，其外贸总额上升幅度之大是云南历史上任何时期也不能相比的。这种势头一直维持到1910年滇越铁路通车后，才转移到特级碧色寨车站。

这里，《中法续议商务专条》的签订、蒙自开关，实际上为《中法滇越铁路章程》的签订和滇铁路的修筑扫清了障碍，铺平了道路，也是法国人进入中国云南必不可少的先决条件和步骤，同时也是云南实现对外贸易、国际贸易的一种尝试。

中日甲午战争过后，法国以参与俄、德干涉日军归还中

蒙自周家大院外景

蒙自南湖瀛洲亭

蒙自土司衙门

国辽东半岛有功为名，向清政府勒索报偿，于1895年6月19日签订《续汉商务专条附章》，其中第五条规定："至越南之铁路，或已成者，或日后拟添者，彼此议定，可由两国酌商，妥订办法，接至中国界内。"这是1887年6月26日在北京签订的《中法续议商务专条》的延续或续约，当时"商务专条"规定清政府允准蒙自开关，允准法国驻蒙自领事馆，允准蒙自与蛮耗为通商口岸，并让法国享有减税特权。而"商务专条附章"却得寸进尺，增加了滇越铁路的修筑、管理权。

清光绪二十三年（1897年），英国迫使清政府订立有关英国在南方几省利益的协约，其中就包括操纵和垄断个旧锡的生产和销售。当时个旧锡价视香港行情升降，而香港行情又直接受制于伦敦五金交易所，因此，英国获得了个旧锡生产、销售的最大利益。

法国看到它在中国西南的利益被英国分享，分外抵触和眼红，便转向清政府要“补偿”，其中包括“自东京（越南）至云南府之铁路由法国筑造”一项，正式将修筑滇越铁路权列入议事日程。1897年6月18日，总理各国事务衙门（简称总理衙门）照会法使：“定允准自越南交界起，由百色河一带或红河上游一带，修造铁路，以达省城，应由中国渐次察勘办理。”此时，刚出任越南总督不久的法国人保罗·杜梅，以各种理由和借口，不断向云南派出武装人员及测绘人员，勘测从越南至云南昆明，乃至到四川叙州的路线情况。测绘完毕，写成总结上报法国政府。

清光绪二十四年（1898年），德国占领胶州湾，英国霸占扬子江，俄国租借旅大，日本割据福建。法国不甘示弱，迫不及待派驻华公使吕班（Dubail）于3月13日向总理衙门递照会，提出四项要求，其中第三项要求重点指出：从越南往中国云南省城修造铁路一道。与此同时，法国外交部还通过清政府驻法公使庆常向总理衙门转达法国议会警告：如中国不答应四项要求，则兵戎相见，“派舰重办”。清政府迫于

南湖边上

蒙自南湖晚霞

法国之压力，于4月10日复照法使："中国国家允准法国国家或所指法国公司，自越南边界至云南省城修造铁路一道"。软弱无能的满清政府被迫屈服于法国的压力，终于最后承认了法国在中国云南的筑路权，由法国草拟《中法滇越铁路章程》。

清光绪二十五年（1899年），法国在蒙自设滇越铁路建设公司蒙自工程处，指挥滇越铁路滇段筑路工程。

清光绪二十九年九月十日（1903年10月29日）中法两国正式签订《中法滇越铁路章程》，中方签字代表系云南总督松蕃。全篇共34条，主要内容为：中国允准法国从云南河口至省城昆明修筑铁路，干路造成之后，可展筑支线；铁路用地属官地者，由清政府无偿划拨，属民地者，由清政府购拨；修建铁路所需的木料、砂、石任法方就地开采；一切建路应用器材概免进口税；客、货运价由法国铁路公司自定；中国政府于80年期满时，以法国铁路公司历年账目为凭据，若收入能抵偿铁路投资、股本利息，方可收回路权。

1936年被飓风吹断的美国哈地宏达铁路

法国人洋洋得意，以最大的满足称："这是中国政府……批准的唯一特许权。"

凡事物的发展并不孤立，它往往受周围的环境影响。滇越铁路的修筑，既是偶然也是必然。在20世纪初叶，人们逐渐认识到了铁路交通对于当地经济贸易的促进作用，欧洲自然起步在先，但在滇越铁路修建的几乎同一时期，远在西半球北美大陆的南端，一条联系北美大陆与西礁群岛的铁路也正在修筑中。这就是哈地宏达铁路。该路1905年动工，1912年完工，时间上基本与滇越铁路一致，其目的是为了促进北美与古巴及加勒比海地区的经济贸易。1936年，被一场百年少有的飓风摧毁。如今，在美国佛罗里达州南部湛蓝的大西洋水面上沉睡着一条被飓风斩断身躯的铁龙，它就是昔日曾促进过北美南大陆繁荣一时的哈地宏达铁路。一百年过去了，它与中国云南的滇越铁路隔洋相望，几乎在地球的同一纬度上述说着各自的历史沧桑。

滇越铁路的诞生有着世界性的氛围和环境。《中法续议

蒙自税务司署旧址

商务专条》的签订，是法国人侵入云南及蒙自开关的“条约”硬件，是《中法滇越铁路章程》的形成以及滇越铁路修筑的前奏。

中国云南的对外开放，与全国各省区比较是较早的，至今已一百余年，但它却是被动的、被迫的，是在外国洋人的强权政治与武力淫威之下的开放。19世纪末，美、英、法三国都想在云南得到利益，结果法国独占鳌头，先与清政府签订了《中法续议商务专条》，获得了蒙自开关及由红河进入云南的水陆通道，触角正式伸进云南。在此基础上，又得寸进尺，于1903年与清政府正式签订《中法滇越铁路章程》而获得在中国云南修筑铁路之特权，于是演绎出云南百年列车——滇越铁路沧桑。

云南蒙自开关，先后设立了两个重要的职能机构：税务司署与监督署，作用在于收取过境物资关税。20世纪前半叶，仅关税一项就是了不得的数字，对云南的经济、文化建设起了很大的作用。特别在滇越铁路开通后，它成了政府获取财政、税收的主要来源之一。

税务司署有办公室、验货处及税务司署外籍人员住所等。主管称税务司，由清廷总税务司委派欧、美籍外国人充任，执掌蒙自关及蛮耗等分关进出口货物的税项征免、收支拨解税款大权，可谓肥缺要职，非一般人可以胜任。从清光绪十五年（1889年）起到公元1941年的32年中，美国的哈巴安（A.P.Happer.Jun）、意大利的狄大顺（O.Tlbero）、英国的魏柯兰（A.Wilson）、法国的柯必达（P.J.Grevedon）等42名美国、英国、法国、意大利、挪威、丹麦、日本籍的外国人都先后担任过此职务。

这个问题实在令人费解：既然是中国的税务司，执掌着中国海关的税收大权，为什么非要外国洋人充任，难道中国就没有这方面的管理人才？其实，所以发生这种情况，说到底还是主权问题，中国清政府虽有委任税务司一职之权，但那是表象，因为蒙自是被迫开关，主导、主宰权在法国，税务司要职它定然要外国人充任，这样在关税的减免、增收问题上法国人就占有很大的主动性。另外在《中法续议商务专条》中还规定：法国商品经广西龙州、云南蒙自、蛮耗等通商口岸运入中国，一律享有减税特权。所谓减税特权，实际就是特惠关税。关税特惠制，是一个国家对另一个国家的全部或部分商品的进口，给予减免关税的特别优惠待遇。法国人在其控制的势力范围建立关税特惠制，并以条约的形式固定下来，目的是对抗其他国家的贸易竞争，便于更好地掠夺云南丰富的原料资源。“减免特权”这可是“弹性”名词，因为减多少？特权有多大？均具有很大的延展性，受限制和吃亏的自然是中国政府。在后来的实际操作中就充分证明了这个问题。

税务司有帮办若干人，负责管理验货、缉私、查禁等事项。帮办以下又设外办、稽查、税务，以协助办理关税。无论帮办、外办、稽查、税务等职员，一概由总税务司委派。

各分关、查卡的业务，由蒙自税务司派帮办、税务员办理。西门外分卡负责稽查商人运洋货入内地及清票由内地买土货等；新街分卡专查路过货船是否私自装卸；河口分卡负责稽查由保胜（老街）运来之货物。保胜各洋商运货到河口，须将货物名目、件数、装船若干艘等情况，整理清单呈报河口分卡，再由分卡填单呈报蛮耗分关。船到蛮耗后，关卡人员按单查验，改水路变陆路，物资由人挑马驮至蒙自。分关填单明细检查后报蒙自正关，凭验明证件收取关税。如此循序渐进，一道管一道。

清光绪二十一年（1895年），中法双方在北京订立《中法商务专条附章》，其中第二条规定："自蒙自至保胜之水道，允许通商一处，现议非在蛮耗，而改在河口。法国人在河口驻有蒙自领事官属下一员，中国亦有海关一员在彼驻扎。"根据此条约，清光绪二十三年六月一日（1897年6月30日）成立河口分关，属蒙自正关管辖。同时将蛮耗分关与白马分关改为查卡，白马查卡又下设天生桥和牛羊街两个分卡。

清宣统元年二月二十五日（1909年4月15日），滇越铁路通车至蒙自碧色寨，随之设立碧色寨分关。在铁路全线通车前，碧色寨至河口间先开始列车客货运输工作，借以达到"边营边建"及"以营养建"之目的。

清宣统二年二月二十二日（1910年4月1日），滇越铁路全线通车，翌日即宣布成立云南府分关，地点在昆明，但是云南府分关与河口分关均属蒙自正关管辖。由此可见蒙自在当时的历史条件下具有的特殊地位和作用。

滇越铁路通车，随着云南对外贸易中心逐渐北移昆明，蒙自关的规格、级别也逐渐下降。1932年1月1日，云南府分关改总关，蒙自正关改分关。

1940年，日军占领越南，滇越铁路中断，对外贸易停顿，蒙自关无奈停征关税，改征战时消费税。

1942年2月4日，云南府总关改昆明关，辖蒙自分关，河口、碧色寨、蛮耗为分支机构。1945年，蒙自分关改支关，撤消了河口、碧色寨、蛮耗的分支机构。

1950年4月25日，中国人民解放军蒙自军事代表办事处接管蒙自支关，12月6日改称昆明关驻蒙自办事处，设碧色寨办事处，归蒙自办事处管辖。1951年4月17日撤销碧色寨办事处，1954年6月4日撤销蒙自办事处。

至此，蒙自关、税务司经历了风风雨雨之后，结束了它的历史使命，“享年”65岁。

蒙自是在外部压力下被迫开关的。在蒙自开关期间，关税先后经历过协定关税和自主关税两个阶段。1929年3月31日以前的这段时期为协定关税时期，之后为自主关税时期。两个时期征收的关税先后是6种：进口税、出口税、转口税、复进口税、子口税、船钞。在协定关税和自主关税两个不同时期，税率有明显的差别。自主关税时期的税率有利于保护国产商品的利益，也极大地增加了中国政府和云南地方财政的收入。

蒙自关从清光绪十五年（1889年）开关，到公元1941年停征关税，历时53年，共征收关税38，690，066关平两。其中在1890年至1927年实行协定关税的38年中，共征收关税12，301，451关平两，年均323，722关平两。而在实行自主关税后的1928年至1941年的14年中，却征收关税26，388，635关平两，年均1，884，903关平两，比前38年增收14，087，184关平两，年均增收1，561，181关平两。

蒙自关务监督经历了“兼督”到“监督”的过程。从开关之初到1913年初，由临安开广道兼管，后改为蒙自道兼管。正式成立监督署是1913年2月10日，从此，蒙自关才有了正式的监督机制，关务监督也随之正式移交监督署。各个分关查卡由监督署委派分关长负责监督，业务则仍由税务司委派帮办、税务员经手办理。

海关监督署较海关税务司署晚建立24年，故名思义，监督署的作用是“监督”，但有趣的是“分关、查卡由监督署委派分关长负责监督，业务则仍由税务司委派帮办、税务员经手办理”，问题就出在这里，监督署的人员不但同是海关成员，而且还是海关税务司成员。

监督署主官称监督，职责在于监督蒙自关及所辖分关征免税务、缉私、税款的拨交及决定本关人员的提升与调动。下设总务、文牍、外务、稽核、会计五课。总务课管署内事务，文牍课管文书档案，稽核课编发各种票单，外务课管交际，会计课管收入、支出、预算等。

监督署设在县城义正街，租用刘姓房屋办公。这是一套老式四合院房屋，整洁、清爽、幽静。大门不宽，但却做工精细、严谨，门檐雕镂、彩绘。进大门后有一过道，长约十步，走完便是庭院。庭院宽敞、明亮，天井由一块块齐整的青石板铺就。正中花台上种着一棵古柏，主干有二十余公分粗，挺拔、劲遒，从该树可以大致判断院子建盖的年代。其枝丫、针叶密密麻麻，浓荫覆盖，使得半个庭院都置于伞阴之下，时逢盛夏也凉爽异常。正堂屋装着八扇雕花门扉，一看便知原来主人是殷实之家，这里作会客、商酌之用。两侧房间为总务课、外务课办公用。楼上的格局与楼下相类似，正堂为监督官会客用，一侧房是他的办公室，另一侧是文牍办公室，不同的是这里有外挑的走廊，平整的条凳，规整的栏杆，可让人凭栏品茗，外观山海。走廊两头可通庭院侧房、侧楼。稽核课、会计课就在两厢房上办公。蒙自关务监督署从建立到撤销。入驻义正街刘姓房屋后便未易址过。

1931年，按关署编制，内部机构调整为总务、税务、计核三课。总务课管内部事务及驻省办事处各事项，税务课管征免税项及稽查税款收交，计核课办理预算、决算、统计。各课设课长一人，课员若干人。各分关设委员一人，直接管理各分关，后改委员为分关长。

1935年，因蒙自正关实际上已迁往省府昆明，蒙自仅保留正关名誉，有名无实，遂撤销监督署。从1913年到1935年的22年中，吕钰、张祖梁、曾传武等22名省内外人士或长或短先后担任过蒙自关监督一职。

过桥米线的传说（雕塑）

第四章　东、西线的勘定

东、西线的勘测、确定，经过了几个反复，最后采用了东线方案，倪成了历史的遗憾。

滇越铁路修筑之先，线路的勘测有“东线”“西线”两种，经过反复比较，最后确定“东线”线路。这种线路确定，有其合理之处，也有其无奈之处。

早在20世纪初叶，西方社会已充分认识到铁路交通对于当地经济，贸易发展的重要性及促进作用，无论出于什么目的，他们不厌其烦地在中国鼓噪修筑铁路之好处。其实在滇越铁路修筑之先，外国洋人也多次对中国政府暗送秋波，传递修筑铁路之信息：1865年，英国商人在北京宣武门外修建了500米长的一段铁路，想诱惑清政府就范，然尚未尝试，即被清政府不加思索地予以否定。过了10年，公元1875年，英国人又在上海至江湾铺了一条淞沪铁路，可惜通

线路勘测

车不几天便轧死了行人，遭到乡绅与民众的强烈抗议和反对，成为一件严重的铁路事件，清政府无奈，只好赔偿白银2500两，从英国商人手中把铁路买断，然后，将铁轨和机车一起运往远离大陆的台湾岛放置，不几年这批机件器材也就风蚀朽烂，成为一堆废钢铁。又过了十余年，即1888年，法国人在北京故宫紫光阁至静心斋之间铺设一条长1500米的铁路。这次试验比上两次运气稍好，新型的交通工具立刻让光绪皇帝大开眼界，也让慈禧太后感到奇异和激动。当时，慈禧年岁已近晚年，怕听列车行驶时“叮叮咣咣”的噪音，于是下令将机车头去掉，叫太监们让她坐到车厢里，用绳拉着车厢行走，也算慈禧的一项乐趣之一。不多久，慈禧在故宫乘铁路列车的兴趣已荡然无存，于是1500米长的铁路也就随之中止作废。总之，三次在中国进行铁路列车演示都未能奏效，没能引起清政府的重视。

几年后，法国人借助“中法战争”中的既得利益与越南变为法属殖民地的契机，进一步篡取了滇越铁路的勘测、修筑权。这次它可不似十余年前仿玩具的造1500米，而是逼迫清政府就范，以条约、文件形式规定在中国云南建造中越国际列车。

还在清光绪二十三年（1897年）秋，法国未正式获准修建滇越铁路之前，法属印度支那（简称印支）总督杜梅（Doumer Paui）就派邦勒甘以考察云南地理为名，偷测红河至蒙自铁路线路。同时，法国外交部也委派印支公共事业局桥梁和公路工程师吉勒莫多（M.Guillemoto）、矿产工程师勒克莱尔（Leclre）组成考察团，对云南铁路线路及地质矿产进行勘察，足迹不仅遍及河岸边、南盘江峡谷，还深入到个旧的百里矿区。

考察团共分两队。一队由郭士兰领队，负责勘测老街至

山崖下的路轨

蒙自一带的地形地貌及风土人情，回去后他的总结报告称："此段适当热带，水流湍急，瘴疠遍地，居民甚稀。"一队由布金容领队负责勘测蒙自至昆明段，经过几个月的跋涉，回去后他的总结报告称："此段气候适宜，物产丰饶，居民繁殖，交通亦便。"随后，以两队勘测的情况绘制了一份线路平纵面图，概算7000万法郎。

清光绪二十四年（1898年）春，正当法国驻华公使与清总理衙门来往照会要求修建滇越铁路之际，法属印支总督杜梅又派义本德、吉里默等人，于蒙自城外和新现一带测量钉桩，激起当地市民和村民的不解与愤怒，屡钉桩，屡取桩，反反复复。5月中旬，终于难艰地察勘到昆明，并绘制了一份初选线路图样，拟从越南老街起，经红河顺新现小河抵蒙自，又由蒙自抵建水县属之新防，再由新防经习峨（今峨山)、新兴(今玉溪)、昆阳、呈贡达省府昆明,全线分三段,这是最初的滇越铁路云南段线路,也叫西线线路。

同年11月,法国驻龙洲(今广西柳州)领事奥古斯特·弗朗索瓦调离,受印支总督的差遣到云南考察,核心任务还是滇越铁路路线问题。他乘大帆船从海防出发,沿红河逆水行舟,经13天到达蛮耗。后改走陆路,一路上骑马坐轿,还是用了13天到达昆明,对滇越铁路线路,弗朗索瓦在脑海里形成了一个初步印象。当时人们都不知道,特别那些质朴的山民更想像不出几个高鼻子、黄头发、蓝眼睛的外国洋人,背着些铁家伙在深山里转悠什么。一会用个圆筒向远处看看,一会像几个人商量问题般地指指划划,一会又铺在一块平板上用纸、用笔描描绘绘。其实,这是弗朗索瓦带着几个测绘技术人员在勘测滇越铁路线。所用器材即是地理工具六分仪、圆规、气压表、指南针、水平仪等。

清光绪二十五年二月(1899年3月),法国巴黎财团派遣一个由工程技术人员组成的考察团,在吉勒莫多考察团勘测的基础上,认真复察,作进一步的核实补充。7月,来滇赴任的奥古斯特·弗朗索瓦经蒙自二度进入云南,顺便对滇越铁路路线再度考察。他与他的随从们身背一台玻璃干照像机、10支手枪、一架望眼镜及大量的地理仪器,走在云南的原始莽林之中,穿过一座座古老的土坯房或竹楼。当时,弗朗索瓦在他的日记中写道:“当望远镜瞄准巍巍群山时,一定会给他们(云南村民)留下深刻印象,一个普通的外国人,从远离8000海里的国家,来云南干什么?”是的,奥古斯特·弗朗索瓦以及一批一批的考察团来云南干什么?在滇越铁路通车后,法国的一本总结报告《滇越铁路》回答了这个问题,书中写道:“云南真正的出海口,不在东方,而是通向越南北部湾的方向,在没有一条铁路将云南与东北部湾和南海联结起来之前，任何人也不能使云南成为有价值的地区。”这句话包含了这些意思：云南是有价值、有财富、有资源的地区；要能得到这些资源、财富，非有一条便捷的铁路通道不可；这条通道不是从云南东部进入中国境内其他省份再出海，而是往越南达北部湾和南海最为科学、合理。由此可见，法国觊觎中国云南之心久矣，可谓老谋深算、深思熟虑。接着，弗朗索瓦在1899年10月他写的日记中还记下了云南的恶劣气候，他写道：“广西的太阳可怕，贵阳的风要提防，然而，想不到我在云南的山箐中躲了34天的大雨，弄得寸步难移。”

法属印支总督杜梅与弗朗索瓦同岁，经历也一致，很小就成为孤儿，在对待中国云南问题上两人的思想观点却大相径庭。杜梅总体思路是用武力将云南变为殖民地；而弗朗索瓦的原则是采用怀柔政策。在1899年7月弗朗索瓦二度入滇前夕，鲍尔·杜梅电告云南有关官员，待弗朗索瓦到昆后，拒绝他进城。果不其然，弗朗索瓦经过多日的劳累奔波后到达昆明，守城官员不予放行，使之待在城外整整7天7夜。7月的昆明天气虽不及武汉、广州、海南燥热，然也在30度左右。这烦闷的天气更增加弗朗索瓦的不安，关键是他被蒙在鼓里，竟然不知云南省府为什么拒绝他入城。

想起这次艰难的入滇，一路劳累奔波、风餐露宿、爬山涉水的地质测量，以及到昆明后想不到的待遇，弗朗索瓦在他后来的日记中写道：“一路的风尘和待遇记忆犹新，荣幸的是11年后梦想变成了现实，而人们习惯叫它滇越铁路。”

1899年12月15日，奥古斯特·弗朗索瓦经过一年左右的考察、准备过程，被法国政府任命为驻云南府（昆明）名誉总领事，兼法国驻云南铁路委员会代表。

1900年3月27日，弗朗索瓦再受命兼任法国驻云南省蒙自领事。此时，弗朗索瓦三权集一身，已可以纵情施展自己的才干，并按自己的思路考察滇越铁路的建设问题了。其实，他对印支总督杜梅的工作是一种促进，同时也是种挑战。

清光绪二十六年（1900年）初，法国巴黎财团派遣的工程技术人员考察团，通过近一年对云南铁路线路的考察后返回巴黎，提供了一份较详细的线路平纵面图，但最大坡度仍为35‰，最小曲线半径仍为50米，而概算却比吉勒莫多考察团的增加一倍。考察团还就施工技术提出沿红河而上这条线路土质承载力弱，地形地貌起伏多变，将会给工程施工造

时任法国驻昆明总领事兼法国驻云南铁路委员会代表的方苏雅与云南总督岑毓英合影

方苏雅与护卫他入滇的清军头目合影

成极大困难等一系列问题。这次考察并未跳出原来的模式，仍在红河岸边辗转。蛮耗到蒙自的高差宛若天梯不可越逾，坡度自然仍为35‰，最小半径自然仍为50米。但这次考察尖锐地提出于“红河线路”上的“土质”“地形”问题，引起了有关方面的重视，为后来方案的修改提供了依据。

1900年10月，弗朗索瓦从昆明出发往越南，返程中他

左图：身着法国军官服装的弗朗索瓦（方苏雅）
上图：勘测用的美国360度经纬仪

一路还勘测铁路线路。3个月以后，即次年的元月他才到达老街。此时在他脑海里已基本勾划出一条线路，但后来又否定了。多少年后在他所记的日记中找到了答案，日记写道："我受大法帝国的派遣，暗暗窥测滇越铁路路线，这是猴子才能跳过的悬崖绝壁……起码100万法郎才能修成这条铁路，这是法国的对外浸透，而我是先锋。我1900年10月从昆明出发，第二年才到越南老街，试图以不同的地点找到一条便捷的路线，后来发觉1900年至1901年测定的铁路线，无异与马帮路线相重合。"他的这种想法其实与1900年年初法国巴黎财团派遣的考察团考察结果有异曲同工之处，前者指出了线路修筑的困难性，后者指出了线路的原始性，其实都带有一个共同的特征：对原勘测线路的不言否定而否定。

清光绪二十七年八月（1901年9月），法国人不死心，由法国铁路管理局与巴底纽勒（Batignolle）建筑公司组成的印度支那铁路建筑公司（简称印支铁路建筑公司），为了寻求一条25‰坡度、100米曲线半径的线路，又派遣一支工程技术人员队伍，着重考察山大坡陡、高差大的红河至蒙自间的新现河谷。虽然终于探测到一条25‰坡度和75米曲线半径的线路，但是在纵横交错的细谷冲沟间，线路需迂回绕行，在开始的17公里地段，展线长达45公里，而且要架设巨大的高架桥，在当时不仅技术难度大，且工程量将成倍增加，成为了财政、工程专家望而生畏的大问题。

新现河带到底是什么样子？它在红河北岸，是哀牢山系的一小部分，南岸是无量山。站在江边仰视山峰，但见千峰开戟，万仞开屏，巍巍挺立，直插云霄；深涧则犹如上天开凿的天沟，深通地户，竟至二三千米。两岸花草争奇，松篁斗翠，董棕、油棕、树蕨、苏铁、椰子树不乏屹立其间。沟壑纵深处，时有丹崖怪石，削壁奇峰，摇摇欲坠，一看便知系开天辟地以来受天真地秀、日月精华造就。这里除猿猴可以攀援，便是千年马帮道，看一看让人心悸，走一走令人胆寒。从红河岸边到蒙自县，直线距离不过40多公里，相对高差却2000多米。这就是法国人从1897年至1902年间多次勘测过的新现河山谷。

清光绪二十八年（1902年），印支云南铁路公司和印支铁路建筑公司再次考察、落实新现河山谷。考察结果证明，从新现河山谷进入蒙自是不现实的，可谓困难重重，坚不可摧。因为这里的土质载力不好，缺乏施工用的石料，且蛮耗至蒙自间存在着难以跨越的“万级阶梯”。考虑到这些不利因素，虽几番勘察费去了几多财力、物力，但两家公司还是建议印支总督放弃新现河山谷线路走向，取道南溪河山谷，离经蒙自西面8公里的山腰，即芷村、碧色寨一带，经阿迷

（开远）、宜良至昆明。这条线路史称“东线”。

印支总督杜梅表示该方案可以考虑，随即委派桥梁与公路总工程师尤里坚（M.YiuLiete）对“西线”新现河山谷与“东线”南溪河山谷两个方案进行研究、对比、选择。结果，尤里坚赞同“东线”方案，但主张保留蒙自至昆明段的“西线”方案，即东、西线方案结合，交叉择取，既采用“东线”南溪河段方案，又保留原从蒙自经建水、通海、玉溪、昆阳、呈贡达昆明的线路。这是一条科学、合理的线路，然而，历史总给后人留下遗憾，同时留下悬案，不知为什么，后来筑路时却鬼使神差地改从开远经小龙潭、巡检司、宜良等地达昆明。显而易见，西线建水、通海、玉溪段多平坝，人口稠密，物产丰物，铁路修筑具有良好的不可替代的社会效益与经济价值；反之，通过“东线”的南盘江，除开远与宜良外，其余都是江流、大山，江边连像样一点的城镇都没有，煞是浪费。这种线路的酌定，后来据说因通海等地的乡绅、民众竭力反对，既怕占用田地、夺去物产，又怕开掘祖先坟墓。据分析可能是筑路中铺路等所有的石料坝区不易解决，由远处运来又成本高等，总之，莫衷一是，让人揣测、联想，但事实是最终采用了“东线”方案。

1902年10月，印支铁路建筑公司把分散在“西线”的勘测人员调到“东线”集中进行勘测。

清光绪二十九年（1903年）3月，勘测工作结束，绘制出了一份纵剖面图，新选线路终于达到了技术要求：最大坡度25‰，最小曲线半径100米，从理论上认定了新线路“东线”的合理性。同月，印支铁路建筑公司派出250名欧洲职员分散在全线各段开展进一步的定测工作。

1903年，越南海防至老街通车。该段线路的通车，为滇越铁路滇段的修筑提供了物资、材料运输的极大便利。

1903年9月23日，奥古斯特·弗朗索瓦受命兼任法国驻云南省代表。同年10月，印支铁路建筑公司分期分批将定测好的纵剖面图交给外国承包商，并限定按期动工。全线修筑共分9个工程段，大包工26段，小包工99段，由法国、意大利、希腊等国人士担任监工。最先动工是由河口沿南溪河溯流而上至碧色寨段，也是最早通车的路段。因为这种施工方案，便利与滇越铁路已通车的越南段接轨，运输建路物资、器材，加快建设速度。

清光绪二十九年十二月九日（1904年1月25日），印支总督正式批准采用新线方案，即“东线”线路方案。

1995年，当云南昆明的殷晓俊先生第二次进入法国巴黎凡尔赛的一个小村庄的地窑时，不禁让他看到了弗朗索瓦拍摄的云南百年老照，同时还发现了有关滇越铁路路线的四套图纸，前两套用红线标出建筑路线，即从河口开始，沿红河溯流而上，过新现河到蒙自，再经建水、通海、玉溪、晋宁、呈贡达省府昆明，俗称“西线”。后两套是蓝线标出铁路线路，即从河口沿南溪河溯流而上，过芷村、碧色寨、开远、小龙潭、巡检司、宜良达昆明，俗称“东线”。这就是滇越铁路滇段“东线”和“西线”线路的由来。四套图纸说明，当时滇越铁路线路的最后确定，印支总督杜梅、法国驻滇总领事兼法国驻云南铁路委员会代表奥古斯特·弗朗索瓦、印支云南铁路公司、印支铁路公司，以及总工程师吉勒莫多、尤里坚煞是费了一番苦心的。至于“东线”线路为什么不与“西线”建水、通海段接轨，而避开城市繁荣、经济发达的“西线”北段，改走崇山峻岭、森林覆盖的“东线”南盘江，至今仍是一个谜，它成了一宗历史悬案。

据有关资料介绍，弗朗索瓦酷爱摄影，喜欢旅游、考察，曾到过贵州安顺、贵阳，走过山高路险的茶马古道，并由昆明至楚雄，由元谋沿金沙江而上，到大、小凉山，以及康定等地。弗朗索瓦不惟喜爱摄影，还喜爱记日记。沿途他拍摄了许多彝族、藏族、马帮运输的照片，同时也写了许多日记，在用摄影记录云南民族风俗文化之时，也从文字的角度细腻地再现风俗文化。弗朗索瓦水路乘船，陆路坐轿，但他经常下轿步行，倒使中国轿夫对这位“洋大人”不顾身份走路产生了疑惑不解。

在他的镜头中，有百年前云南最真实的城镇建筑、民居、寺院名胜、官吏、刑法、市民、家庭、军队、淑女太太、少数民族、僧侣、商人、小贩、手工艺人、戏剧艺人、乞丐，以及大量勘测铁路线之照片。这些照片真实、生动、自然，使人感到前所未有的震撼。

在城市建筑中，有昆明、蒙自、通海等地，其中昆明的居多数。有昆明老城远眺，有昆明东城墙下，有金马碧鸡坊雄姿，有古刹幽深的圆通寺、金殿，有绿荫环抱的翠湖，这些景致如今有的已物是人非，有的已荡然无存，但却是昆明城市发展走过的印迹。

在弗朗索瓦的照片中，还有大量记录马和马帮的照片，商贾做生意用马驮物资，达宫上任、下乡骑马，讨媳妇新郎骑马娘子坐轿，农民种田种地用牛马犁田耙地，蒙自开关后行进在中越古道上的千万匹马构成的长龙般的马帮队伍……在他的老照片中均有真实记载。而他本人从越南来云南赴昆明省府途中，以及他多次深入滇中、滇南的深山密林中勘测滇越铁路线，主要也靠马代脚力。特别是弗朗索瓦在滇越铁路建设的前期，线路勘测认定上做了许多工作，并留下了该时期的大量照片。当人们今天驻足弗朗索瓦拍摄的百年老照片前，看着“法国人以经商、传教、旅行为由，到云南探索地质、矿藏、铁路走向”“1902年印度支那云南铁路公司和印度支那铁路建筑公司的技术人员从蒙自出发勘测铁路”“1903年印度支那铁路建筑公司驻蒙自工程处”“清政府设在蒙自的铁路局”，以及中国劳工劈山、修路、架桥的照片时，一件件是那样的真切、珍贵，不禁让人浮想联翩，感慨万端。还让人们倒溯时间隧道，去探寻百年列车难觅的真迹，拣拾坠落的片片秋叶，再现当年的历史岁月。

红河两岸哈尼族姑娘放牧

第五章 艰巨的工程施工

艰巨的工程，险峻的山势，滇越铁路被西方记者称之为：除巴拿马运河、苏伊士运河外，世界第三大工程。

艰巨的施工现场

《滇越铁路章程》于1903年10月29日签订，以文件形式承认了法国在中国云南享有修筑滇越铁路之特权，满清政府终于满足了法国人对云南的早已觊觎之心。于是，一场艰难浩大的工程开始了，它也是云南有史以来人类改造自然、与大自然搏斗的震天撼地的一场最大战斗。

其实，在《滇越铁路章程》还未签订之前，法国议会就迫不急待地于1898年12月25日通过了修建滇越铁路的法令，规定由法国政府担保，由印度支那总督府给予享有修建和经营云南铁路"特许权"的公司每年300万法郎的利润保证金，其限期为75年。1901年6月15日，法属印支总督杜梅与法国东方汇理银行、巴黎伊士公特银行、推广法国工商银行、工总银行签订《海防云南府铁路合同》，将修建滇越铁路滇段的特权转让给由上列诸银行组成的财团。同年8月10日成立印度支那云南铁路法国公司（Compagnie Francais des Chemins de Fer de L' Indo-Chine etdu Yunnan），中文译为滇越铁路法国公司。9月23日，该公司与印支铁路建筑公司签署一项合同，以9500万法郎的承包价修建滇越铁路云南段。

印支铁路建筑公司在云南的代表由驻蒙自工程管理处处长兼任，所有的工程单位和人员都在他的领导下工作，拥有筑路的一切指挥权，包括人事权和经济权。工程管理处下设总会计处和总设计室两大处室。

全线工程分两个区，第一工程区驻蒙自，第二工程区驻宜良。为了减轻两个工程区的负担，增加了一个"独立工程区"驻开远。按照当时的地区住房条件，这些工程区也不过是一般青砖筒瓦的平常住宅，无非较之平民住宅要规范、整洁些，有一定的院落群，可以安排多个科室。有的内设中式椅凳，有的摆放少许欧式沙发，装一两部电话，如此而已，即为工程区指挥部。

工程区设总工程师室，由一名总工程师领导，下设技术室、会计出纳室。另有助理工程师与秘书各一名协助工作。每个工程区下设若干段，各段设工程师一名。段下又设若干分段，在一名副段长指挥下，由一名承包商或小包工头负责具体工程。

清政府在蒙自设铁路局，内置驻蒙自督办大员1人，管理地段官员1人，提调官兼发审员1人，帮造路事差遣委员12人，巡捕武官10人，护卫武勇240人，翻译1人，负责协调法国工程处与地方各级政府之事宜。蒙自铁路局所属人员的薪水、差旅费、伙食费，全部由法国铁路公司每月兑交白银4450两。

滇越铁路滇段修筑工程，法国人采取包工办法，层层发包给外国包商承包，建立大大小小的工头制。1903年2月至3月，作为总承包商的印支铁路建筑公司，采用招投标的方式，将全线工程发包给12个承包商。1906年至1909年因铺轨工程量加大，承包商增至54个。滇段修建伊始共分9个工程段，设监工部35部，大包工段26段，小包工段99段，分段负责，各不相扰，统筹协调。

工程技术人员和管理人员由印支铁路建筑公司从法国巴黎企业管理处和巴底纽勒公司招聘。仅1906年就招聘工程技术人员262名，行政管理人员和财会人员133名，助理人员、监工、绘图员534名。各承包商引进的工地主任有1000至1200人，最多时达1500人。其中大部分是意大利人，另外还有法国、希腊、印度和越南人。这里工地主任实际上是现场监工、工头，他们随身携带手枪一支、手棍一根，一方面负责处理工地上遇到的疑难之事，更重要的是监督工人劳动。在滇越铁路的整个筑路过程中，工头权力之大，有时竟

至草菅人命的地步，视路工的性命如粪土。

路工来源于云南省内外，而省外的占大多数，约为70%至80%。

印支铁路建筑公司和各承包商、包工头，为了招募到大批劳工，到广东、广西、四川、福建、浙江、山东、河北等省，有的利用天主教名义，欺骗中国教徒应募修路；有的利用当地流氓、地痞、恶棍许以好处进行诓骗，声言凡能招工1000人者，除给厚利外，赠给法国宝石勋章一枚，并在路成之后，可在云南做官。法属印支总督还指派一名代表常驻公司，专事招募越南劳工。至于云南，由于铁路附近的居民深知该路段上气候恶劣、工程艰巨，且怀有根深蒂固的阻洋修路情绪，故不愿招募。无奈，法国政府和印支铁路建筑公司串通云贵总督丁振铎、洋务局招办兴禄在云南各地摊派招工，在“扎饬”、府、州、县“大张晓谕”，强征青壮年充役，特别大理、楚雄地区执行最力。楚雄府竟规定：“十八岁以上者，概充铁路苦工一年，不愿去者缚手于背，以枪队押送，不从者则击杀之。”其强招行为卑劣、残忍，令人发指。当然，其中也有部分人因生活困难，无路可走，加之招募者以“高薪”诱惑而自愿参加筑路者。

从1903年至1906年，印支铁路建筑公司从省外和越南招募到劳工60700人，加上承包商、包工头招募的工人，以及在铁路沿线和附近地区招来的临时工、季节工、技工，则远远超过此数。清光绪三十三年（1907年），清政府湖南候补道沈祖燕奉旨亲赴滇越铁路实地调查，在写给朝廷的奏折中称：先后招来修路的工人不下二三十万人。

山大坡陡、林密箐深、高差大是滇越铁路滇段的特点，也是工程艰巨之处，一路上群山逶迤，峭壁层层，江河不绝，暗流潜伏。真可谓：

施工现场一瞥

千顷松杉接青云，万丈绝壁临深潭，
禽鸣藤挂寻常事，步行十里不见天；
瀑飞涧流堆碧玉，道路崎岖难觅平。

夏季的气温几乎天天达40度，大白天，时而炎热难当，时而又大雨倾盆。修路的劳工们在这种极其恶劣的自然条件下工作，使用的铁锹、锄头、撬棍、钢钎、大锤、竹筐、扁担、手推独轮车等原始粗笨的工具劈山修路，遇水搭桥，劳动强度极大。开山炸石又是土法人工引爆，极其危险。炸药性能又等等不一，有的烈，有的温。引爆过后，有的炮眼等半天也不见爆炸，还以为成为瞎炮，当引爆工走近时，猛然爆炸，躲闪不及，被炸得碎尸万段，血肉横飞，此类工伤事故，整条筑路工地时有发生。

工程区、段分给每个劳工每天的工作量极大，每日要完成土方1.37至2.46立方米，石方0.34至0.62立方米，因而不少人每天工作10小时成了家常便饭。不少山体由坚硬的花岗岩、大理石构成，而当时的爆破手段不过是钢钎打眼，火药引爆。运输靠人挑肩扛和独轮推车，遇到高难度的工作面，还得披星戴月方能完成当天的工作任务。在技术条件差、工作质量低的情况下，增加工时是维持工程进度的唯一有效方法。据说当时筑路系用大洋一枚接一枚铺在所筑的路面上吸引路工，憨厚无知的路工从未见过这么多白花花的大洋，在阳光的照耀下熠熠闪光，他们岂知每枚大洋下边有多

湾塘双孔10米石砌高架桥在施工建设中

少方土石，多少艰辛，多少惊险，何况层层包工头早已中饱私囊，能到一线工人手中的钱物还有几多？

滇越铁路的修筑，云南民间曾一度流传着这么一句话：“一颗道钉一滴血，一根枕木一条命。”其代价是够大的了。滇越铁路所过之处，多为人烟稀少，瘴疠肆虐，山高谷深之地，工程艰巨无以名状。466公里的路段须架设3628座（个）桥梁、涵洞和隧道。其中长20米以上的桥梁107座。有172个隧道，累计长达20余公里。最长的隧道长657米，最长的石桥长70米，最长的钢桥长136米。建筑这些桥、隧技术要求高，施工难度大，属滇越铁路整条线路中之攻坚部分。如白寨附近的搭形桥，架于两山之间，桥墩呈方形，下广上窄，状如尖塔，共排列八座以支撑铁桥臂。而难的另一方面则是过桥后火车即又钻入山洞。比白寨钢搭桥难度更大的是位于波渡箐和倮姑间，建于八岔河上的人字形铁桥。它凌空架于两山石壁间，没有一根桥柱，下距洞底百余米，桥长60余米，建筑过程中多次架起即塌，工程反复较大。惊险的工作面、陡峭的山崖令人望而生畏，一失手失足便葬身崖底。“人字桥”是当时世界上最伟大的桥梁工程之一，是我国铁路史上的创举，同时也是中国人民用血肉之躯构建的一块丰碑。就连当时云南的地方官吏也承认：“此路实吾国血肉所造成矣”。

据法国铁路公司记载，当时架设“人字桥”的所有钢梁、杆件及建材、机具总重近180吨，完全是骡马驮运和人用肩挑扛抬的办法从通车地点运至28公里外的地段，之后又爬至100米高的山崖才到达施工现场。为搬运两根长355米、直径18毫米、总重5090千克的铁链，就由200名劳工排成600米长的队伍，在崎岖难行的山间小道上缓缓行进，用了整整3天的时间，才运到四岔河工地，其辛苦可想而

即将在两边山洞间架设桥梁

知。一路上号子声、吆喝声不断，在烈日的炙烤下，路工个个赤膊上阵，汗流像溪水般地从头上、背上滚落下来。跌倒、摔伤是常事，路经山崖时，一脚踏空，如山石崩落，连叫一声“妈呀”的声音都未及发出，却已到山箐底，有去无回了。其凄惨状让活着的同事心头发凉，小腿打颤。好在沿途山间的诸多桥梁所用石材及铺路碎石均就地取材，否则，仅此材料与运输成本就是个了不得的数字，而工作量又不知要增加多少倍。

由此可见，滇越铁路的建设，特别是桥、隧建设，施工难度相当大，其复杂艰巨无可比拟。据滇越铁路公司当时的统计数据：早期我国标准轨铁路每公里的修筑费，京汉铁路为78，190元/公里、津浦路为92，400元/公里，而轨距仅1米的滇越铁路之修筑费却高达每公里145，000元，几乎等于京汉铁路的两倍，津浦路的1.6倍。

筑路劳工的工作强度大，但工资极为微薄。承包商以“计件”方式用越币皮阿斯特（Piastres）支付给工人。根据工种，普工与技工工资略有区别。挖掘工和砌石工在南溪地区每工为0.50元，在南溪以北地区是0.35元；泥工和凿石工在南溪地区每工为0.70元，在南溪以北地区是0.50元，当时越币1元值滇币0.92元，1元滇币可购买大米6公斤。法国铁路公司从越南以低价运进大米而以高于云南市价卖给筑路工人，从中获取差额利润，剥削方式无所不用，无孔不入。

筑路劳工的生活条件极为恶劣。南溪河一带海拔低，地势低洼，属热带、亚热带气候，又遍布山间河谷，气候炎热潮湿，夏季气温高达40多度，一年之中从3月至10月均炎热难当。然路工却大多十余人挤在一个狭小的草棚里住宿，没有开水喝，缺医少药，病死者不计其数，且在工地上还要受外国监工的鞭挞虐待。

清政府驻蒙自铁路局会办贺宗章其所著《幻影谈》一书中真实、生动地记载了筑路劳工的悲惨遭遇：“首由天津招到顺直、济南等处苦力6000名，来由海道，分赴下段，工钱仍为日6毫，然不免有层递折扣之弊，其余工棚伙食概由苦力自行。初至春寒，北人皆棉裤长袍，而此瘴热已同三伏，或数人数十人起，即于路旁搭一窝棚，斜立三叉木条，上覆以草，席地而卧，潮湿尤重……无几日病亡相继，甚至每棚能行者十无一二。外人见而恶之，不问已死未死，火焚其棚，随覆以土。或病坐路旁，奄奄一息，外人过者，以足踢之深涧……于是，其未病者，皆舍命逃亡，不数日而尽。”另外,《昆明铁路局解放前工运史》亦载“根据议定,路工25人应由法方发给建房费50元,但法方不给建房费建房,造成筑路华工流离失所,十多人一起自建窝棚,逐水而住,日晒雨淋,多染瘴疠,每一窝棚中能行动者十无一二。”1907年革命党人杨正鸿根据他在南溪工程段上的所见所闻,写了《滇越边务及铁道实况》一文,其中对筑路工人的生活、生产状况作了概括,有六大困苦“地居热带,瘴气熏蒸,一也;水土性毒,不利远人(外地人),二也;山多岩石,难以开凿,三也;米粮高贵,工不足食,四也;监工行骗,工多饿死,五也;监工苛虐,鞭挞难堪;六也。”

清光绪三十二年十二月(1907年1月),湖南候补道沈祖燕奉清政府令前往云南调查案事,他亲临滇越铁路沿线查访,以其耳闻目睹据实向朝廷奏报:“洋包工督责甚严,每日须点名两次,偶值歇息,即扣资一日……稍不如意,鞭挞立至,甚有以铁索贯十数人之辫发,驱之力作,偶有倦息,即以马棒击之……种种苛虐,实不以人类相待。”这里,沈祖燕对监工的残酷表示了无限的愤慨,对路工的辛酸寄予了无限的同情。最后他在奏折中写道:“据沿路所查访,此次滇越路工所毙人数,其死于瘴、于病、于饿毙、于虐待者,实不止以六七万人计。”而印支铁路建筑公司避重就轻,死亡人数统计仅为12000人。

在筑路劳工中,尤其在南溪工程段,死于瘴者何止千人,瘴疠是路工生命的一大威胁。何为瘴,乃瘴疠之疾,系亚热带潮湿地区常流行的一种恶性疟疾性传染病。病发之时畏寒、乏力、全身酸痛、恶心、呕吐,并迅速出现脾肿大、贫血。少数患者可因恶性虐的裂殖体随红细胞在大脑等处微血管中发生凝聚,产生广泛性局部栓塞及缺氧中毒现象,致使病情恶化,呈现精神错乱、惊厥、昏迷、瘫痪、失语和死亡。由于南溪河一带气候炎热潮湿，山峡谷空气流通不畅，加之路工住宿、饮食卫生条件差、缺医少药，因而得此病是常有的事，是否还能生存，看路工运气好坏。抵抗力强的，还能闯过来，数周内可逐渐自愈；抵抗力弱的，则只有等死了，它成了路工致命之疾，恐惧之疾、阎王青睐之疾。

有一对河北来的劳工，哥哥叫赵玉林，弟弟叫赵玉山。在家乡时招工的给了父母5块大洋，说到云南当铁路工人，每天3餐，有肉有菜，发工作服，日给工钱1元，干两年回来可以盖房子讨媳妇了。时值兄弟俩一个19岁，一个17岁，正是婚配年龄。招工的一席话正中下怀，何乐不为，于是跟着被招人员一起来到云南。

赵氏两兄弟被分到南溪工程段工作。他们未曾想到的是：陡峭的大山让他们咋舌，简陋的窝棚无异于家乡的猪圈。特别难耐的是湿热的天气，每天要顶着烈日在骄阳下工

白寨大桥

作近10个小时，炎热的气候将人烘烤得口干舌燥、头晕目眩。至于撕破衣服擦破皮，在崎岖的山路和艰苦的工作面上是很平常的事了。

工作不到半年，弟弟赵玉山受不了每天太阳的爆晒，加之生活条件差，卫生不良，得了瘴疠病。铁路上无医无药，每天只有喝点山泉水。才一个星期的时间，赵玉山面黄肌瘦，嘴唇发紫，一天到晚昏迷不醒，不时梦呓地喊着“妈妈”“哥哥”。眼看着弟弟身体一天不如一天，赵玉林心都要碎了，但只有每天晚上收工回来后搂着弟弟安慰说：“兄弟，千万别多想，你会好起来的，到年底拿到工资我们一起回家去……”看着这情景，周围的劳工也哽咽得说不出话来。

半个月后，赵玉山在难耐的疾病磨折中死去，死时还不

艰难行走在山间小路上

到18岁。又隔了半年，已经临近春节，在一次开采石方中，由于上边的顽石疏松崩落，正好砸在下面工作的赵玉林身上，他连“啊”的一声都未来得及喊，便躺在石板底下未能爬起来。最后还是河北老乡为他收的尸，当然也不过是在半山上挖个坑，卷个草席，掘土埋葬。

百年前修筑滇越铁路，生产工具原始落后，加之山大箐深，自然条件恶劣，死人、伤人的事常常发生。在修路的数年中，特别是1906年以前，属开山凿路阶段，陡峭的山岩，惊险的工作面，原始的生产工具，使在筑路过程中几乎每天都有死伤者。其中有的被山顶上松散崩落的巨石打击，有的是一脚踏空，滚下悬崖峭壁，有的是放炮时被“哑炮”炸死……直到后期工程进入铺轨阶段，伤亡人数才开始缓减下来。在20世纪二三十年代，蒙自、开远一带的城乡，常见衣裳褴褛、残手断足、沿街乞讨者，大多为修筑滇越铁路伤残之路工，他们来自省外，回不了家，只好讨饭度日，以了残生。因饱饿不均，卫生条件差，天寒地冻也栖于街头、桥下，故能多活三年两载也算“长命百岁”了。

1912年，铁道协会会刊上曾登载了吊滇越铁路筑路死亡工人的诗一首：

残贼何心种祸胎，敢挥玉斧弃朱崖；
而今万里滇南道，汽笛呜呜伴鬼哀。

另有人亦写诗感叹曰：

切齿当年卖国臣，南宋奸桧是前身；
双行铁路千家命，怎奈经营付别人。

该两诗不难看出当时人们对法国人修筑滇越铁路的仇视，以及对成千上万死难路工的深切哀悼。

建筑铁路用的材料，如水泥、炸药、机具、生活物资等，大多由法国运至越南海防，再经红河水道运至云南蛮耗码头，再由蛮耗改用骡马沿着耗资120万法郎修筑的施工便道运往各工程点。所需骡马数量之多，仅1906年至1908年施工高潮期间，年均雇用骡马8000多头，一头一头排成行，连绵数十里，可谓车水马龙——一种何等壮观的场面。在云南山区，自古以来，除了戍边队伍外，恐怕是开天辟地的事。这硕长的队伍似乎昭示着东方工业革命的曙光，昭示着云南数千年保守的自然经济的落伍和破坏，昭示着云南第一代铁路工人的诞生。总之，一切在悠悠的马蹄声中行进和变化，留给人们思索。

1906年，铺轨工程从河口开始后，预先由法国海运至越南贮存的钢轨、钢梁等器材逐步由工程列车沿着新铺设的轨道运送到工地。由此，后期的工程物资问题才得以基本改善，取代了前期艰巨又成本高昂的人背马驮运输。

因运输困难，施工中所使用的材料受到严格控制，且这个问题在工程技术人员中作过多次反复的研究讨论。在腊哈地至河口的七十余公里地段内，由于交通运输相对方便，无论隧道、挡土墙、涵渠等工程都使用越南海防生产的水泥。而腊哈地至昆明地段，隧道和挡土墙的砌筑除关键的负重大的局部用水泥外，其余全部用自制的“烧红土”（fuileau）代替水泥。在滇越铁路滇段的全线施工中，共耗用水泥9000吨，仅为工程所需的13%，土制水泥“烧红土”用量占87%，起了主力作用。

“烧红土”是用当地的粘土（argile）经过焙烧，达到600度至700度，经研细、筛选、制成粉末，再用这种“烧红土”与石灰、砂按体积比1:2:3或1:1:1或“烧红土”与石灰2:1的配比，加水调成灰浆，用于砌筑桥、隧、护坡及挡墙。其耐压强度经试验平均平方厘米为5千克。这是一种因陋就简、因地制宜的办法，也是一种对生产材料的发明与创

滇越铁路铺轨现场

造。实践证明，它虽不及水泥坚实牢固，但也还经得起百年风雨的洗刷和负重列车驰过的颠簸，时至今日也未有哪一个桥隧出现重大问题。至于其他筑路所需的材料，如石料、木料、砂等均取自当地，可谓取之不尽。

滇越铁路在施工期间，盘溪至徐家渡站间曾多次发生地震，造成铁路部分建筑物毁坏重修。清光绪三十四年十月(1908年11月)，在K303+700一带路堑边坡因地震多处坍塌，淹埋线路的土石方达4万余立方米。翌年5月又发生两次地震，在K280至K380地段内，多处线路、桥涵、路基、房屋被毁坏，最后只有另行重建。当然，人为因素造成的设计不周，竣工后又卷土重来的工程也有，如K94+820处，线

铁路线穿越溶岩险洞是常事

路跨越崩塌岩堆，1905年时曾在路堤外侧伴坡上修筑了一座10米高的片石挡墙，由于墙基未设在稳固的基岩上，3年后挡墙下部开裂变形，严重威胁了列车运行的安全，只有重建。但重建时又发生巨大坍塌，工程技术人员吸取了上次的教训，作了一定的技术改造，仍在坍滑路堤基面下60.7米的坡脚修筑一座长25米、高11.5米的混泥土挡墙，由墙顶砌筑片石护坡至路肩；对下陷严重的10米路堤，重点整治，打下梅花形钢轨加固，做到一劳永逸，运行多年，这段路堤再未发生大小变故。

1903年至1906年期间，工程异常艰巨。土石方工程量大，伤亡也大。

从1906年3月1日起，从河口开始往北铺轨，并且采取边铺边将轨料、工具、人员从铺好的轨道上由两列工程车轮番运送的办法，极大地解决了运输问题和提高了工效。但铺轨初期，由于工人经验技术不足和物资缺乏，进度显得缓慢，从1906年3月1日至1908年12月5日的33个月内，仅推进111.8公里，月均进度3.4公里。但从1908年12月6日起，由于各方面作了重大调整，到1910年1月20日，铺轨工程进度神速，14个月的时间就推进了352.8公里，月均进度25.22公里，差不多达到日进度1公里的速度。

随着铺轨进度，铁路公司采取分段办理运输营业的办法，逐步缓解工程经费压力，由纯支出变为开始有了收入，且在全线通车营运前，站长与各环节的职员也可以得到实践培训。这段时期河口至腊哈地1908年6月15日营业；腊哈地至碧色寨1909年4月15日营业，碧色寨至开远1909年5月1日营业，开远至小龙潭1909年6月1日营业，小龙潭至盘溪1909年7月17日营业，盘溪至宜良1910年1月10日营

逢山开路　遇水搭桥

业，宜良至昆明1910年4月1月营业。

滇越铁路滇段工程从清光绪二十九年九月（1903年10月）开工，至宣统元年十二月二十日（1910年1月30日）通车，宣布了20世纪初，云南有史以来最大的个工程落下帷幕，历时6年零3个月。截止正线辅轨464.6公里，站线铺轨17.1公里，单开道岔122组。路基土石方完成1660万立方米，其中土方810万立方米，石方850万立方米。修筑桥涵3422座，计50000米。隧道172座，计17864米。车站34个，各种用房344栋，机车车房5栋，给煤设备5处，给水设备14处，机车转向设备（转车盘）7个，通信电线路2条，通讯电报机45台。拥有蒸汽机车29台，其中重型机车23台，轻型机车6台。车辆508辆，其中客车车辆62辆，货车车辆446辆。

工程投资1906年11月30日结算为81，387，126法郎，从1906年12月1日起至1910年4月1日交付营运，估算为77，079，762法郎，总计158，466，888法郎，未包括营运5年后才能动用的不可预计的基本建设工程款700万法郎；平均每公里合34.1万法郎。所耗劳动力计3720万工日。平均每公里合8万多个工日。

滇越铁路滇段于1910年1月30日通车，1910年3月31日全线正式营运。

滇越铁路滇段的修筑，云南以及临近省区共有30余万劳工参加筑路，其中至少有六七万人付出了生命，可谓“血染南溪河，尸铺滇越路；千山遍白骨，万谷血泪流。”他们一个个身首异地，尸不还乡，真是：

青山有幸埋尸骨，白云无意递冤情。

通过滇越铁路，法国人用炮弹达不到的目的，而用经济手段、怀柔政策终于达到了控制云南的目的。它影响云南商务乃至云南地方政府长达三十余年之久。

百年前的云南是中国僻远之省，交通阻绝，唯靠“天梯石栈相钩连”。

1910年后，云南建设的速度加快了，就像滇越铁路上火车轮子般地飞速旋转起来，对于那些从未走出大山的土著及保守封闭的乡绅，无异于外星人入侵、恐龙复活，其惊悸、其亢进不言而喻。但事实是，仅通车后的几年，云南锡业公司的锡产量创历史最高水平，在以后的数十年中一直是云南的支柱产业。当云南邻近省份还在用土布做衣、香油点灯、木桶担水、石灰砌墙时，云南，特别是蒙自、开远、昆明一带，已用上洋伞、洋火、洋烛、洋铁桶、洋灰，甚至省府昆明及滇越铁路沿线已用电灯照明了……总之，滇越铁路通车，对加速云南边疆经济、文化的发展，起了不可忽视的作用。

无论如何，对于云南人民来说，在当时的历史背景下，滇越铁路的修筑是一段屈辱的历史，是一段疼痛的记忆，它是外国列强为掠夺中国云南资源而修建的一条殖民主义性质的铁路。滇越铁路的建成，云南人民、中国人民付出了沉重、惨烈的代价。

第六章　人字桥

“人字桥”是中国近代著名桥梁之一，为法国人保尔·波登设计。它艰巨的工程令人发怵，仅修此桥就死了路工800人。

在艰难的滇越铁路工程施工中，再艰巨不过“人字桥”的建筑。仅67米长的桥梁，就死了路工800人，而它与桥梁优美的造型、精巧的设计结合，不能令人发出由衷的感叹：壮哉，伟业！

滇越铁路跨过了云岭莽莽的群山，来到波渡菁与倮姑站间的四岔河时，远远望去，只见两座青山耸峙，嵯峨的山体，突兀的峰峦，如两柄宝剑直插云霄。中间一条深涧，宛若天门中断，神鬼推扉，上面透出一大块白云蓝天。一条铁带拦腰将两山连接，纤细毓秀，但又钢铁铮铮，似玉带锁定长空，如长虹漫天飞舞，这就是世所稀有的“人字桥”。站在桥上，自已仿佛置身云端，往下看，万丈深渊，陡峭壁直，让人头晕目眩。只见白云与山鹰在脚下缭绕盘旋；远峰墨绿如黛，层层叠叠，巍巍挺立。

故名思义，“人字桥”像一个“人”字，两臂平伸，两腿叉开，百年负重，立于四岔河上，任凭那滚滚的列车何止千万次地从臂上碾过。同时它又似一把伸开的剪子口，两个锋尖斜插四岔河两岸，因而又有“剪子桥”的别称。

从设计的巧妙和工程施工的艰难上，“人字桥”与“赵州桥”可以相提并论。

从历史年代讲，赵州桥更悠久。它在河北省洨河上，为隋代桥工巨匠李春设计建造，距今已一千三百多年。赵州桥又名“安济桥”，该桥不独年代久远，且在建筑结构、装饰石刻等方面都匠心独具，对现代拱桥科学理论、艺术研究都有极其重大的价值，是古代劳动人民智慧的光辉结晶。该桥圆拱，跨度大，长37米，拱上又有4个小拱，栏板石刻精美，桥身重量轻，排洪量大，外表壮丽美观是为特色。

另一座当数云南的“人字桥”，从时间跨度看，它虽远不及赵州桥，但历时100年，耄耋老矣，亦属长寿者。在滇越铁路上，桥隧相连、坡陡弯急是其最大特点。这些桥梁大多采用石拱、钢梁两种结构。石拱桥的桥拱为半圆形，孔跨有多种。钢桥也采用多种孔跨，其中8米孔跨的箱式钣梁配钢塔架桥墩，往往用于多孔高桥。滇越铁路上最长的17孔8米的白寨大桥，即此种结构的钢桥。后3种孔跨钢梁一般用于单孔石砌墩台桥。此外还有主跨57.5米穿式钢桁梁及两端连接10米的石拱桥，如糯粗、小龙潭、玉林山、落水洞大桥。其中玉林山和落水洞大桥横跨深谷溪流，其余4座均为横跨南盘江的主要桥梁，它们在宜良至开远间的路段上。当然，这些桥梁不足为奇，奇者是横越四岔河深谷，波渡箐与倮姑站间的“人字桥”。

“人字桥”为单线米轨铁路桥，长67.15米，由四孔简支

列车穿越“人字桥”

上承多腹钢梁组成，自保姑方向起为一孔，跨长21.9米，二、三孔跨长14.75米，四孔跨长15.75米。1907年3月10日开工，1908年12月6日竣工。法国工程师保尔·波登（M·Pau Bod-in）设计。

由于四岔河险峻的地理地貌与工程难度，法国铁道部早于1904年底就在本国采取招标形式，在报刊上刊登了征集设计方案的启事，三个月后收到各种方案二十余种，然均不太理想。保尔·波登是法国较有名气的桥梁专家，他也试图画了几个草图方案，但总感不遂意而未能出手，思来想去，苦无良策。据说有一天他到一家缝纫店剪裁衣服，女裁缝一边剪衣，一边闲聊，不慎将剪刀掉落，刚好两个剪刀尖插在了地上。保尔·波登见了，眼睛一亮，灵感顿生，随即回家画了一个四岔河钢桥新方案。几经推敲、琢磨，一个月后呈铁道部、外交部，方案被采纳了，即后来的“人字桥”设计图。真是“有心栽花花不开，无心插柳柳成荫”。

云岭群峰逶迤连绵，滇越铁路一路风情，当来到波渡箐

1908年7月16日12点人字桥拱臂合龙

1908年11月24日架设桥身

与倮姑站间时，已不以美称道，而是以险称奇。山体之大，坡面之陡，世所稀有，不少地方近乎垂直90度。上有绝壁，下临深渊，河谷溪流湍急。真乃：

岩巉岫绝凌霄汉，溪回崖断摩九天；

不是物主早造就，岂有峡谷万丈深？

两站之间直线距离仅3公里，而高度相差285米，自然坡度达95‰。有内地的画友来河口采风，当看到这段奇险的道路，不是赞叹，而是吓出一身冷汗。一位年轻的女画家脸都吓白了，竟不敢往车窗外看，她说自己有恐高症。波渡箐往倮姑上行时，火车“吱吱呀呀”如老牛喘气，艰难爬行，时速只在15公里左右；而当从倮姑往波渡箐下行时似乎可以狂奔猛跑了，然坡陡弯急，还得制动减速，以免离心力过大，列车越轨出事。为使线路降坡，该段采取展线办法，展线伸入到南溪河上游的支流四岔河侧谷，并打了若干个隧道。通过两站间展线后，线路长度14余公里，平均坡度降为20.2‰，如此，才解决了倮姑与波渡箐间高差大的矛盾。

人字桥正好交跨于展线地段的四岔河深谷。

四岔河长约15公里，说是河，实际是大峡谷，两岸是对峙的大山。河谷溪流湍急，谷底漂石垒积，形成瀑布深潭。河道两边长满了自然生长的丛林，有松树、杉树、冬瓜树、栗树……山崖上，藤条乱挂，翠蔓披拂，枝枝丫丫，宛若中国山水画技法中的“披麻皴”，又似西方油画任涂沫。山谷底，曲涧深沉，奇花瑞草，篁摇兰绕，不仅古渡幽程无人识，煞是谷阴林蔽罕至处。透过崖壁缝隙往外看，洞天豁然中开，显见着该路段的奇、险、凌、厉。由于天高地远，城市的现代文明尚未波及到这遥远的山乡，因而呈现着一派参差披拂的天然绿被的自然美。出于同一原因，四岔河的水质也是一流的，飞湍瀑流，清澈透明，捧一口品尝，沁人肺腑，让人振奋。流泉来自半山，沿山涧而下，跌沟跳坎，撞壁萦石，不断发出哗哗的声响，淌过“人字桥”，向山下直冲而去，汇入南溪河。

铁路线处于山腰，距谷底尚有一百余米，两岸绝壁相隔70米。桥的两端均与曲线半径为100米的隧道相连。这是一道必须跨越的天然屏障，采用石砌高架桥既不经济，工期又长；架设单孔长跨钢梁又由于桥的两端是曲线隧道，需在河口一端岸上先凿一条长102米的直线隧道，工程浩大，也不经济。在无可奈何的情况下，保尔·波登的“人字桥”设计方案构思新颖、独具匠心，自然是最佳选择。

“人字桥”为双重式结构，下部为三铰人字拱，跨度55米，矢高15.6米，由两个等腰三角形桁架拱臂组成。拱臂底部支承于山腰间事先设计制作的两个铸钢球形支座上，顶部合拢后联结于钢枢上。上托4孔简上承多腹杆钢桁梁，高2.05米，主桁梁中距2.4米。为适应云南山大箐深、坡陡流急、交通运输只有靠人抬马驮的特殊条件，所有钢结构部件在设计时，单件重量限制在100公斤以内，长度限制在2.5米以内。实际上大量部件均只有1.2米至1.5米长，钢梁限界高4.0米，宽4.05米，整个桥体就由这些短而轻的杆件组拼铆合而成的，这样的部件大约在万个左右。

“人字桥”的构件全部在法国加工制造，之后由轮船转运至越南海防、河内，再靠原始的人背马驮运输到中国云南境内，可谓千里迢迢，路途艰难。

“人字桥”施工，从开凿两端隧道口桥台开始，之后在两端洞口距轨顶面高19.17米的陡壁上，开挖宽4.4米，高3.8米、深4.0米的山洞，安置铰车及滑车系等起重设备，并在两岸的设计高程处，各安装重约650公斤的钢筋混凝土预制块作拱座承台。然后在球形铰上垂直拼装三角形钢拱架，并将拱架顶悬挂于与铰车相连的滑车上。

拱臂合龙之日是全体工程技术人员与工人奋战、期待的日子，事情的成败，可谓千钧一发。1908年7月16日上午7时，早起的工程技术人员与修桥工人与太阳争时间、抢速度，在轻纱缥缈的晨雾中严阵以待。整个工地都浸沉在紧张、严肃的气氛中，一方面在检验前段时间的工作成效，同时在考验每个人在临战时的心理素质，因为丝毫的懈怠就可能铸成大错。

上午8时，拱臂开始合拢。这是人字桥工程的关键环节。随着两岸相对绞车的徐徐放松，原来壁立的拱臂顶部逐渐靠拢，并绕支座作凌空圆弧转动。一个小时过去了，两个小时过去了，四个小时过去了，当正午的太阳直射沟底，时针指向12点时，拱臂顶部精确无误地合龙了。它显示了一场高科技的实战演示，是多日来桥隧工程人员与桥工工作成效的结晶，是“人字桥”成败的攸关一刻。说实在的，大家都捏着一把汗工作，虽然都兢兢业业，一丝不苟，但谁敢打包票哪一环会不出一点小差错，以至牵一发动全身而全功尽弃。成功了，胜利了，在场的工程技术人员及工人如释重负。

紧接着在开凿好的拼装槽内拼装上部简支梁。将简支梁用绞车、滑车、滑轮等牵引、推送到一定部位，然后铺桥面和轨道。

铆合，即将已合拢的钢架用螺栓固定却是十分危险的人工技巧活。拱臂顶端连接处是悬垂于山谷半空中的，人们不可能爬过去施工。据说当时工人只有采取从山顶用绳系腰胯部凌空垂下，一锤一锤地将桥体几大部件铆合。工作之惊险让人生畏，用力过猛，一锤砸空，或绳索扭断，人便坠入谷底，犹如掉进万丈深渊，肯定粉身碎骨，无一生还。因而法国人想尽了办法，给了最大的刺激，甚至每打一锤给半个大洋，以此鼓励路工冒险。这显然是拿生命作赌注的丰厚报酬。事情的真伪无从源考，也无须研考，但法国工程师的巧妙构思、精确设计，中国工人不屈不挠、勇于牺牲的精神却不能不令人崇敬。近百年来，“人字桥”的建设一直成为滇南人民经常谈论的话题并引以为自豪，同时，其关键部位的修筑也成为一个难解之谜。

总工程师站在南岸心情紧张地捏着手中的怀表，他不时看看大桥中部铆合工人惊险工作，计算着一分一秒过去的时光。终于，最后一锤定音。随着一声长而尖锐的哨声，整个工地震耳欲聋的鞭炮响起，工人们也同时欢呼起来，那响声、那激情打破了大山的寂静，穿透了无垠的时空。

刚合龙的“人字桥”像一道壮丽彩虹，凌空飞跨在青山绿水间，构成了一幅壮美的山水图，吸引了四方八寨的乡亲。他们扶老携幼、拖儿带女，有的甚至走了一二十里山路，包着冷饭来远观或近睹大桥的雄姿。有人说，云南的历史是随着马蹄声走来的历史。高山峡谷，断壁悬崖，那叮当作响的马蹄声昭示着数千年云南文明的辉煌和速度，连绵千里的人马驿道成了高原人长期赖以生存的血脉和与外界交流的纽带。然而，“人字桥”的建成及滇越铁路的即将竣工，却昭示着高原人现代文明的新起点——现代列车运输的到来。

200人扛抬“人字桥”施工用的铁链，队伍长600余米

“人字桥”工程历时20个月零26天，钢梁架设全过程花了5个月。桥梁含配件重179.5吨，有效荷载与自重比为1：0.5，三铰拱重70吨，其矢高与跨长比为1：3.5，架设在高200余米的四岔河上，显得精巧匀称，雄伟壮观。据野史载，当时“人字桥”施工设计的工程师中有一位意大利的女工程师，桥建起来后，完美的工程使她深深地动情，感情与桥融为一体而不能自拔。她于桥下的涧水边搭了一间简易的房屋，每天看着人字桥泛蓝的钢轨，听着火车驶过的隆隆声及桥下哗哗的流水声，直到逝世。

大诗人李白在《蜀道难》一诗中写道：“噫吁兮，危乎高哉！蜀道之难，难于上青天……”李白未到过云南，其实云南山道之艰难比蜀更甚。然滇越铁路“人字桥”的建成，克服了该路段工程的天然屏障——从当时技术设备条件看近乎无法越逾的特大障碍，使得“一桥飞架南北，天堑变通途”。“人字桥”，这人造的长虹，钢铁的桥梁，犹如一张奇异的琴，伴随着火车的长鸣，弹奏出百年的绝响。质量之高，如今工人们只能对它进行维修，无法重建，无法替代。两岸用钢筋与洋灰（水泥）制作的拱座承台，沐浴了百年的风吹雨打、烈日暴晒，仍不朽不腐，继续载负着千吨的钢铁大梁。

“文化大革命”中，曾有管理铁路的个别军代表无知地提出更换“人字桥”上的某些部件，理由很简单，即资本主义的东西应该清除，让社会主义的东西占领。消息传出，业已靠边站的滇越铁路工程师们冒着被打成反革命的危险，集体联名上书，抗议这一错误行为。他们认为“人字桥”上所有钢梁及部件，质量之高，可以延续使用若干年，眼下没有必要，也没有技术能力对它重建和替代。事实证明，直到21世纪的今天，一百年过去了，滇越铁路“人字桥”上的每根钢梁或螺钉，承载能力完好如初，根本没有撤换的必要。

在八岔河两岸陡峭笔直的山崖上作业，挖洞、填坑、竖支架、浇灌水泥，其惊险无以名状，一失手或一脚踩塌，工人便像崩落的石块坠入一二百米的深涧，因而恐惧就像一把无形的手，紧紧攫住每个路工的心。在绝壁上工作，吹来的风也特强劲，似乎专与人作对，工人根本不敢穿衣服工作，倒不是担心天气炎热，主要还是怕衣服勾挂在石岩上或被烈风吹拂而跌落送命。有一家弟兄三人都分在“人字桥”建筑工地上，不到一年的时间，老大与老三均堕身崖底，只有老二最后活着回到四川宜宾。

在艰险的工作面上工作，度日如年是最恰当的比喻，十分钟、二十分钟、半个小时过去了，半天过去了，风不断惨烈地嚎叫着，天好像在旋转，地好像随时会沦陷，悬崖好像时刻会坍塌，在这里每个路工都感到生命是那样的脆弱，随时都有被毁灭的可能，惟有在心里默默地祈祷。

“人字桥”长67.15米，仅修此桥死了路工800人，平均每米的长度垫付了近12条人命，这在世界铁路筑路史与桥梁建设史上都是让人震惊的数字。真是“为有牺牲多壮志，敢教日月换新天”，充分体现了中国人民为创建前所未有的事业而作出的不朽的献身精神，实在可歌可泣。当后世的人们乘坐滇越铁路列车坦然出关入关或行于昆明、河口间时，不禁对百年前牺牲的路工引起深深的崇敬，并由此引发无限的慨叹，因为滇越铁路的修筑实际是一场人与自然的搏斗，是改变云南数千年来原始、落后面貌的一场较量，并最终取得了胜利。而“人字桥”的建成，无疑是滇越铁路的象征，当时工业科技水准的象征，也是中国人民与天斗、地斗，与大自然搏斗的象征与伟业。

特级站碧色寨

第七章　特级站碧色寨

碧色寨以其靠近云南第一个海关蒙自和个旧锡矿的地理位置优势，被选定为滇越铁路的特级车站。

老碧色寨山村

滇越铁路通车，首先造就了特级碧色寨车站的崛起，它取代了开关后的蒙自而变得瞬间繁华喧嚣起来。

“碧色”，原为“壁虱”，方言土语，指臭虫、虱子。原意为像虱子一样小的村子，后改“碧色”。

碧色寨，滇越铁路通车前云南境内一个极为普通的名不经传的小山村，离蒙自县城11公里，几户人家，一条小街。街道是泥土拌碎石自然形成的红泥土路。每到雨季，泥泞的路面像抹上胶水，走起路来一步一滑，深一脚浅一脚的，时常将行人的鞋子陷在泥浆里。路沿山坡走势倾斜，街道两边村民的住房大多为不规整石块垒就的墙体，茅草屋顶，少数几间用红色砖块简易砌就。时至今日，碧色寨车站西北面尚留有遗痕，十余间简陋粗劣的小屋展示出百年前的寒碜，成了原始、质朴的小农自然经济的象征。在滇越铁路通车前，这个小村庄数千年如一日地世世代代于平淡无奇中度过。

然而，坡顶车站铁路畔的情况却大相径庭，洋楼，中西合璧的建筑、大仓库、四合院、红顶黄墙的车站、站房、工房、职工宿舍、硕大无朋的水塔，虽百年后某些局部已呈现斑驳零落，但整体看，那恢宏的气势，新颖的构架，鲜明的色彩，以及至今还基本保存完好的法式百页窗的门扉、窗棂仍留存着昔日的风采。是什么力量使碧色寨这个小村庄如此幸运？又是什么情况下这个小村庄又变得如此破败？

那是清宣统元年（1909年）初，滇越铁路南段河口至碧色寨通车，蒙自海关在碧色寨设立分关，碧色寨车站定为特级车站后应运而生大通公司、顺成号货仓、个旧锡务公司、美孚石油公司、亚细亚水火油公司、加坡公司、哥胪士洋行、若利玛洋行等。如今这些洋行、公司已衰败殒落，物是人非，那雄奇的别具一格的建筑样式，坚实的墙体，与村民住房迥异的青砖红瓦，在落日余辉中令人慨叹。几棵高大的已逾千年的文子果树，枝丫已近枯萎，树叶几乎脱落，但坚挺、粗壮的树干还屹立在这些公司的庭院中，既有几分凄怆，也有几分壮美。环视数十年无人洒扫的蛛网密布的楼檐屋角，踏在那锵锵有声的楼道地板上，听着空空如也的院坝中回旋的习习风声，让人不由想起当年碧色寨的兴盛与繁荣。

关于老碧色寨车站，今年76岁的闵光全老人最有发言权。20世纪初，他父亲在碧色寨车站当搬运工，那是下等的工作，叫“苦力”，但收入却不菲。每天搬上卸下的货物太多了，车站上随时堆满了待运的大锡、大米、水泥、毛皮等。不少时候多到仓库装不完，还需放在空旷的场院上或站

个碧石铁路与滇越铁路交会处

台边，但积压的物资一般不超过12小时即搬空殆尽，待装的又是下一批货物了。白天，整个车站人马喧嚣，汽笛声、哨子声、号子声此起彼伏；夜晚，凭借月色和若明若暗的灯光，工人们吆喝着彻夜工作，那声音仿佛巴黎歌剧院的交响乐，有节律地在夜空回荡。寸轨个碧石铁路开通后，仅个旧大锡每天以寸轨小火车搬上米轨小火车的就有数十吨、上百吨。银白的锡锭让人看得眼花缭乱，爱不释手。站台远处，待运和待卸的马帮骡马随时都滞留近千匹。实际上闵光全一家人的生活，靠他父亲每天干足八个小时，一个月得十多块大洋，足以维持了。

闵光全的父亲是地道的蒙自县农民，由于年轻力壮，加之别人介绍，1920年前后就到碧色寨车站当上搬运工。两年后，讨了个附近村子的姑娘做媳妇，1926年在碧色寨生下闵光全。

闵的父亲虽是搬运工，但却懂得教育的重要性，又因只有一个儿子，因而希望闵光全读书识字，最起码以后能找个“凉房底”的工作，不要像自己一样从早到晚出苦力，风吹日晒。既然全家生活并不困难，加上铁路职工家属乘车方便，可以免票，所以闵光全小学在蒙自就读，中学则到昆明就读。不要说在20世纪40年代，即便50年代、60年代初，高中生在云南城乡都还是挺稀奇的，不亚于旧社会的秀才，闵光全在碧色寨、在父亲原来的村子中被奉为受人尊敬的“小先生”。

1945年闵光全高中毕业，因父亲在碧色寨工作，碧色寨小学又缺教师，所以闵就回碧色寨搞教育工作，当小学教师。1957年他因讲了几句抱怨的话而被评为“右派”，虽未被判刑劳改，但却又操起父亲的旧业，在碧色寨车站当起了搬运工。显然闵光全与碧色寨车站“与荣俱荣，与衰俱衰”，是地道的碧色寨通。

当讲起童年时候的事时，闵光全兴致勃勃地回忆说：“那时我还小，姐妹三人，我排行老二，一个姐姐，一个妹妹，相差只有一岁半左右……我家住的房子较为宽敞，父亲在站上工作的几个朋友每天晚上常聚到家里聊天，拉家常，没完没了的。张六说他爹妈常捎信来叫他有时间多回石屏一下，儿子还小，光媳妇在家难教育孩子。李明启30多岁了还没结婚，说碧色寨村子里有个老姑娘28岁了，样子平平，肥胖的身躯似乎可以挤出油来，对他很好，路上碰到总要红着脸与他搭讪几句，娇滴滴地大哥长、大哥短地叫上几声；其父母也有事没事会喊他到家里吃顿饭。李明启叫我父亲帮他参谋参谋老姑娘是否整得成。”

“有一段时期碧色寨太热闹了，连蒙自买不到的东西这里都有。商店夜晚不闭市，为上夜班的人服务，经常通宵达旦。每天晚上9点过后，站上的路灯明了，商店里的煤油灯、小马灯、蜡烛相继亮了，星星点点，若明若暗，碧色寨变得幽深神秘，但却是蒙自坝子方圆百里唯一紧张繁忙的小村。”

“来家玩的朋友经常玩到深夜，有时要吃夜宵，就叫我到餐馆里订几个菜，打点酒，什么鸡、鸭、锅贴、烧麦，可吃的小食很多，随意挑选后叫店家送来即可，也不收什么小费、服务费。”

当然，在碧色寨车站上还有一个最权威的老大娘叫付存仙，今年已90岁，然记忆清晰，思维敏捷，讲起老碧色寨来如数家珍，絮絮不休。她说：“我家住在蒙自山区，家里很苦也很穷，18岁时经人介绍嫁到碧色寨。说起已是60年前的事了，大约是1936年5月从农村搬到碧色寨吧。先租房子住，2个月后就住进了铁路职工宿舍。本来说媒的人很多，但还是嫁到碧色寨，因为老倌是个工人，拿工资的，生

碧色寨车站老职工宿舍

夕晖下的一片法式建筑群

活有着落。他是个巡道工，职位在站上一般，但工资不低，很够花了，后来生了四个孩子，靠他一个人的工资，还是把孩子拉扯大了。我们住法国人盖的职工宿舍，不收房租费，吃水也不要钱。开始时到龙潭提水，后来吃上自来水。在外边租房子住一家人一个月补贴6块花钱，其实6块花钱够支付3个月的房租了。”付存仙也是碧色寨车站从无到有，从兴旺到衰落的活见证。

从1909年碧色寨通车到20世纪30年代末，碧色寨车站的职工都保持在一千多人，家属约三四百人。一般职工的工资月收入20至30块大洋，比起蒙自县城的职员，特别是四周贫困的村民，可以说是“天上”了。正式的搬运工也在1000人左右，加上附近临时打工的农民，人数远不止此。他们均来自全省各地。

碧色寨车站之所以列为特级车站，乃因它是滇越铁路的重要中转枢纽，物资聚散地，个碧石铁路的终端站，滇越铁

寸轨材料厂旧址

路与个碧石铁路的换装车站。

当时个旧锡业已很发达，一般年产量在8000吨左右，最高年产量可至11000吨。在滇越铁路通车后的30年间，外贸出口锡是第一位，占出口运输总量的75%到80%，有时年生产的锡百分之百通过滇越铁路输往海外或省外。而个旧锡在搬上滇越铁路运输时，于碧色寨车站装货是最便捷的一条通道，因而将碧色寨车站定为特级站。

昔日蒙自开关造就了滇南小城自身的崛起，而滇越铁路通车、繁忙的中转运输，使得碧色寨瞬间变得兴盛，繁荣，并随即取代了蒙自县的经济位置。于是，一边是碧色寨蓬蓬勃勃，渐趋发达；一边是蒙自县城越来越冷落萧条，甚至原来蒙自的许多公司、洋行、商店、铺子都先后搬到了碧色寨。

当时，碧色寨主要的洋行、公司有：

大通公司，占地40余亩，高墙、深沟，有似古城堡，远看凝重、古拙。从院门到围墙不时展露防盗、防抢的枪

大通公司

眼。院门有似城门，门拱特别大，圆拱，像狮子大开口，意在方便大型车辆装货出入。内有中西合壁的建筑数幢，供老板住宿、职工办公、护丁憩脚，其中几幢专作仓房。其余大面积空旷地带为货场。20世纪二三十年代，仓储转运成了碧色寨的一大行业，到处是货栈与仓库，经营进出口货物转运工作。大通公司是该地最大的一家，也是当时云南省最大的仓储转运公司。老板是广东人，他较早接触西方生活。精明强干的老板不仅将生意做得红红火火，且也十分重视享受，在宽敞的公司大院，还专门修了一块网球场，可能也是云南第一个网球场。那时公司里有个厨师，姓王，做得一手好菜，包括广味、滇味、过桥米线样样在行，很得广东老板赏识，且当时年龄不过三十挂零，人又精灵，记性好，无论什么事情，一看就会，一听就懂。王师傅久看老板打球，早已跃跃欲试，心痒难禁，成竹在胸。一次，老板叫他过来试试，初一接触，便可提拍劲打，后来竟至成了老板天天打球的主要对手与陪练员。于是王师傅成为了可能是云南第一个打网球的中国人。如今大通公司人去楼不空，长期以来被粮食部门作粮仓储存粮食用。

哥胪士酒楼，一幢中西合璧的二层楼房，红瓦、黄墙，精巧，别致。院内进去有一小院，紫藤、丁香爬满庭院，拾级而上登临二楼走廊，可俯视碧色寨全景，那来来往往停靠在站台上的小火车、紧张繁忙工作的搬运夫、成捆成堆的待运物资及成百上千匹混杂骡马尽收眼底。哥胪士酒楼坐落在碧色寨车站左后方的小山坡上，与大通公司隔铁路遥遥相对。居高临下的特殊地理位置及幽雅、静谧的环境使之成为碧色寨车站惟一饮茶品茗、喝酒聊天的好去处。

顾名思义，哥胪士酒楼为希腊商人哥胪士兄弟俩所开。蒙自是他们的主店，碧色寨是分店，后来他俩在开远、昆明均有发展，是蒙自入关后在中国云南做生意最红火的一家，物资丰富、恪受信誉是其特点。从20世纪初期到40年代末，蒙自地区的公司、洋行走马灯似地轮流转换，变化门庭，然而，哥胪士洋行、酒楼稳坐钓鱼船，不但不殒退，反而在发展，看来哥胪士弟兄经营有方，确是生意场上的好手。当年，欧式酒店哥胪士酒楼里灯红酒绿，留声机不断播

个碧石铁路检察分局

大通公司一角

哥胪士酒楼

碧色寨铁路职工饮水用水塔

放着西洋轻音乐，高鼻子，白皮肤的洋吧女哼着轻快的西方小曲，煞是另一番滋味，极大地吸引着海内外商贾旅人。昆明、个旧、蒙自一带的土财主、矿业主，手中有的是钱，但能到哥胪士酒楼借谈生意之机，一睹洋女芳容，亦为快事，更是在矿上及乡里闲谈时引以自豪的谈资。多年来，人们不知在哥胪士酒楼上品去了多少红葡萄酒、白兰地，又谈成了多少桩利润不菲的生意，同时也让个旧地区的富商巨贾一饱眼福。

当时个旧上河沟有个矿主叫李万，年约40岁，凭借父辈的积蓄，加上他20余年的辛苦，有一笔可观的资产，他不“吹”（吸大烟、鸦片）、不赌（赌博），却爱女人，凡见了漂亮的女人都眼馋，已先后娶了3房太太。大老婆在老家通海，不识字的农村妇女，一辈子忠心耿耿为他守着农村的家产，对他娶小老婆的事从不过问，也不敢过问，且数年都不能来个旧一趟。二老婆是在个旧豆腐摊上邂逅的“豆腐西施”。他刚见到她时，便心猿意马，一颗心怦怦直跳，因而一段时间天天泡这个豆腐摊，接着找人拉线撮合。三老婆是个滇剧名角，在蒙自滇剧院，李万想娶她时，她年龄不过17

岁。李万是将她哄骗到手的，当时他告诉她：原有一房，已病逝。到结婚后半年多，“戏子”才知道他原已有两个老婆，但此时“生米已煮成熟饭”，吵了几架之后只有忍辱偷生。李万在蒙自买了一套房子给三老婆长期在蒙居住。

1932年，李万为了生意上的事，几次到过碧色寨洋酒楼，高鼻梁，蓝眼睛、金色头发、白皮肤的洋吧女让他神不守舍。为了讨一个“洋妾”，他不惜重金聘请个旧锡务公司的王翻译教他学了半年的英语，算会讲上几句“Cood morning!”（早上好!）、“How are you?”（你好吗?）、“I' m

碧色寨亚细亚水火油公司

碧色寨最大的百货店“吉顺祥”

云南第一个列车通邮之邮局

第一个列车通邮邮柜

so pleased to see you again”（能再见到您真高兴）等问候的话。简单的生活对话使李万有了接触“洋姑娘”的机会。但“谈”了几次之后，“洋姑娘”并不愿意嫁他，一方面不习惯东方人生活，另方面不习惯做“小老婆”，因而李万最后未圆“洋梦”。

亚细亚水火油公司代理分局，法国人经营，清光绪三十年（1904年）开业，局址设在蒙自县城西左街，后迁西门外正街顺成号内，专销该公司名牌产品“十字”“宝盖”“僧帽”“红色”等煤油和蜡烛。

碧色寨是它的分局。20世纪初，云南城乡普遍使用香油灯，而水火油是新产品，但一经在云南问世，便普遍受到欢迎，当然，能够买得起洋货使用的市民当时并不多。该公司经营业务到抗日战争初期停业。

寸轨材料厂，是寸轨个碧石铁路通车后，随着运输量加大而专门建盖的厂房，占地面积50亩左右，中间场院堆放大宗物件，四周两层中式楼房，楼下堆放器材，楼上办公、住宿，也堆放一些重要器材，是当时碧色寨，也是云南最大的材料厂。

其时在碧色寨所设的公司、洋行、店铺有数十家，除大通公司、哥胪士酒楼、亚细亚水火油公司外，还有安兴洋行、沙厘耶洋行、加坡公司、普利洋行代理局，巴黎百货公司代理处、英美烟草公司代理处、海峡贸易公司办事处、卜内门洋行代理处、胜家公司代理处、博劳当洋行、尼复礼士洋行、和田洋行等，其中有法商、英商、美商、德商、日商、希腊商及意大利商，也有广东、广西及云南人，经营项目有锡、棉布、水泥、五金、机械、纸张、玻璃、烟草、煤油、汽灯、酒等各种生产用具及生活用品。

国内外公司，商人之所以涌往碧色寨，最根本的目的在于利用碧色寨作为滇越铁路特等站的交通运输优势来赚钱。

当时每天过往碧色寨的客运列车对开各一趟，其余均为货运列车。客车初为昼开夜停，后改昼夜运行。货车不受昼或夜运行之约束。个碧石铁路通车初期，由于货运量加大，滇越铁路列车遂逐日对开4列，运出的货物主要是大锡，运入的货物主要是个旧矿区及个旧县所需的生产、生活物资。1950年以后，随着社会生产力的发展，经济建设的需要，车次逐渐增多，1989年，境内各车站每天到达、停靠的货车有16次，货车小运转车次4次，客货混合列车12次。20世纪初期，碧色寨大大小小公司的进、出口物资及云南省内其他地方的物资在公路通车以前就全靠滇越铁路列车运转，可谓独领风骚。而交通运输规模的扩大，又促进了碧色寨商业的进一步繁荣，并进一步提升了碧色寨的地位。

为了便于中转运输并获取税收管理，碧色寨分关还订有章程：凡火车由东京（越南）运客货物抵河口时，若在本地销售，即在河口分关照章完纳进口税；凡火车由东京运进口货物经抵碧色寨过河口时，必须听河口关严加封条，经抵碧色寨，再行查验纳税；凡本日进口各货物抵碧色寨，愿在此地呈报子口者，即可在碧色寨完纳子口半税；除本日进口货物外或在蒙自，或碧色寨呈报子口，均限在蒙自关完纳子口税；蒙自各货物由火车出口往东京者，定在碧色寨纳出口税银，并在此地听候关员封固货车；各货物由河口运往东京（越南）者，就在河口分关照章纳出口税；各货物进口，自河口至碧色寨中途销售者，可在河口分关纳进口税银，并完纳子口半税；出口货物，凡在河口、碧色寨中途上载者，若有厘金票，可在河口分关完纳出口税；出口货物，凡在河口、碧色寨中途上载者，若无厘金票，可在河口分关完纳出口税，并补完子口税银。

一站两种轨距的寸轨站房

三面钟又名子母钟

哥胪士酒楼一角

三面钟前拍张照片留念

碧色寨分关章程共9条，清宣统元年三月初五制定。文不长但不简洁，绕山绕水，令人心烦，中心意思是规定各种进、出口货物在碧色寨、蒙自、河口时的纳税办法。

继米轨滇越铁路滇段通车后，（1921年）寸轨个（旧）碧（色寨）段建成。1925年寸轨碧色寨车站透轨至米轨碧色寨车站，开始办理货物换装。货物装卸及收费由米、寸轨铁路各自办理。换装方式是米、寸轨货物均由人工落地后再装车。双方车站各设货物装卸线3条，货物仓库1幢，面积均为95平方米，露天货场1000平方米。米轨换装到寸轨的货物主要有煤、焦炭、原油、矿物性建筑材料、木材、粮食、盐、日用工业品等；寸轨换装到米轨的货物主要有锡、烤烟、农副产品等。1938～1942年年均米轨换装到寸轨的货物5.3万吨，寸轨换装到米轨的货物0.3万吨，民国34年至民国38年（1945～1949年）年均米轨换装到寸轨的货物7.2万吨，寸轨换装到米轨的货物1.6万吨。在此期间，寸轨碧色寨车站因货车载重量小、运用车不足，货物经常堆积，货主争相要车，争吵打闹是常事，更恶劣的是站长乘机索贿。1934年站长孙治垓以每车收贿四五十元被货主秘密告发撤职查办后，畏罪潜逃，被省府通缉归案。继任站长赵汉石也因营私舞弊，声名狼籍，被商会检举而撤职。

1950年以后，滇南经济迅速恢复、发展，碧色寨车站米寸轨货物换装量逐渐增加，新设货物换装线2条，寸轨一次最大作业量为16辆。车辆集结由双方调度所协商安排。换装方式仍以货物落地再装为主，对车换装只占十分之一。制票、收费各自办理。1954年12月17日，碧色寨米、寸轨站合并，统一办理货物运输业务。根据1952～1957年两站货物到发量测算，年均米轨换装到寸轨的货物19万吨，寸轨换装到米轨的货物2.06万吨。1960年起寸轨货物换装移至雨过铺车站。

碧色寨邮局是云南第一个用列车通邮的邮局，此前蒙自邮政总局的信件靠蛮耗转运处由水路转运邮件。1910年，滇越铁路通车，水路邮运改由火车邮运，撤销蛮耗转运处。同年，在云南府昆明设云南邮政总局，蒙自邮政总局降为总分局，隶属云南邮政总局。

在碧色寨老街上有一幢中国式平房，大门外临街处盖了一间简易厨房，并堆满杂乱的茅草、柴禾，因而屋内光线显得有些暗淡。虽然房主人很注重整洁，把地扫得干干净净，但隐不住贫穷的凄怆，粗俗简陋的家俱镰刀、锄头、缸、锅、盆、瓢无规则地摆放墙角。整个堂屋除了自制的一张吃饭桌子和几个小木凳，便是靠墙的一张长约5米，宽0.5米，高0.8米的柜台。不可小看，它却是中国云南第一个火车邮运邮局的收信柜。一条长20公分、宽3公分的线缝残留在柜上面，证明它确系收信柜。而磨得平滑、棱角也变得浑圆的桌面证明信柜年代之久远。摆放收信柜的这间屋子也就是当时碧色寨的邮局，一盏用煤油点燃的老式马灯灯架还挂在墙角，主人无意，观众有心，似乎在展示百年前的磋砣岁月。

此外，碧色寨车站站房自然是重要建筑，也是滇越铁路的核心车站。车站总面积约2平方公里，是我国最早的铁路车站之一，对研究滇越铁路史和我国铁路发展史均具有重要的历史价值和文物价值。1987年12月21日，碧色寨车站被云南省人民政府列为省重点文物保护单位。

荒废的碧色寨寸轨铁路

员工家属坐在路轨上闲聊

然而，令人遗憾的是云南铁路上这么重要的一个文物保护单位，昔日规范而又醒目的黄墙红瓦的法式站房，一段时间却变成了白色墙面，真叫人啼笑皆非。所谓文物，即要保留它的原貌、原风格，捏造和改造了的就不能称为文物了，因而希望有关单位重视，让那些难得的历史文物能够闪现出既往古朴、凝重的身姿。

当然，碧色寨车站的衰落主要在1970年10月10日个碧石铁路寸轨改米轨之后。其时蒙宝线正式通车，个碧石铁路与滇越铁路的交接转换站改在雨过铺。交通运输个旧到碧色寨火车要4个多小时，而汽车运输只要2小时。特别是20世纪70年代以后，铁路列车贵昆线、成昆线开通，以及云南公路网络的形成，运往省外、国外的物资、包括大锡一般也无须再由滇越铁路运转。于是，在这种情况下，碧色寨车站的职工大量削减，不少被调到开远、石屏、昆明等地工作。在碧色寨做生意的人也返回蒙自，临时打工的农民也陆续回到山区农村，最后车站仅留下16名职工正常管理每天的客、货转运工作，车站级别也由特级降为与其他小站无异的4等小站。

碧色寨车站的元老付存仙的子女也不甘寂寞，沿着滇越铁路跑到外地工作，留下她一个单身只影的老人在碧色寨生活。说实在话，她不愿意跟子女们外出，因为碧色寨是她生活了一辈子的热土，叶落还要归根呢，何况老来为什么要离开家乡？因而她成了碧色寨车站的守望者，既守望历史，也守望人生。也许现实生活并不比往昔差，然而她总爱与屈指可数的几户人家，特别是那几个中年妇女讲述碧色寨历史、自己的婚嫁史、子女的出息史，絮絮叨叨，没完没了，她自己已说不清讲过多少遍。

如今，由于历史、社会的变化，碧色寨车站已失去了它往日的辉煌，那种喧嚣、繁荣的景象再也不会复现，但车站办公楼、站台，以及大通公司、哥胪士酒楼、亚细亚水火油公司的遗址犹存。特别是车站站房的整体构架、红色瓦顶、百页窗完好保存，站台的遮檐、墙上的三面钟，左侧的阳台、水塔，一件件在寂寞、清晖中依然故我。

深秋，云南的树木不可能像北方一样经霜打后而呈金色，但局部呈现的土黄、淡黄、茶色也让人感到几分惬意，几分感慨，几分豪迈。站在碧色寨车站上，放眼望去，蔚蓝的天空，紫灰色的远山，衬托着近处红顶、黄墙的一幢幢法式建筑，是那样的寂静、幽美；站上平行的数道铁轨闪着湛蓝的寒光，一直向相反的两个方面延伸，让人若有所思，若有所忆。试想一百年前，如果不是有了火车，不是有人把铁

碧色寨车站全景

轨铺进深山，人们怎么也不会知道碧色寨这个小山村。它和它的十几户乡亲，藏在大山的皱折里，千百年来，默默地接受着大山给予的温存和粗暴，落后与贫瘠。

岁月如流，碧色寨的历史陈迹总昭示昔日的曲辱和辛酸，也映射出它的兴盛繁荣。

“三面钟”下留影

第八章　奔驰如飞的米其林机车

时速可达100公里的“米其林”机车，无异于土行孙降临，孙悟空在世。一段时期，“米其林”成了国人形容快的代名词。

米其林机车

时光流逝，消融的岁月荡涤了多少昔日的辉煌，然而总有闪光的点滴让人们旧忆难抹，滇越铁路上的米其林机车即为一例。

时至今日，滇南铁路沿线的老职工及沿途村镇的耄耋老人，一谈起米其林机车，均交口称赞："啊呀，那'米其林'（机车）速度太快了，才听见远处火车叫（汽笛响），一抬头，它就'嗖'地从身边飞去了。"老乡们形容列车速度快叫"飞"。说实在话，数十年前这些村民根本不懂什么叫"时速"，就只能用"飞"这个质朴的语言来形容了，听起来挺有意思，很生动，很质朴。20世纪初，云南还是穷乡僻壤，交通闭塞，文化落后，远离现代文明时，时速可达100公里的米其林机车的出现无异于土行孙降临，孙悟空在世，大家奇异、惊诧在所难免。

当然，在滇越铁路上跑着的大量的还是一般的蒸汽机车。

通车伊始，由于云南广大民众对列车的不理解，法国人做了很多工作，最初几个月甚至是贴钱做折本生意。法国人在列车上备好香烟、糖果、水果等，免费邀请村民到车站乘车，拉着村民一站一站地兜风，借以扩大火车的知名度和影响。有的村民首次来到站台上，看到"呼哧、呼哧"喷着水蒸气的列车，他们管它叫"铁牛"，远远地看着，根本不敢走近。如果听到一声尖锐的汽笛鸣叫，吓得四散溃逃。直到差不多半年以后，山民见的多了，才慢慢习惯起来，消除了内心的恐惧。比起过去长期坐牛车、马车，不仅感到鲜奇、好玩，而且速度不知快了多少倍，连村子里的那些土财主，比其他村民见多识广，但也是第一次登上火车，也算开了"洋荤"。因为在此之前，他们也只有在画报上看过，或听那些留洋归来的人讲过。

滇越铁路滇段营运初期，蒸汽机车来自法国、美国、英国、德国、日本、瑞士等多个国家。这些机车机型复杂，构造、配件各异，从大的方面区分主要有两种：过热蒸汽机车、饱和蒸汽机车。即蒸汽经过热箱、过热管干燥后进入汽缸而驱动机车与无过热箱及过热管，蒸汽直接进入汽缸而驱动机车两种。给汽方式亦为内进汽、外进汽两种。配汽机构有采用偏心曲拐的华氏阀装置与采用偏心轮的斯氏阀装置两种。其中斯氏阀装置的汽室装在车架外侧，偏心轮月牙钣装在车架内侧，调整配汽机构极不方便。螺纹制式有"公制""英制"之分，公、英制并存整整使用了半个世纪，直到20世纪60年代才统一。

滇越铁路通车营运不久，有带煤水车的轻型机车20台，云南境内使用6台；带煤水车的重型机车31台，云南境内有23台。配属云南境内使用的机车由法国巴底纽勒（Batgnoues）机车制造厂制造，宽度不超过2.8米，高度不超过4.8米。轻型机车空重26.5吨，在5‰的坡道、曲线半径为

100米的线路上，时速55公里，牵引重量130吨以上；重型机车空重34.5吨，在5‰的坡道、曲线半径为100米的线路上，时速35公里，牵引重量185吨以上，两相比较，各有利弊。

1913年至1923年，云南境内配属法国制造的超重型机车（JF51l—4—1式）28台，其主要技术性能机车锅炉蒸汽压力12公斤/平方厘米，构造速度50公里/小时，模数牵引力11571公斤，最小通过曲线半径80米。这段时期制造的机车整备重量60吨，机车宽2.8米，高3.7米，全长10.2米。1926年制造的机车在构造上略有变化，整备重量为61.96吨，高为3.675米，全长为11.28米，属水柜式蒸汽机车，其粘着力大，长度小，固定轴距短，有结构相同的导、从轮转向架与复原力较大的弹簧式复原装置，无论正行或逆行，曲线通过性能良好。总之，1926年制造的机车最适于云南山区米轨铁路坡道大、曲线半径小的情况下运行，因而它成了法国滇越铁路公司云南段的客货运主力型机车，并且一直沿用多年。

1937年，抗日战争爆发，紧接着日寇占领了大半个中国，特别淞沪会战后上海与南京相继陷落，海外及香港等地的援华物资，主要靠海运到越南海防后，通过滇越铁路运达中国蒙自、昆明，再辗转重庆等地。这时期滇越铁路的客货运量急剧增加，原有机车的运输能力已远达不到要求。特别在大坡道又加大载运量的情况下，原有机车真可谓力不从心，有时往往前边一个拉，后边一个推才解决问题。在这种情况下，法国滇越铁路公司从英国购进6台GD5l型轴式2—4—l+1—4—2式的活节式蒸汽机车（GARRATF—LOCOMOTIVE），俗称嘎拉式机车，特别用于云南境内河口至昆明长大坡道区间牵引货物列车。

嘎拉式机车有不少优点，最大的优点是负重能力强。其特点如：锅炉蒸汽压力12公斤／平方厘米，汽缸直径419毫米，活塞行程559毫米，动轮直径1092毫米，模数牵引21569公斤，构造速度40公里／小时，黏着重量80吨，机车整备重置12.1吨……同时它也有致命的缺点，如机车过于长大，蒸汽管活接头易泄漏，浪费燃料，检修费用高等，因而几年以后，当度过了大载运量的“困难时期”，第二次世界大战结束，日本人投降，中国局势相对稳定时，也就停止了使用。

无论如何，滇越铁路上跑着的各种机车，值得称道赞颂的还是法国米其林（michalice）机车，可谓芸芸众芳，一枝独秀。享受舒适，速度快捷是其最大特色。在云南山大坡陡的深山密林中，有这么一趟时速100公里的列车飞奔，对于长期封闭落后的乡民，包括那些稍有学识的乡坤，都大开了眼界。1935年蒋介石视察云南，携夫人宋美龄同行，倡修滇缅铁路。最后几天，蒋介石准备抽空到滇南燕子洞一游，后

米其林动车附属行李车

米其林动车组内景

因事未能成行，夫人宋美龄去了一趟开远，乘坐的就是米其林机车。其舒适便捷也让宋美龄惊叹，她万万没料到在云南的大山峡谷中还有这么一列优异的列车。

原来，在1914年时滇越铁路上就有一台法国制造的载客胶轮内燃动车组。1932年5月22日该车采用了法国米其林橡胶厂生产的最新产品胶轮，于是如虎添翼，列车便飞速奔驰在滇越铁路线上，成了人们津津乐道的“神行太保”和一个筋斗翻十万八千里的“孙悟空”。因胶轮生产家为米其林橡胶厂，故世人以米其林机车称之。一段时间“米其林”成了“快”的代名词，滇南的老百姓一提起什么东西快、如何快，就会说：“有多快？再快会快得过‘米其林’。”

米其林机车所以以优质快速称著，除与科学合理、质量上乘的胶轮有关，还与它外形构造、流线型的动车车身，以及动车、分动车内部构造、汽油发动机装置等因素有关。

米其林机车分动车组、分动车和附属行李车几个部分。动车的一端设有汽油发动机（Pavhard La Vasseuk式）一台，具有12个呈V型排列的汽缸，缸径101毫米，有2个分电器，24个火花塞；传动方式为齿轮变速，通过链条带动的机械传动；驾驶台装有计程器、速度表、示警器，充气与制动设施。走行部分有转向架2个，每个转向架4对轮，2至4轮为动轮，第3轮为主动轮，5至8轮为从轮；轮心采用极好的钢材，呈盆状，轮缘镶嵌其上，踏面用凸形橡胶轮及充气软胎套装；车轴为空心短轴，滚动轴承，两短轴对称嵌在一凹形的扁曲梁上；轴上安有气压表与驾驶台示警器沟通。当轮胎气压降至500帕斯卡时，示警器响铃示警，充气系统即充气。

充气分自动和人工两种。自动系统可向软胎供给规定的600帕斯卡气压，如自动系统发生故障，则启用人工系统也可以进行充气。

制动装置有液压和空气制动系统，每轮内侧均装有制动盘，制动时动轮与从动轮既可以同时制动，也可以分别制动。制动距离为70米。

车底架侧梁为槽型钢拼成鱼腹形，内侧设有用圆铁拼成的人字形支架；各横梁、中梁均用钢钣拼成方筒状，盖、底厚度不一，打有圆孔；枕梁6根分布两端，小横梁4根，中梁两根；枕梁下部两侧各有一块滑台，滑台下有一圆筒状液压减震器装在钳式扁簧上。扁簧动轮为11片一组，从轮7片一组，吊在两轴箱之上，主簧均在下部。

米其林机车动车车钩与一般汽车车钩相同。全车自重8吨，轴重0.7吨左右，功率约117.6千瓦。速度曲线半径300米时，100公里／小时；曲线半径100米时，45～60公里／小时。云南山大坡陡，弯多路险，米其林机车能在如此险恶复杂的地形地貌及路况下，达到平均时速在75公里以上，真不简单。难怪1932年6月12日云南《民国日报》在一版最显要的位置上报道：滇越铁路公司新近购到40座位新米其林机车一辆……呈贡至昆明20公里，费时13分30秒即可到达，平均每分钟行驶1.48公里，速度之快，令滇人咋舌。

米其林机车车体长16米，宽2.6米，高由钢轨面至顶部2.9米；车厢高1.96米；外墙钣为铝合金钢，两侧各设对称3层结构车窗6个，车内设19个软席座位、24个硬座，同时设有厕所、洗脸间、厨房和西餐厅，如此完整的服务配套设施，在当代列车中也属凤毛麟角。附属行李车体长3.7米，有对称车窗3对；车钩为挽钩，附有连挂用紧固螺杆，钩尾部有一缓冲圆簧，钩两侧各设一圆筒形缓冲器。走行部车轮2对，轴箱下方吊有一组扁簧11片，主簧在上，其余各部分的结构与动车相同。

从这些数据看，米其林机车无论动车组，还是分车和附属行李车，构造不能说不科学，构建组合不能说不严密，因而才产生如此动力与速度。在当时世界上是绝无仅有的，它以雄奇的身姿立于同行前列也不足为奇。

诚然，米其林机车不是普及型的，虽然它在速度、质量、配套服务设施上都十分健全，无可挑剔。但因数量少，仅此一列，加之良好的服务配套设施，便决定了它是"贵族列车"，系为达官贵人、中央、省、厅大员、铁路公司经理、副经理外出巡视的专用列车，广大民众可望不可及，不能享受这种高规格待遇。某种意义它甚至成为一种摆设和装饰，是宣扬、宣传法国高科技产品的一个活广告。

值得一提的是，米其林机车胶轮及软胎质量历60余年尚未龟裂、胶粘，外貌犹新。米其林机车能达到如此高超的工艺水准，说明当时法国已具备了强大的工业技术力量、世界领先的坚实的机械制造与化学工业基础。米其林机车不仅可以进博物馆展示其悠久的历史，炫耀其20世纪三四十年代在滇越铁路上的绰约丰姿，还可以成为现实科研的对象，一种先驱科技的借鉴。

第九章　一组“枯燥”的数据

技术设备、整备设备、给水设备，貌似枯燥的数字，却是列车运行的重要条件，不可不知。在某种意义上，它还解答了滇越铁路修筑的许多技术问题。

技术设备是滇越铁路构成的基元，虽然它不是铁路沿线的山光水色，让人饱览；也不是动人的小说故事，让你百听不厌。但倘若想对滇越铁路及百年列车作深入的了解，则这些数据为你提供了依据，而不是表象。它不是作家的杜撰，诗人的夸张，而是工程技术人员与工人一锤一铆铺就的路轨，是最客观、真实的资料。况且细细品味，还可悟出不少道理，看出不少问题。诸如滇越铁路列车为什么叫“小火车”？为什么“云南十八怪，汽车更比火车快”？通过技术设备、通过数据，也可以作出一定的解答。

滇越铁路的修筑，山大坡陡，高差大，河谷深，气候恶劣，岩石弥坚，运输困难，而当时工程技术水准不是很高。在这种情况下，法国工程技术人员与中国的数十万劳工，其中部分是技工，如石工、泥工，一起克服重重困难，经历多少险阻，解决诸多技术问题，通过发扬不畏艰险、不怕牺牲的精神，最终使滇越铁路修筑成功，不能不说是当时铁路建

开远至小龙潭之间已经废弃的铁路桥

设史上的奇迹与辉煌。难怪滇越铁路通车后，有一名资深的西方记者来到这里，面对巍巍大山、幽深的峡谷、眩目的高差、险峻的悬崖峭壁，他不无胆寒又无限感慨地说：“从风景的角度看滇越铁路沿线实在太美了，从诗人的角度看这里的景色实在太迷人了；但从铁路看，却是最危险、最可怕的。我敢说，除巴拿马运河、苏伊士运河外，它是世界的第

蛇形的线路

停放在轨道上的敞篷货车厢

道钉虽小却牵系列车安危

三大工程。”当时是否可以称为世界第三大工程，未有考证，也无须考证，但却说明其艰险度、艰难度。

然而，这种艰难在筑路过程中，随着技术设备的逐步解决迎刃而解。

1910年滇越铁路滇段建成时主要设备参数为：

轨距1000毫米。

曲线半径最大2000米，最小100米；450米以下的两端，设20米长的缓和曲线连接。曲线超高度的设置，以线路中心水平点为标准，钢轨内股降低，外股升高，降低与升高数各为超高度的一半。曲线总长274.4公里，占正线全长的59.1%，占一半以上。

直线最长是碧色寨至大庄站间，为8876米，可谓凤毛麟角，其他地段再无此长度之直线。特别从芷村到河口间一百多公里长的路段上，基本没有一小段直线。从车尾到车头看不到透视点，人们随时看到的都是犹如龙蛇腾挪时左盘右旋的列车身躯。

最大坡度25‰，不包括曲线折减，分为4个区段。第一区段河口至腊哈地间，正反方向均为15‰。第二区段腊哈地至开远间，腊哈地至芷村正反方向25‰，反方向15‰；芷

搭在钢轨上的车轮

钢轨、枕木、道钉构成了悠远的铁路

道岔扳手

村至开远正反方向15‰，反方向25‰。第三区段开远至宜良间，正方向均为15‰。第四区段宜良至昆明间，宜良至水塘正方向25‰，反方向15‰，水塘至昆明正方向15‰，反方向25‰，同时，在25‰坡度地段每隔4公里处设置100米长的缓和平道。

其实，滇越铁路轨距、曲线半径、最大坡度的设计、设置，都是因地制宜的，便于云南山地列车运动。云南山大、坡陡、弯道多，技术设备不如此要求，就不能解决列车运转问题，特别是相对高度大时，如果不采取延展线路、加大弧线的办法，则一台台“天梯”，列车实在难以跨越。加之在百年前，工程技术含量不是很高，不可能像如今一样大规模打出穿几座山的隧道，架高数百米的“天桥”，因而一般情况下只有沿山箐河谷绕行，自然呈现“大弯套小弯，小弯弯不断”的状况。同时铁路的轨距、曲线半径，最大坡度都得按山体的实际状况设计施工，来不得半点夸张与虚构。在这种情况下，为了保证行车安全，机车得控制速度，因而有力无处使，有力不能使。同时，又因各区段间坡度大，机车上行力已基本达到极限，速度上不去，自然出现“火车没有汽车跑的快”的现象了。另外，轨距的设置是为了车身小，便于弯道多的山路上行驶，米轨和准轨自然不能同日而语，人们称滇越铁路列车为“小火车”也是很自然的事，更不用说6寸轨距的个碧石铁路列车了。

滇越铁路钢轨为法国制造的vign-1e型，左右两股钢轨接头是相对式，标准长度每根9.58米，每一米重25千克。

道岔为25公斤型8.3号拼装式单开岔道，全长19.166米，岔长正好是两根钢轨之长度。

轨枕全部采用钢枕，长度1.8米，最小厚度7毫米，轨座7毫米，轨座部位设有1/8倾斜度。每根重36公斤，每节钢轨下铺12根，枕头下弯能嵌入道床石碴内，钢轨与钢枕的连接使用三种型号码扣铁，以调整曲线地段轨距的加宽，

滇越铁路上的给水站

个碧石铁路列车车厢

乡会桥民居留下的个碧石铁路变压器

又有重量轻、防爬性强、轨距不易变化、使用寿命长的特点。

道床断面顶宽2.8米，底宽3.4米，枕下道厚度0.3米，边坡1:1.5；路堑土质地段顶宽4.4米，石质地段顶宽3.4米。道碴为3至5厘米石灰岩碎石，如此，做到了因地制宜，按材使用，又保证了施工质量。

桥梁有石拱、钢梁两种结构。石拱桥的桥拱为半圆形，孔跨分5米、6米、10米、15米4种。钢桥孔跨亦为4种，有8米、10米、30米、51.5米之分，其中8米孔跨的箱式钣梁配钢塔架桥墩，用于多孔高桥，如白寨大桥，即为该结构的钢桥，也是滇越铁路上全段最长的17孔8米的钢桥。10米、30米、51.5米孔跨钢梁一般则用于单孔石砌墩台桥，但跨越南盘江上的小龙潭、糯租、禄丰村、狗街的4座桥梁灵活处理，为钢梁与石拱混合的大桥。波渡箐至倮姑站间K111+950处，由于地势险要，一夫当关，万夫莫开，而采用肋式三铰拱钢梁桥。该桥因形似“人”字，人们称之为“人字桥”。全段共有桥、涵3422座，跨长5000余米。

隧道，当土质、石质松散地层，一般采用五心圆全衬砌拱圈，在坚石岩层采用一心圆无衬砌，其他情况则视不同地层采用三心圆全衬砌或半衬砌。全段共设隧道155座，长17.864公里，占正线长度的3.9%。其中波渡箐至倮姑站间高差大、弯度大，两站隔涧相望，需绕行14公里，隧道最多，有28座，长3.7公里，为站间长度的26%。全段以巡检司至西扯邑站间K270+809处隧道最长，为587米。而隧道限界高5.0米，起拱线处宽4.4米，底部宽4.1米。

车站共有34个。一等站昆明，不包括正线，设站线5股，站坪长700米；二等站开远，不包括正线，设站线3股，站坪长600米；三等站腊哈地、芷村、盘溪、禄丰村、宜良、可保村等，不包括正线，各设站线2股，站坪长400米；四等站24个，不包括正线，各设站线1股，站坪长350米。此外，因碧色寨系滇越铁路滇段货物运输的中转枢纽、物资的重要集散地，故定为特等站，设有海关。河口设有海关分关。特等站上各种商业服务设施齐全，物资中转运输频繁。各站站间距离，小龙潭至巡检司最长，为20.5公里；落水洞至芷村最短，为8.4公里；其余均在10公里左右。各线

枕木尺寸、轨距是铁路列车的重要技术参数

滇越铁路白寨大桥

股道的布置均为横列式。

机车采用轻重两型。轻型2–2–0牵引力3.6吨，动轮牵引重量在坡度25‰的线路上时为70吨，坡度在15‰的线路时为150吨；重型2–3–0牵引力4.8吨，动轮牵引重量在坡度25‰的线路上时为100吨，在坡度15‰的线路上时为200吨。

车辆分客，货两类。客车长14米，货车长6.6米，载重10吨。

机车车辆限界高3.9米，宽3.06米。

机车给水共设14个站，开远、昆明两站为双缸水塔，其余各站均为单缸水塔。水塔为4.25米直径圆柱，柱顶支承一个30立方米的圆形钢铁储水柜。

滇越铁路建路初期，直至五六十年代，全段无固定信号设备，以手信指挥行车。沿线架设通讯线路2条，各站设有电报机办理站间闭塞、行车联络及长途电报。

机车车房为钢桁屋架，石棉瓦屋面。站房、生产用房均为砖木结构，红顶黄墙，法式扣榫瓦叶，在翠碧的万山丛中，色彩鲜明夺目，不啻为一道靓丽的风景线。百年后的今天，昔日的站房不仅式样、色彩丝毫未有改变，沿途的许多小站仍将它们留作办公之用，成了滇越铁路上的一大特色。生活住房建筑标准不同，法国人员的住宅除开远有一幢3层楼外，其余各站均为2层楼。一般室内装修为瓷地板花砖，砌有壁炉；楼外设有厨房、花园及围护栅栏，风格典雅，风情别具。中国籍、越南籍员工住房均为平房，面积也小得多。但与附近贫穷落后的村民住宅相比较，差距之悬殊，无从比拟，铁路员工仅自来水与电灯的使用在滇越铁路沿线，乃至云南，至少超前了50年。

如此等等，这些数据貌似枯燥，但却反复证明滇越铁路滇段修筑设计施工的合理性、科学性，证明该工程在当时确是因地制宜、精密设计的典范。诸如：曲线半径在450米以下时，两端设20米长的缓和曲线连接，解决了曲线旋转缓冲问题；道岔的长度正好是两根钢轨的长度，具有拆铺方便的优点；轨枕全部采用钢枕，且限制了长度、厚度，不仅重

机车转盘

个碧石铁路列车在行进中

废弃的铁轨

量轻、防爬性强、轨距不易变化、适应曲线半径小的路段，且因滇越铁路沿线大多属亚热带气候，多雨潮湿，白蚂蚁繁殖旺盛，因而采用钢枕可以防腐、防潮、防蛀，提高使用寿命。“人字桥”钢梁及钢塔架桥墩杆件长度、重量的限制，利于山区运输与架设，为工程的顺利进展奠定了坚实基础。此外，特级车站、一级车站的定位，水塔单缸、双缸的配比，大量“烧红土”代替水泥的使用等都说明滇越铁路修筑，在设计、施工建设上的严谨、严密、合理，以及工程技术人员大胆的开拓创新精神。

滇越铁路的轨距、曲线半径、最大坡度、轨枕、桥梁、隧道、机车、车辆等，有的设计、设置是常规性的，如1000毫米轨距，在当时世界铁路列车中并非独创，不少国家和地区由于原因种种，也有用此轨距的，它属世界各种铁路列车轨距之一。有的设计、设置则是特定，因地制宜的，诸如最大坡度、轨枕、“人字桥”钢梁，钢塔架杆件长度限制等则专为滇越铁路的特殊情况而制定。但无论常规设计、设置，或是特殊设计、设置，这些技术设备要求都较符合云南山大坡陡的地理条件，也符合当时铁路修筑中攻坚的技术最大极限。米轨滇越铁路的建设，按云南山区的实际条件，宛若量体裁衣，最合适不过。如果要求过高，如建准轨，可能因为技术力量、不可攻克的地理障碍等原因，可能事倍功半，甚至导至“流产”。

百年过去了，随着社会的进程发展，对滇越铁路的某些技术设备作了局部的补充、修改，有的甚至作了重大改建或新建，如昆明站（省府站）移至北站，特级站碧色寨车站的衰落，新建小龙潭大桥，新建开远站北场，扩建开远站南场，由蒸汽机车动力全部转型内燃机车牵引等，这是新社会、新世代的伟绩。但滇越铁路大局未变，主动脉依然，这是由于当时建筑设计遵循的科学、合理原则。与此同时，百年后的今天，也不能不承认当时西方社会科技文化、工业基础走在前面，以及工程技术人员的实事求是和开拓创新精神。

乍甸车站的给水鹤

在蒸汽机车时代，给水设备是重要的一环。

水，是蒸汽机车的主动力。水、水蒸气是它唯一的动力，没有水蒸气对活塞的推动，就不可能有铁路列车运行。给水站与“自来水”网管的配置是蒸汽机车时代铁路上不可或缺的重要设施。

滇越铁路列车的开通运行，不仅改善了云南交通，且使铁路沿线有了“自来水”，云南成为全国最早使用“自来水”的省区，即一百年前就使用“自来水”的省区。

滇南个碧石铁路个旧到鸡街段上，自1988年客运停运、1990年货运停运至今，道路犹存，但一节节完整的钢轨却淹没在蓬蒿丛草之中。

在停运良久的鸡个线上有个乍甸站，虽然荒芜的站台由石缝中长出了衰草，站房屋檐挂满了蜘蛛网，门扉有的已经坍塌，但车站正线两端还屹立着完好的两座水鹤，昂首挺立。往昔，给水站、水鹤在滇越铁路、个碧石铁路百年运行中，为蒸汽机车的启动、运转起了特殊的作用。如今，物是人非，在400余公里长的滇越铁路及近200公里的个碧石铁路上，由于1978年后改用内燃机车，结束了长达68年的蒸汽机车史，因而，给水站、水塔的功能仅限于生活用水，水鹤则已为历史陈迹。又因在长达数百公路的滇越铁路、个碧石铁路线上，其他站上的水鹤，由于原因种种，早已荡然无存，惟乍甸站的两座依然鹤立，更显其弥足珍贵，不能不令人倍加呵护，并且希望能受到有关部门的重视。

作为滇越铁路滇段配套建设的一个部分，给水站、给水设备的处理安排早在考虑之中。各站的水源来自3个方面：溪流、山泉、龙潭的天然水；自建深、浅井的地下水；向路外城镇购水。其中省时、省力又节约开支自然是前者。

为保证供水需要，一般情况每个站上均应设有集水、泵站、水塔、管网、净化消毒设备、水鹤等。特殊情况下也不一定非要齐备，如有的地方山泉长年流淌，自流式水源充足，又位于车站高处，因而泵站便不在考虑之列。云南多山，滇越铁路或个碧石铁路列车车站不少是建在大山的山腰或山脚，因而许多车站树深林密，浓荫覆盖，泉水叮咚，溪涧萦绕，环境优美，有列车与车站员工取之不竭、用之不尽的天然泉水，同时为给水站、给水设备的建设提供了便捷之道，既节约资金，又省去许多麻烦。铁路沿线车站的自来水，都经过人为的多番处理，如设泵站、建水塔、架管网、净化消毒等。

水鹤是供水给机车的主要设备。它是一根呈“r”形的、高4.5米至5米，直径30公分左右的钢管，外实中空，靠顶部有一根稍细的管子伸出来，如手臂平伸，似鹤嘴高扬，可旋转360度，机车前后左右均可汲水。人工开闸，闸口大多为转盘式，扭开闸门，如注的水流便通过鹤柱上灌而从鹤嘴淌下，淌到蒸汽机车的蓄水箱或煤水车里，部分作列车饮水用，大量的作烧蒸汽用或与煤掺和助燃。水可以灭火，也可以助燃，分解后的水分子可以释放氧气，让炉火烧得更旺。

原滇越铁路滇段的给水站有昆明、水塘、宜良、徐家渡、西耳、西扯邑、开远，大庄、碧色寨、芷村、倮姑、湾塘、腊哈地、老范寨14个站，装有水鹤27个。这些站都有蓄水池，其中昆明、开远、芷村的容量为60立方米，其余均为30立方米。1943年至1953年，滇越铁路昆明到芷村间的给水站有所增加，共设16个；而芷村以下到河口间的给水站，因抗日战争拆除碧色寨至河口的线路而停止使用。1958年碧色寨至河口修复通车后，除原有给水站外，又增加了落水洞、波渡箐，白寨等给水站，于是芷村以下共有11

米轨客车车厢

钟、表、电话、哨子，物虽小，却是重要的行车设备

个给水站。寸轨个碧石铁路1935年蒙宝线有碧色寨、多法勒、蒙自等14个给水站，鸡个线上有乍甸、石窝铺、7号洞、个旧4个给水站。

个碧石铁路7号洞并不是车站，也设了一个给水站。为什么要设一个给水站？因石窝铺到火谷都站间，特别是7号洞一段洞口两端相对高差大，7号洞隧道又长，当火车上行猛冲出洞后，所烧蒸汽已基本用尽，而后边要抵达火谷都车站还有至少5公里的陡坡，怎么办？只有停下来给水、加煤，停一二十分钟后开足马力再继续前进。半路上停车休息，在临时供水点加水、加煤，也许是云南“小火车”特殊现象之一，这种情况在滇越铁路上屡见不鲜，可惜“云南十八怪”一直未将它收录进去，是否可以加一怪：云南十九怪，火车需要中途停下来。

1958年，滇越铁路碧河段修复通车，当时正是“大跃进”时期，滇越铁路是云南经越南与省外、国外联运的唯一铁路线，加之“浮夸”和“激进”，铁路运输量大幅度增长，供水能力大大满足不了运输需要，新建、扩建、改造旧的给水设备势在必行。于是，凤鸣村、徐家渡等站由自流式水源改为取用河水，可保村站由浅井改用河水。取用龙潭水的有盘溪站，罐车运水改用电泵汲取南洞阴河水的有大塔站。此外，开远站1966年、1978年、1984年分别打深井3口，建水泵浅井1口，鸡街打深井2口，宜良由浅井改泵用江头村河水。这些举措都得到中央的大力支持，通过水电部对滇越铁路沿线给水站进行大手笔的扩建，改造活动，逐步解决了历史遗留的陈旧的铁路生产生活用水问题。1986年至1990年，铁道部再度拨款279.6万元，解决云南边远地区小站工区用水难的问题，加上自筹款48.4万元，于是在原有的基础上，给水问题又向前大大地跨越了一步，各站间给水设备得以增加和完善。给水站有两大方面的用途：其一，供给蒸汽机车烧取蒸汽的动力用水及与煤搅拌增加氧气助燃。其

个碧石铁路涵洞

鸡街车站铁轨交汇

碧色寨铁路职工家属付存仙

二，机车、车辆员工，乘客及站上职工家属的生活用水。

20世纪二三十年代的云南，无论城镇、乡村，人们饮用水除靠山泉流淌引渡，就是于井中提取，或到陡远的山间龙潭背挑。为水，许多僻远的乡村演绎出多少悲剧。

到1990年底止，米轨铁路滇段给水站、给水设备上了一个新台阶，给水设备有415组、座，其中水源设备67座，贮水池5座，配水设备63座，上水设备273座；给水管道162375米；水处理设备117座；扬水设备259台（面）；开关控制设备77面；工业泵91台，深水泵9台，潜水泵18台。给水固定资产达635万元。

滇越铁路开通，沿途各站水塔、水鹤的建立，不但解决了蒸汽机车及车上乘客的用水问题，同时也解决了站上职工家属的用水问题。那时在云南城乡，滇越铁路的员工是最先用上“自来水”的，其先进与文明，从点滴之水便可觅见一斑，用水之方便让村民羡慕，“自来水”之稀奇让乘客惊讶。50年代，家住铁路沿线农村的小孩，每当到小站乘车，总先到生活用水的自来水管口放水品尝，然后伸过头去浇得满头水湿淋漓，一湿方休，方解对自来水的钟爱。同时内心

勘测用的法国钢卷尺

勘测线路用的法国巴波德2455水平仪

也产生一种莫名的感慨，哪一天村里能用上这样的“自来水”呢？在50年代的云南山村，这个问题显然是可望不可及、可想不可成的，直到80年代以后，随着改革开放的深入发展，农村面貌得以改变，农民生活有了提高，农村山区用水（自来水）、用电（电灯、电泵、电碾）、科学种田才逐步落实和改善。

如今碧色寨车站上住着的付存仙大妈，20岁时从蒙自山区来到碧色寨车站，嫁给一个养路工，16年前她老伴已经过世。流逝的岁月抹不掉她脸上的沧桑，银鬓丝丝在徐风中冉冉飘动；脸上深沟似的皱纹，犹如老树的年轮清晰可辨。数十年的铁路经历，为她储存了一肚子的故事，絮絮叨叨，永远也讲不完，记得某年某月滇越铁路上，特别是碧色寨车站上发生的任何一件事，甚至可以说付大妈就是一部活字典。笔者曾经多次采访过她。当谈起“自来水”时，她兴致勃勃地说：“开始使用自来水时，我感到十分新鲜，奇怪，一根铁管插在地上，管子头有个小扳手，一扳，水就流出来了。用起来倒是挺方便的……太方便了，吃水又不用钱。水就在门口，洗衣服、做饭，想放（水）就放，想洗（衣）就洗，自由极了。那时村子里边的农民喝水都得到一两里路的龙潭去挑，有的在村里打很深的井提水。妇女提水难哟，力气小，大多数又是小脚婆娘，哪提得起近20公斤重的一桶水。有一次，碧色寨车站旁边的龙头寨村，有一个中年婆娘(滇南对中年妇女或已结婚的女人之称谓)，因老倌（对丈夫的称谓）赶马出门，半月未归，一个人挺着个大肚子还到井里提水。可能已近临产，提水时猛力一挣，肚子疼了，胯下流血，桶掉到了井里。这个妇女连回去的时间都没有，就在井旁生了个胖小子，后来取名叫‘井生’。在其他来挑水的人帮助下，脱衣服包裹了孩子，并把她一起抬回家，才安然无恙。好险，为提水险些送了大人和小孩的性命，也是‘吉人自有天相’。”讲到这里，付大妈顿了顿，说：“不好意思，话扯远了，耽搁了你们的时间，不过说来说去还是站上的自来水好。”说话间未免喜形于色，甚至还有一种自豪感。这里仅举一例，其实在车站工作多年的老职工，一提到“自来水”，都无限感慨，似乎有许多话要讲。

1978年以后，随着牵引动力内燃化的实现，机车用水量大大减少，给水亦随之变为以解决职工生活用水为主，因此，滇越铁路滇段区间补水点先后拆除，而重点放在兴建职工生活用水给水站，即重点解决“自来水”的保障供给与水质问题，努力提高职工的用水质量。

整备设备是铁路的重要配套设施。整备设备是列车运行的辅助设备，但却是重要设备。没有它们机车就不可能在铁道上正常运转、奔驰。从滇越铁路1910年通车至今整备设备有着几个大的阶段性的变化，即1910年、1918年至1936年，1950年、1957年、1990年，它反映了一种时代与社会的进步。

滇越铁路建路初期，在昆明，宜良、盘溪、开远、碧色寨、腊哈地等6个站设有直径为16米的转车盘。昆明南、北站设有三角线供机车转向用。在1918年至1936年间，滇越铁路全线共11个车站设有煤台，3个车站设有灰坑，6个车站设有转向设备，其中三角线5处，转车盘1处。因地制宜、按需分配、合理利用是滇越铁路整备设备安置、配给的初衷。

1950年，因机构及机车变化等原因，这些转盘、三角线、煤台，有的拆除，有的迁移，有的停止使用。这些都是机车运行、逆转的辅助性设备，却是必不可少的设备。但是，在1957年以前，滇越铁路机车上煤、上水，上油、上砂等整备作业，大都停留在原始落后阶段，全是人挑肩扛的体力活。早期的铁路员工，搬运工占了近半数，曰“固定工”；活儿太多时还从附近农村招聘“临时工”。农闲时节，很多乡下的男青年成天就蹲在车站上等候活干，以便找钱帮补家用，甚至成为他们赚钱的主渠道。当时机车转向虽有转车盘，但仍需人工推动。总之，整备设备呈半机械化半体力劳动的状态，生产潜力不高，生产力不大。

1957年以后，为了适应社会发展需要，改变既往落后的作业方式，铁路局各段积极开展了以减轻体力劳动为主要内容的技术革新和技术革命活动，于是技（技术员）、干（干部）、群（工人群众）一心，群策群力，使不少作业得到改善。如机车转向由人推改为风动，以后又改为电动；机车上煤改为履带输送、行车吊装，继后改用抓煤机；机车上砂也改为风动。70年代以后，列车实现了一个大的飞跃，蒸汽机车改为内燃机车，整备设备也随之发生大变化，从卸油、上油、贮油、烤砂、冷却水制作供应等各道工序都实现了机械化，设备通过能力到1990年时既满足了当时运输的需要还有一定的富余。在滇越铁路各机务段中，开远、宜良机务段整备设备变化较大。

光阴荏苒，滇越铁路建路伊始，至今已近百年，当时诸多的整备设备，大多已被拆除、停用或改造，但是，在芷村车站右侧，还完整地停放着一盘转车盘。芷村，是过去滇越铁路上的三等小站，但它完整地保留了一套老式的转车盘。如今，转车盘四周杂草丛生，野花点点，那生命力极强的山茅草，长有近一人高。冬季，色彩有些焦黄，但一丛丛，一棵棵，全然没有就此衰败殒落的的迹象，它与四周的杂木、刺蓬像城防的卫士、山寨的护丁，紧密地包围着转车盘，让人欲进而难以寻到路径。平时这里“死”一般的寂静，倘有生机，则是列车来时的呼叫、瑟瑟的风声与草丛中山雀的叽叽喳喳。

每当列车经过，人们从车窗里探头望去，转车盘像一盘平铺地上的巨钟，圆圆的转盘，周围有七八条轨道像放射状沿周边向四处放射。中间的转车架以圆心为支点，像大钟的时针与分针正反相对时般笔直。在永恒的宇宙与大自然中，芷村转车盘虽跨逾了百个春秋，沐浴不知多少风风雨雨，又经过多少骄阳的暴晒，但转盘的钢铁不朽不腐，在金色的阳光下，还放射出湛蓝色的光彩。当人们拨开茂密的野草，一步一步向它挪近时，总情不自禁地要试一试转车盘的灵动性。奇了，只要一个人轻轻一推，停车架便慢慢移动旋转起来，其钢材质量之优，转盘结构之精密，轮轴传动之灵活，令人不敢相信它已建设百年，停止使用已二三十年，已是垂垂年暮的“百岁老人”。与之相类的还有位于波渡箐与倮姑站间的“人字桥”和位于湾塘与白寨间的白寨钢塔架桥墩高架桥，这些桥梁都是久经考验的已近百年的钢梁结构建筑。要知道，它们一根钢材、一颗镙丝至今都还未更换过。

其实，对于滇越铁路上的许多小站来说，还有许多历史事件及历史事件以外需要保护的东西，诸如废弃的蒸汽机车头、法式火车站台、站房、法式酒吧、法式子母钟、水塔、水鹤……这些东西，只要拂去它的尘埃，稍微加以清理，便会焕发迷人的光彩，让人体会到现实与历史链接的美好感受，同时也会品味一段历史的苦涩与芳香。

"古为今用"，"洋为中用"。

当历史进入21世纪，西部大开发及建设云南民族文化大省、旅游强省之际，沉淀了近百年历史的富有独特魅力的"窄轨"滇越铁路，如果将其开发出来，其间秀丽的自然风光、沿途独特的民俗风情，加之许多古老的法式建筑车站、青砖红瓦的站房、古典高雅的法式子母钟、机车转盘……必然是一条流动的风景线，一条旅游的"黄金要道"，其显示的又是另外一种价值，一种埋藏在"旧"中的潜在价值。

个旧车站的给水鹤

第十章　中越古道与红河

中越古道，指昆明、蒙自到蛮耗间的陆路马帮运输线及蛮耗到越南海防间的红河水上运输线。

在蒙自开关前，云南早已有着一条通往国外的马帮运输线——中越古道；而在蒙自开关后，这条马帮运输线与红河水运有机相融，形成一条重要的、唯一连接的水陆联运通道。

中国与越南山水相连，两国人民早有贸易往来。

远在汉朝以前，内地商人就不断探索一条取自四川西昌，渡金沙江，经大理、保山、腾冲，进人缅甸，到印度，再延伸到大食的“蜀身毒道”，后来有学者称之为“西南丝绸之路”。千百年来，在这条商道上，无数商队赶着驮运丝绸、宝石和各种货物的马帮往返于大理、保山、腾冲等地区，到缅甸、印度、巴基斯坦、伊朗、阿富汗等国家。尤其元、明以来，古商道上珠宝玉石贸易大规模兴起，这条丝路古道更显得繁忙拥挤，常有七八千匹骡马载货运行其上。

而东南亚、南亚的运输，除经保山、缅甸外，还有一条重要通道——即中越水陆通道。唐朝樊绰所著《蛮书十卷》曾记载，公元七世纪到九世纪，有一条从昆明经蒙自到越南河内的水陆联运古道。该古道起自云南昆明，经晋宁、江川、通海、建水、蒙自至蛮耗为陆路，畜力驮运。蛮耗为中转码头，是联系陆路

马帮道路过上乍甸村龙潭一侧

与水路的枢纽。由蛮耗下水，属水上运输，沿红河经河口，进入越南老街，过河内达海防为水路，木船运输，全程约31天。再由海防港海运抵中国上海、广州、香港各港口，以及东南亚、南亚、欧美。《永乐大典·站赤》记载，元代云南行省沿途重要驿站，滇南有"临安路马站6处"。临安，即今建水县，马站6处指通海、建水、蒙自、蛮耗等地。由中庆府昆明南下经蒙自入安南，至今越南北部、中部及东南、中南半岛地区，这是一条国际驿道，即中越古道。

中越古道陆路运输以马帮驮运为主。从昆明经江川、通海、建水到蒙自段，除晋宁到江川、通海到建水有两段山箐陡坡外，一路上山体不大，坝子较多，物产丰富，道路易行。但蒙自以下到蛮耗则不然，这里山大箐深，坡陡林密，海拔高差大，是中越古道中陆路最难行的部分。从蒙自直达蛮耗路程51公里。从个旧到蒙自，再到蛮耗为100公里。如

马帮道上的马蹄印

中越古道上行进的马帮运输

不经蒙自直达蛮耗则为80余公里。蒙自、个旧、蛮耗往昔形成了“△”的马帮运矿驿道。19世纪末20世纪初，个旧锡业极其兴旺时，在滇越铁路开通前，靠的就是中越古道上的马帮运输。为了运输便捷，不少时候个旧大锡的外运就不经蒙自，而径自直插蛮耗。同时，又因个旧大锡是云南重要的出口物资，在外贸中占有很大比重，因而，经斗姆阁至蛮耗的驿道运输就显得格外繁忙。

既往矣，如今这一带已物是人非，但仍可觅见昔日古道的斑斑痕迹，并引发人们无限的遐思……

一条不太规整的石头路，高高低低，参差不齐，随着山势的起伏走向，在山坡与树林之间时隐时没，延伸向连绵不断的大山深处、沟壑之中，穿过或繁华或贫穷的村镇，最后落脚蛮耗码头。地上的石头已经很苍老了，大多被年深日久的风雨洗刷和马蹄践踏打磨掉尖锐的棱角而变得光滑平整，马脚着力最多的地方甚至被践踏出一个个深深浅浅的马蹄形窟窿，成了千年古道无可辩驳的有力证据，被称为“马蹄印”。一块块铺路石因长年无人走动大多长满了苔藓，两旁有灌木丛与衰草，悠闲地静卧在山坡上。有的路段邻近村寨，但早已废弃不用。路面的石板条已被村民撬走作了房屋基石。道旁已逾千年的高大的文子果树，树叶、树皮几乎脱落殆尽，甚至树心都空了，然苍劲的树干还坚韧挺立于古道旁，任凭风吹雨打，日晒霜冻，无言地陪伴着千年古道，证明昔日曾经有过繁忙喧嚣，既悲凉，又壮美。人们习惯把这种山坡小道叫“秦五尺道”。据说秦始皇在位时，为便于统治中国，便于出巡，也便于商贾往来，通令一律将道路修为50步宽的行车大道。但修到云南时，因山高水远，坡陡崖奇，只有改修五尺道。窄窄的五尺道，不少地方两马并行或相互交错均感困难。

蒙自到红河一带是哀牢山与乌蒙山交汇的地方。从个旧、卡房冲直到红河边的蛮耗是一条南北断裂带。受印度洋海风及红河的影响，这里终年气候湿润，雨多雾大。斗姆阁、黄草坝一带，清晨起来到10点以前，往红河边望去，只见云海茫茫，阔无际涯。从个旧经卡房到斗姆阁，一路沿山涧，傍小溪，缓缓而下。但斗姆阁之后则进入红河峡谷，真乃一落千丈。笔直的大山坡面近于90度，让人目眩，使得马帮小道不得不呈“之”字状斗折蛇行。个旧到黄草坝直线距离三十余公里，个旧莲花山海拔2740米，黄草坝海拔仅150米，落差2590米。其中斗姆阁到黄草坝直线距离仅10公里，海拔落差却在千米以上。蛮耗镇与黄草坝同在红河岸边，相距不远，并在下游，海拔落差、温差都不在黄草坝之下，可谓“清晨个旧穿毛衣，下午蛮耗脱剩皮”。个旧年平

蒙自鸣鹫的古驿道

均气温18度左右，是不亚于省会昆明的又一春城，而蛮耗夏季气温常达40度。这又再次证明了云南的立体气候与“十里不同天”的特殊自然景观。

这一带是热带、亚热带地区，炎热湿润的气候最适宜于各种植物生长发育，原始老林的植物繁多茂密，物竞天成。婀娜多姿的董棕、雍容大度的油棕、古生代的树蕨、被誉为“活化石”在世界上作为重点保护的濒危植物苏铁，在红河岸边都应有尽有，是云南植物王国中的一个“小王国”。林深处，硕大无朋的乔木遮天蔽日，让人不辨东西。一年一度凋落的树叶，经雾罩雨淋后，零落而松软地厚积于地面上。

马帮在原始森林中行进常常遇到一些意外的惊险，豺狼虎豹的出没，碗口粗的蟒蛇挡道，前不着村、后不着店的风餐露宿。更残酷的是雷雨天，灰暗的天空，瓢泼的大雨，刺骨的山风一起从半天里无情地砸下来，在山顶、山谷中旋转、怒吼。呼啸的山谷发出海潮般的吼声，似乎要将行进在深山里的马帮撕裂。马哥们只有将蓑衣搭在马驮上，自己则找石罅缝隙或树根遮风避雨。可怜的马匹却只能站着任风吹雨淋了。大雨过后，马帮继续前进，但泥泞的山路走三步滑两步，立翻筋斗、跌跤是常有的事。

夕阳西下，古道上逶迤前行的队队马帮很累了，马匹“呼哧呼哧”地喘着粗气。赶马人也很累了，脚软筋酥地跟在马后艰难行进，偶尔还要吆喝一声贪吃青草或吻汲清水的马匹。他们个个袒胸露腹地披着坎肩，有的干脆将外衣系在腰上，有的则不断拉动衣角擦抹脸上不断流淌的汗水。中午时分，大家还有说有笑，下午过后则已精疲力尽，懒于开口了，就连马帮中的管事大锅头、二锅头也显得有气无力，只盼着趁天黑前赶到目的地。此时寂静的山谷，除了徐徐的风声，便是有节律的“咚咚”的马蹄声及马脖铃声。

夜幕降临，旧街子的几十家马店、饭馆听到山风里隐隐传来的马铃声顿时喧嚣起来。老板指使伙计倒好烟筒水、饮

蛮耗码头遗址

红河鸟瞰

蒙自冷泉乡赶马人尹自荣

蛮耗老船工韦建章

马水，老板娘则紧张地将一个个赶马人连拖带拽地拉向自己的店铺，嘴里还不时讲上几句早已谙熟的故作调情的双关语：“老哥，等死老娘了！”一面张罗伙计搬桌移凳，打酒上菜。

这样的马店在蒙自到蛮耗一带很多，卡房、斗姆阁、黄木树、黄草坝比比皆是，最小的村镇也有数十家。除了马店，还伴有其他服务设施，菜馆、饭馆、酒肆、钱庄、赌场、妓院，无不记录着“古道”曾拥有过的繁荣与“马帮文化”在云南历史上的特殊地位和作用。个旧永胜街整条街有近百家马店，临街门楼下饮马，楼上住旅客，后院厢房则是餐饮及主人居住。蒙自城边上马店更是鳞次栉比，星罗棋布。滇南一带“古道”沿线不少人家系因开马店致富的。赶马人虽辛苦，但也是村镇中见多识广及首先致富者。

蒙自冷泉乡老汉尹自荣也是老赶马者，今年77岁，头发已花白。他纯朴、厚实，讲话慢吞吞的。他说他家祖孙三代均为赶马人，十来岁就跟着父亲赶马，大家叫他“马蹄蚤”。赶马是辛苦的，但收入还可以，在村里也算“中产阶级”，可以过稍稍富余的生活。由于交通便利，近水楼台，某些时候还可以吃到、用到村里别人家未见过的新东西，比如罐头、洋伞、洋油灯、洋布等。当他家率先使用这些洋货时，引得全村人都争先恐后来观看。村里村外不少人家对他家羡慕到无以复加的地步。尹自荣才16岁，就有一二十家主动上门提亲，愿将女儿嫁给小尹做媳妇。60年前的黄草坝，尹自荣俨然成了“白马王子”，有一段时间他父亲每天迎接这些特殊客人都应接不暇。尹自荣说：“每天赶马人多得不计其数，下蛮耗时驮的大多是大锡，回蒙自时驮的多半是布匹、百货。如果你想赚钱，那么一年四季总有干不完的活，同时也成年在山里奔波。”

蛮耗老船工韦建章今年已88岁，他是地道的蛮耗人，彝族。一辈子在河里翻滚，一生中除蒙自、河口外，再也没到过什么地方。然而他热爱“水手”工作，更热爱生他养他的蛮耗。长年江风的吹拂、水波的冲溅使他满脸皱纹，牙也缺了，但脸色黑里透红，当记者采访他时，他无限深情地回忆说：“那时候每天天不亮，才三四点钟，就听山腰上传来‘丁丁冬冬、丁丁冬冬’的声音，知道马帮就要到了。多呀，成百上千匹马缓缓从山上走下来……”韦建章继续介绍说：“这时蛮耗街顿时热闹起来，一缕一缕的炊烟从即将破晓的灰暗的瓦顶上冉冉升起，与朝雾混为一体，如云霞，似轻纱，变幻迷离。云雾中忽隐忽现的青山，宛若篷莱仙山，又仿佛瑶池胜境，构成了红河岸边的一道风景线。那些早起的善于拉客的婆娘与脚勤手快的伙计忙得不亦乐乎，恨不得用合口的饭菜、舒适的住宿将赶马人腰包里的钱掏光殆尽。马帮卸下的货物不等停留，急不可待的搬运夫早将它们迅速装到已沉睡一夜的上百只木船上，只等一声令下，便百舸竞渡，顺流远航了。除了雨季江水暴涨，风大浪急，装卸不便稍有耽搁外，极少有货物转载过日的。其中仅停留江边随时负责运输的船只就有近千只。”

蛮耗码头遗址

从蒙自开埠通商至滇越铁路通车前，中越古道一直是云南物资外运、个旧大锡外运的唯一通道。20世纪初叶，当整个大西南还处于蒙昧封闭状态，云南蒙自已经用上洋烛、洋火、洋伞、洋铁桶、洋瓷缸、洋灰，喝上洋咖啡了。这时期，蒙自关的外贸总值独占鳌头，占80%以上，1910年达到83.9%。这年刚好是滇越铁路通车年。承担蒙自关外贸运输的滇越古道，年均进出口量达2.1万吨，清光绪三十三年（1907年）竟达5.7万吨。之所以有这么大的运输量，乃因滇越铁路修筑过程中，不少从外国进口的物资、器材由河口入关后，经水路运到蛮耗，再由马帮驮运到铁路施工沿线。

1905年是马帮最多的时期，数量达3万多只。从蒙自到蛮耗仅51公里的路程，从个旧到蛮耗为70公里，每天行于山路驿道的马匹络绎不绝，首尾相衔，连绵数十里，一般情况都在1万匹以上。

云南有着特殊的地理条件和人文背景，在山大箐深的情况下交通往来实为不易。数千年来，在滇越铁路，以及后来修建的贵昆铁路、南昆铁路、各种等级公路开通以前，“马帮经济”“马帮文化”繁荣至极并独领风骚，“南方丝绸之路”“茶马古道”“中越古道”，以及行进在这些古道上的马帮，一定程度改善了云南交通闭塞的状况，加强了云南同省内外、国内外的交流与联系，促进了云南广大地区经济社会与文化的发展。云南民族文化绚丽多彩，各民族文化相互交融又各不相同，唯有一种文化贯穿于各民族文化之中，它就是“马帮文化”。云南马帮于1989年最后在滇西古道上彻底退出历史舞台，从此消失在云岭群峰之间，成为历史的痕迹。

在蒙自开关和滇越铁路的筑路过程中，中越古道的陆路马帮运输与蛮耗的水上运输，就是这样行色匆匆地扮演着自己的角色，默默地完成着自己的历史使命。

红河是当时云南惟一可以对外通航的水路，水上行船浪大滩险，有“一日上一丈，云南在天上”之说，但阻止不了海内外商贸队伍的往来。

蒙自开关、蛮耗设分关以及滇越铁路的修筑，这种对外开放的情势，使得中越古道从未有过的紧张繁忙，并首先引发了它们自身的崛起和繁荣。高原码头——蛮耗为其中之一，得以瞬间变为一颗闪亮的明珠。

蛮耗，位于滇南重要城市个旧之东南部，距个旧市区直线距离84公里。原为蒙自管辖，叫蛮耗，1977年划属个旧后改称蔓耗。然而，人们一向习惯写为蛮耗。

蛮耗，位于红河北岸，靠红河之滨而建，海拔150米，属较低洼的河谷城镇，年均降雨量1274毫米，年均气温30余度，全年无霜，光热资源丰富，是云南热作区之一。

蛮耗镇区仅0.2平方公里，有街道一条，六百余户，四千余人，除汉族外还居住着壮、彝、傣、苗、布依、哈尼等少数民族，主产稻谷、包谷、甘蔗、水果。在漫长的历史岁月里，红河沿岸低热河谷地带一直被当作“瘴疠之地”，给人“下蛊”之地，被视为畏途。蛮耗即为红河峡谷边上一个鲜为人知的边地小村寨，与云南其他的乡镇比起来，一点不特殊，甚至普通不过。

然而，翻开历史册页，千百年来，蛮耗一直是内地通往中越边境的要津，中国云南著名商埠蒙自至越南老街、海防的必经之地。清咸丰、同治年间，已有广东商人在蛮耗购地建“码头”。清光绪十五年作为红河航运起点的蛮耗，成为清政府蒙自海关的分关对外开放，随之成为云南对外贸易的重要口岸与滇南水陆联运的中枢。航运外联香港地区以及越南，陆路内通蒙自、个旧、昆明，于是很快发展成为云南少有的外来流动人口达万余人的繁华城镇。

蛮耗码头背靠蛮耗镇。红河全长1200公里，蛮耗至河口长97公里，上游多急流险滩，风高浪大，行船危险；下游水势平缓，可四季通航。河床旱季最宽处百余米，最窄处20余米；雨季最宽处500余米，最窄处50余米。平均宽40米，水深2.4米。从蛮耗起至河口有着天然的水上运输条件，以至潮起潮落，造就了繁忙的红河水上运输及蛮耗镇的崛起。

沿着中越千年古道，站在红河北岸的高坡上，只见红河以奔腾的气势，浩渺的烟波，蜿蜒南流。两岸青山耸峙，逶迤连绵，异峰突起，雄奇峻伟，千百年来，孕育了多少生命与希望，谱写了无数人与自然争斗的壮歌。在这高渺的苍穹之下，恒定如斯的自然面前，人们才会感到自己的渺小与生命的短暂，同时也才感到人的意志和生命的力量。

清光绪十五年（1889年）七月，蒙自正式建立海关通商。由于蛮耗是蒙自至越南保胜（今老街）必经之地与红河航道的起点港，蒙自海关同时在蛮耗设立分关通商，蛮耗码头因此得以振兴和发展，成为对外贸易的重要口岸和滇南水陆联运的中枢。

蛮耗码头依山傍水，北靠蛮耗镇，位于法国领事关所开设的分关界址处，上起红河南北岸的小河口，下至红河东北岸的观音庙（现已毁），全长一千余米。两岸陡峻的山势有如“天沟”和“地缝”，把红河夹在缝底。为便于管理和纳取税收，规定凡进出码头的船只都停泊在码头之内，统一安排调度。同时，为了便于船舶靠岸与装卸货物的需要，清政府曾拨出专款对码头进行修理，堤岸都由规整的石板、石阶镶嵌。此外，沿江码头除蛮耗外，马堵山、石洞、大滩、团田、莲花滩、热水塘、新街等地均为摆渡口。

蒙自开关，蛮耗设立分关，于是确立了它重要的枢纽、关卡地位，以及在蒙自开关与滇越铁路筑路过程中的繁重运输任务。中越古道的水陆运输不仅解决了“开关”与“筑路”的物资进出口问题，同时为蛮耗的发展注入了新的活力与契机，以至出现百舸争流、千舟待发的繁忙景象。

当时货运木船有3种，大木船每艘载货5吨，中木船每艘载货3吨，小木船每艘载货1吨。据史料记载，从清光绪十八年（1892年）至宣统元年（1909年）的18年间，红河上平均每年用于运输进出口货物的木船有11481只，此外还有部分法国人生产的机帆船。一般情况，船只航行使用浆和风帆，过滩与上行流急时用人力在江边牵引。这些人即为常讲的拉纤夫。在红河关键的路段上，随时都有很多拉纤夫与当地的村民等待工作。雨季航行较危险，山洪暴发，河水猛涨，风疾浪大，河面能见度又低，同时为防止盗匪的抢劫，因而有一段时期规定零星的船队改为结伴同行，以便互相照应。虽如此，然不时有翻船落江、人为鱼食或是被抢、被盗之事发生。

个旧出口的锡由骡马驮运大约2天左右可至蛮耗装船，正常情况经12至15天顺水航行至越南海防，换海轮运3天到达香港地区，之后行销世界各国。水陆行程共计20天左右，比粤桂线少用34天。反之，从香港地区和越南的进口物质也同样经红河水路运至蛮耗上岸，或经蒙自转运内地，或经斗姆阁输往个旧。中外客商皆因蛮耗水路里程短、周转快、节约运费而舍弃粤桂线，尽以蛮耗水运货物，于是造成蛮耗水运盛极一时。

蛮耗开关后，商贸发展迅速。外国洋人商贾、个旧矿业主、马帮头、航运老板，以及配套服务的餐饮、医疗、旅店

红河航运帆船

水上运输的船工

行业均云集蛮耗。紧接着清政府的海关税务司，法、意、德、美、日5国的领事馆以及商号、洋行、剧院，甚至妓院等相继在蛮耗建立，房屋鳞次栉比，一时间蛮耗人声鼎沸，街道繁华，灯红酒绿。据清咸丰三年（1853年）蛮耗残碑记载，当时蛮耗渡口仅有“水夫”16家。但开关后，蛮耗当地的居民除少数做小生意外，大多数担任船工。此时因经商在蛮耗定居的广东、广西人就有一百余户。蛮耗街设有“广府会馆”和“潮州会馆”。所谓“会馆”实际是外地人（一般是一省或一县）互相联络起来成立的一种有似同乡会的松散组织，目的在于寻求互相帮助，团结一心，保证工作、事业的成功，保证人身安全，不受外来力量的欺凌。

在广东、广西人中，惠州、潮州、韵州人居多，他们先后到蛮耗购地建房，经营大锡生意，显出了前瞻的经商眼光。此时，蛮耗人口急剧增长，本地人约为四千人，外地流动人口竟达一万余人，创前所未有的蛮耗人口记录。蒙自电报局还在大商号“永同安”的后院设立了蛮耗电报分局。

蒙自著名的“八大号”也派员常驻蛮耗。原来蛮耗街上多为原始、落后的茅草屋，开关后多数变为瓦屋，少数商人还建盖了法式洋楼。至今蛮耗街上还留有广东人黄华兴的法式楼房遗址。那红瓦、黄墙的夺目色彩，拱顶百页窗式的门扉，与中国传统的老式瓦房及几幢现代砖混水泥的楼房相比，显示出了它别致的样式与典雅的风采。

蛮耗一时间成了中外商人赚钱之地，行乐之地。中外客商从欧洲、越南及香港地区进口的货物，如海盐、日用百货、棉布、机器设备，乃至滇越铁路筹建初期所急需的器材，也沿红河航道逆流而上，运至蛮耗码头，再用马帮驮至蒙自、个旧，继而转运云南各地。中转之快，除下雨天稍有耽搁，很难有物资积压码头过夜之时。上至雷打石，下至黑泥滩，行驶和停泊的船只密密麻麻。码头日吞吐量数千吨，正常情况下2000吨至3000吨，高时逾万吨。

1941年，日本帝国主义占领越南后把侵略的矛头指向云南，对滇越铁路滇段及红河航道所有的港口、码头进行了毁灭性的狂轰滥炸，蛮耗先后遭受了7批40架次日机的轰炸，原来繁华喧嚣的小镇差不多被夷为平地，码头的建筑设施几乎荡然无存。至此红河船运彻底断航。既往水陆联运，商贸发达的繁荣景象已成为令人难以忘怀的一段历史。真是：

繁华似锦去矣，红河流水始然，
空惆怅，挽不住昔日春光。

一百年过去了，蛮耗等地虽然脱去了它昔日的风采，中越古道深深的马蹄印也只有在滇南的崇山峻岭与蒿草刺蓬中偶尔见到。然而，中越古道，云南的这条水陆交通运输线，在数千年的历史长河中，尤其在蒙自开关及滇越铁路建设中，起了不可替代的作用。

试想，在蒙自开关后，每年每月的进出口物资何止千吨？在滇越铁路的修筑过程中，从欧洲运来的炸药、雷管、纲钎、钢轨枕、桥梁等部件，何止千根万根？何止千吨万吨？而这些器材、物资都是靠中越古道上的马帮和航船，从河口入关后运进云南。在蒙自开关后，其外贸总值占80%以上，1910年占83.9%，年均进出口量达2.1万吨。而1907年，正是滇越铁路铺轨工程进展神速的时期，工程耗用器材、物资量大，进出口物资竟达5.7万吨，靠的就是中越古道的水陆运输。因而，中越古道在蒙自开关与滇越铁路筑路过程中起了巨大的作用，功不可没。

南溪河是红河的支流，在河口县城边上汇入红河。

河口属热带、亚热带气候，一年四季无冬天，夏季气温持续半年左右。一年中最冷的时候，穿件毛衣足可以越冬。因而，河口年平均气温高，空气湿润，雨水充足，热带、亚热带植物茂盛，是云南的又一个西双版纳。什么董棕、油棕、椰树、榕树，芒果、菠萝、香蕉、无花果，应有尽有，可谓上帝赐予的天然绿洲。这里山是绿的，树是绿的，田是绿的，水是绿的，唯有阳春三月，火红的马樱花开放了，那拔地耸天的枝干、如火如荼的花朵，闪光耀眼，才将南溪河两岸装点出另一派热情、洋溢的景象，否则除了绿，还是绿。

河口是中国的南大门，云南的边境重镇，改革开放以来云南省对外的几个重要口岸之一。河口与越南老街遥遥相对。历史上它与蒙自、蛮耗一样起着重要的关卡作用，是中越古道必经之地。

历史上，中越古道运输线在蒙自开关后、滇越铁路筑路过程中运输物资起了巨大作用。直到1910年滇越铁路开通后才从此衰败殒落。它曾经创造过马帮文化辉煌，更促进滇越铁路的建成和蒙自、蛮耗的短暂兴旺。

马帮道路过乍甸村旧址

周云祥起义——火烧洋关(画照)

第十一章　路权斗争

争取滇越铁路路权的斗争旷日持久，近乎半个世纪。之中既有默默的抗争，也有面对面的交涉，以及武装冲突的获取。1946年3月，法国放弃在华治外法权及特权，滇越铁路路权正式回归中国。

清光绪二十九年九月十日（1903年10月29日），中法两国签订《云南铁路章程》，以条约形式规定了法国在中国云南修筑铁路之特权。

其实，法国人早有觊觎云南之心，在签订《云南铁路章程》前几年，他们就在云南土地上进行多次勘察、测绘工作，对拟议中的东线、西线进行了反复比较。

云南民众上至乡绅，下至黎民，出于自觉或不自觉的朴素的爱国主义和民族主义，纷纷起来抗争。“阻洋修路”“废约赎路”贯穿于滇越铁路修筑的始终，一次又一次地点燃了斗争的烽烟。

在《云南铁路章程》签署前，围绕滇越铁路问题就发生过几次大的“抗官仇洋”“阻洋修路”事件。

清光绪二十四年春（1898年3月），印支总督杜梅派义本德、吉里默等人，在蒙自城外与新现一带测量钉桩，激起了当地民众义愤。与此同时，在“西线”的通海、玉溪一带也发生和蒙自等地类似的情况。白天法国人测量打桩，夜晚当地的民众则将白天所打的桩号拔出丢弃，弄得法国人无可

徐家渡车站

屏边腊哈地车站

奈何。先是“阻修”，后是“争路权”，反反复复，百折不挠。铁路修筑之先有东线、西线两个方案，后来突然采用东线方案，没有确切的文件资料说明原因。据推测，理由是多方面的，而通海、玉溪、晋宁等地的乡绅黎民反对是多个原因之一。他们不仅拔桩，甚至发展到以武装斗争的形式来达到“阻洋修路”的目的。滇南地区两次武装暴动即为代表。

清光绪二十五年五月十三日（1899年6月20日），蒙自大屯杨家寨人杨自元邀集锡矿工人及附近村民数千人，夜袭蒙自县城，火烧洋关税司，迫使法国勘测铁路的工程技术人员撤回越南，一段时期后才重返蒙自工作。

清光绪二十九年四月十六日（1903年5月12日），正是滇越铁路即将正式动工前夕，个旧锡矿工人周云祥率领矿工和农民共数万人，举行了浩浩荡荡的起义，明确打出“抗官仇洋”“阻洋修路”的口号。周云祥起义，吓得所有工作人员十多天的时间躲到昆明领事馆不敢出门一步，阻止了修筑铁路筹备的进一步工作。这次起义虽以失败告终，但却成为

朱家花园

中国历史上工人阶级首次反帝、反封建运动而被载入史册。法国人把周云祥起义事件称为“1903年的骚动”，并将它载入《滇越铁路纪要》中。

《云南冶金史》第四章是这样描述矿工周云祥领导的反清、仇洋起义的：矿工周云祥领导矿工和农民起义，提出了“官逼民反，除暴安良”“抗官仇洋”“阻洋占厂”“阻洋修路”等口号，他们和蛮耗一带的“三点会”、驻蒙自清兵防营均有联络，原定光绪二十九年（1803年）三月十九日起义，后因准备不足改期。五月十二日，蒙自发生了反对法国人修筑滇越铁路的斗争，清政府派兵前往镇压，个旧城防空虚，周云祥乘机起义占据矿山，得到锡矿工人的热烈拥护，并在通风口及花扎口设伏击败清军，击毙清督带麦贵安。农民纷纷参加起义军，人数达七八千。起义军攻陷个旧后，原准备北上攻蒙自、昆明，但因领导者意见分歧，大部分人由于狭隘的乡土观念提出回家攻建水的主张，周云祥等义军领袖也同意此计划，于是进攻方向转向建水、石屏一带，并轻而易举拿下建水城，不到半个月的时间，又相继拿下石屏州、曲江驿等重镇。周云祥驻兵建水。通海、新兴（玉溪）、晋宁等地也有民众响应，声势越来越大，直接威胁了省府昆明。

其时，有一队义军进攻蒙自，人数约2000人左右，他们手提大刀、长矛、火药枪，有的还带着在矿山上自制的炸药包，一窝蜂地向县城冲去。

守城的一二十个清兵一看来了这么多气势汹汹的矿工与农民，城门都来不及关，便四散奔窜，大声狂呼："有人造反了，有人造反了!"义军径直向县衙门冲去。因为县衙猝不及防，基本没有兵力，义军只遇到几十个清兵象征性的抵抗，没几分钟的工夫，杀了几个之后，其余的逃跑了。搜遍全衙门，终于找到县令和他的家眷。县令是从厕所里揪出来的。至于家眷，反正冤有头，债有主，也未动他们一根毫

朱家花园大门

上图 惊慌失措、争先恐后涌出建水城的市民

右图 朱家花园宅主朱渭清

毛，全放了。

义军接着冲到城东门外新建的税务司署，这里大门半开，主管税务司与中国帮办没有走，见义军到后有的跪地求饶，有的却申辩说："请饶命，不关我们的事!"义军没杀人，将他们统统赶出门，一把火烧了税务司署。

东门城外还有许多洋人商号、洋行、公司，有德国的、希腊的、美国的、日本的，家家吓得关门闭户。有大胆一点的外国老板站在房顶上，操着半生不熟的中国话大叫："我们不是法国人，我们是做生意的!"以求平安保险。

最后，义军包围了滇越铁路筹建处。筹建处的主要头目已先走一步躲到碧色寨，留下几个法国和中国的一般工作人员应付义军。他们把门窗紧闭。在慌乱中取出手枪、步枪，装上了弹，准备与义军作垂死的战斗。因而外表强装镇静，脚手则不禁打颤。义军见筹建处大门紧闭，也未冲击，只围着高呼口号。然后找了一桶石灰浆，在墙上写了几条标语："打倒贪官污吏!""法国佬滚回去!""坚决抵制洋人修路!"

这批义军在蒙自仅呆了两天，因大部队已开往建水，于是也尾随其后赶到建水。周云祥起义对蒙自关税务司署、对滇越铁路筹建处的打击，令法国人十分恐惧，慌忙致电清廷总理各国事务衙门，希望尽快保护云南滇越铁路筹建处及筹建处职工的安全。

这使清廷大为震惊，命令云贵总督丁振铎、云南巡抚林

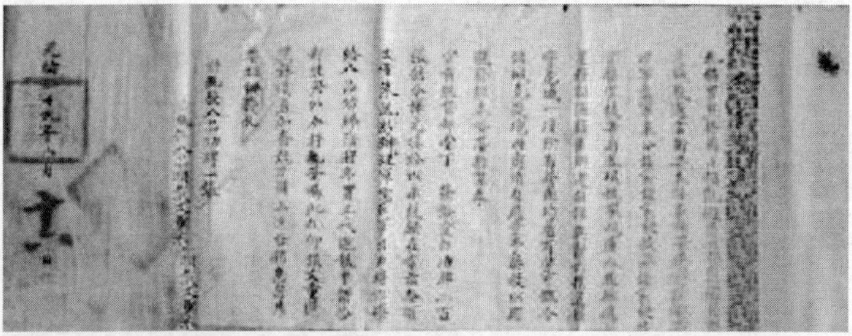

通海县颁发给镇压周云祥起义立功人员的奖札

村中摆摊的小脚鞋

张家花园的窗扉

绍年一定要确保法国人的安全，并陆续从四川、贵州等周边省份调集五十余个营的兵力，连同昆明的共一万余人，以按察使刘春霖为总指挥，形成对临安城（今建水县）的层层包围，准备对起义军进行残酷镇压。

战斗是紧张激烈的。3天的时间，官兵倚仗人多势众、武器精良，进行车轮似地轮番进攻。

炮弹一发发落在城垛上，四面八方缺口越来越大。第二天清晨，官兵为了避免伤亡，未组织大规模的强攻，佯攻为主，只发射炮弹。

安置在东门城外莲花池一带的大炮是最集中的，官兵运用集中力量打歼灭战的战术，二十余门大炮对准东门至南门间城墙最孱弱的一段进行猛烈炮击。中午，二百多发炮弹突然接二连三倾泻在不到100米长的城段上。缺口炸开了，城内狼狈不堪、房倒屋塌的景象跃入人们的眼帘。着火的房梁，冒烟的柴草，坍塌的墙垛，以及一具具横七竖八、残首断臂的尸首躺卧在街巷中，惨不忍睹。如潮水般的清兵，有

滇越铁路芷村车站

个碧石铁路线上

的手持洋枪，有的手提大刀，凭借后边炮火的有效支援，冒着迎面而来的疾矢雨箭，踩着滚烫冒烟的残砖破瓦，冲向城里。

在孤立无援的情势下，为了二百多弟兄的生命，周云祥采取牺牲自己的办法，撤出义军固守的最后一个据点天君庙。

清兵为防万一，当天中午即将周云祥斩首于天君庙。周云祥的七员大将汤学文、邹富、瞿桂慌、严沁和、肖复兴等则用牛拉囚车通过马帮小道押至昆明斩首示众。死前他们大义凛然，宁死不屈。

此前，清兵总攻战斗打响的第二天，周云祥审度双方力量的悬殊，预感情势对自己的不利，为了保全部分有生力量，也怜惜一些中年以上的有家有室的弟兄，他命令部分义军从北门冲出，打破清军的封锁，沿元江南下红河，到河口、越南暂避锋芒，待机而动。这批人大概有六七百人，后来成了“河口起义”中的生力军。

周云祥起义一共坚持了四十多天，在起义期间，法国驻滇总领事奥古斯特·弗朗索瓦惶惶不可终日，他把在滇的所有法人召集在领事馆，接连10天未走出大门一步。作为法国外交部驻云南的总代表，弗朗索瓦密切注视着这场起义的发展。当时云南清政府曾请求法军从越南派兵一起围剿周云祥起义的矿工，均被弗朗索瓦从中阻止、拒绝。他通知所有驻云南的法国人不要轻易卷入中国的内部事务中，并用相机记录下这场起义的最终结局。

事隔三四十年，到20世纪四五十年代，在滇南地区的老年人中还传唱着一首歌谣：正月点兵是新年，杀人放火白军门；失落兵丁蒙自县，小花脸是王子彬；二月点兵二月八，临安出了个周大麻……这首歌谣叫《二月点兵歌》。临安即今建水，周大麻即周云祥，因其小时候出天花所致。"阻洋修路"的口号是周云祥提出来的，这里"洋"指法国人，"路"指滇越铁路。

在周云祥起义事件中，受牵连最重的还有朱恒泰（字谓清）。朱谓清家是几代经营锡矿的个旧富商巨贾，拥有最大的商号。也许出于对清廷统治的不满，也许出于对洋人修路的仇视，担心丰富的个旧锡矿资源被洋人抢去，才帮助起义军，为周云祥等人提供巨额钱财。周云祥起义失败，朱谓清一家虽勉强保住了性命，但却被官方没收了在建水的全部财产，即如今的"朱家花园"。可谓：

朱门去矣宅第红，水榭静卧翠微中。

瑶池托起半边月，天井空留一笛风。

从1903年10月29日签订《云南铁路章程》起，到1910年1月30日通车，在整个筑路过程中，也多次发生了"阻洋修路""废约赎路"的斗争。

清光绪三十二年四月（1906年5月），云南留日学生中的同盟会会员奉孙中山、黄兴之命，于日本东京创办《云南》杂志。以杂志为园地，著文揭露清政府腐败无能，出卖国家主权和民族利益，同意法国人修筑滇越铁路；努力唤起云南民众开展“废约赎路”的斗争。《云南》杂志从1906年10月15日创刊到1911年武昌起义停刊，共发行23期，其中不少文章以激昂的文字当匕首、投枪，向腐朽的清政府作了无情的打击和揭露。清光绪三十三年三月（1907年3月），云南留日学生孙志曾等曾慷慨激昂上书清政府，直接要求废除中法签订的滇越铁路章程，赎回滇段路权。个别同学甚至采取自杀行为表示对清政府卑躬屈膝的愤慨，充分体现了当时中国年轻一代关心国家大事、关心民族存亡的高度的爱国主义、民族主义精神。

清光绪三十四年三月二十九日（1908年4月30日），孙中山领导的资产阶级民主革命在云南引起反响，造成涟漪。黄明堂等率领同盟会员在河口起义，仅南溪段工程筑路工人“三点会”会员就有一万五千余人参加。在南溪、老范寨一带，起义军经过两个月的激烈战斗，最后失败，但却使筑路工程延迟了6个多月。起义军明确提出了“反清仇洋”“阻洋修路”的口号，是反帝、反封建的思想反映，也是争路权的具体体现。

滇越铁路通车后不久，1911年中国爆发了孙中山先生领导的辛亥革命运动，腐朽的满清政府被推翻了，结束了长达2000多年的封建统治。但中国的社会情况并没有发生根本改变，法国人仍占据着滇越铁路的主权和经营权。在很长一段时期，法国人所预期的目的并未受到丝毫影响，正如法国有人指出的：“滇越铁路建成后，不仅云南全省商务为法人所掌握，而且云南政府也在巴黎政府掌握之中”。

滇越铁路通车后的近30年中，国民政府也曾多次与法国政府交涉，提出修改路章和收回路权的问题，均未得到圆满结果。

1926年3月4日，北京国民政府外交部以条约期满为由，向法国政府声明另订平等互惠新约。7月27日，外交部宣布旧约期满，即行失效，催促法国公使另订新约。法国公使复照要求展限一年，外交部表示拒绝。然而，拒绝归拒绝，法国人始终采取不答不理、死磨硬拖的手法，时间一晃又是两年。

南京国民政府成立后，于1928年6月发表改正不平等条约的严正宣言。1929年1月25日，国民政府外交部长王正廷等与法国驻华公使马泰尔在南京举行会谈，商议修订新约事

建水团山张家花园

宜。在第五次会议讨论修改滇越铁路章程时，法使曾表示同意。但接触实质问题，讨论议事程序时，法使则又故技重演，否定前言，推翻前议，借口未得到法国政府的命令，不便越权修订路章。在第21次会议上，中方又提出修改路章事，法方仍不赞同，找各种理由敷衍塞责，蒙混过关。

1930年5月16日，中法双方终于签订"中法专约"，在附件换文内声明：路章、警章均应修改，自新约签订之日起，3个月内由云南及法属越南各派代表开始商议两章程的修订，于6个月内各报本国政府裁定。

1935年2月20日，国民政府铁道部参事张慰慈与法国驻云南副领事康栋在昆明议定"滇越铁路续约草案"，对清光绪二十九年（1903年）中法会订的《滇越铁路章程》作了局部修改，其要点如下：

一、铁路用地问题：续约废除旧约第二条最后两节及第三条末尾前一节。规定铁路现用土地，应于本续约施行日起3个月之内，由云南省政府与法国铁路公司各派半数人员组成委员会，按铁路占用土地现状勘测界址，并绘制地图由该委员会审定。凡未经委员会核定之土地，均应交还云南省政府。铁路公司以后需增加用地，应由法国驻昆明领事转达云南省政府。如系官地，随时拨交；如系民地，由省政府购拨，铁路公司给予补偿。铁路公司所占用的官地，每年应向省政府缴纳租金1000金法郎。

二、输入炸药问题：续约对旧约第二条作了限制规定，允许铁路公司输入线路及其附属工程所需要的适量炸药。

三、运价问题：续约规定按照旧约第23条末款所定之运费，在实施上应照同等货物现行最低普通运价或特别运价办理。在附件议决案中还规定：法国铁路公司在云南境内运价改用中国金单位（含纯金公分0601866）计算。

四、电台设置问题：续约废除旧约第29条，规定法国铁路公司设置无线电设备，须经中国电政主管机关审定，并规定只能为该铁路业务所用。

此外，续约还规定法国铁路公司应增派中国顾问一员，负责办理云南省政府与铁路公司互相之间的联络事宜，以及铁路公司每年拨款若干为中国铁路职工教育之用……

《中法专约》的签订，《续约草案》的实施，实际是对1903年签订的《滇越铁路章程》进行一定的修改和补充。原条约有些是明显丧失主权的，有些是提法含糊不清，法国人可以做“文字游戏”，钻文字的“空子”，作出有利于法国的决定。《续约草案》则无论铁路用地、输入炸药、运价、电台设置等问题都重新作了“细化”规定，逐步向平等、互利方面靠拢，一定程度提高了中国的主权，限制了法国既往的“特权”。在长期“争路权”的斗争中，首次向前迈进了一步，并以条约形式固定下来。但《续约草案》不是最后结果，它并未彻底解决路权回归的问题。路权问题仍是一个“悬案”。

抗日战争期间，日本发动全面侵华战争，中国半壁河山相继失陷，东南沿海口岸被日军层层封锁，滇越铁路成为内地与海外的惟一交通运输线。1940年初，日军侵入越南，一方面日本频频派飞机轰炸滇越铁路，胁迫法国停止滇越铁路运输，同时又胁迫法国允准日军假道越南进犯中国。6月，法国迫于日本人的淫威，根据日本的要求，宣布禁止我国货物由越南沿滇越铁路入境，而我国大量的军用、民用物资也因此积压越南并落入日本人之手，造成惨重损失。迫于形势，中国国民政府根据《中法会订滇越铁路章程》第24条之规定：“万一中国与他国失和，遇有战事，该铁路不守局外之例，悉听中国调度。”于1940年9月10日成立滇越铁路线区司令部，行使对滇越铁路滇段的调度权。为防日军突然进犯，于同日命令炸毁南溪河中越铁路大桥及河口隧道。成立拆轨队，由翁筱舫任队长，肖芳为副队长，从9月14日起至1941年2月拆除河口至碧色寨间长177.54公里之铁路，移铺在昆明至沾益路段上；炸毁和拆除沿线大小桥梁、隧道和部分路基，致使白寨至倮姑站间，8座箱式钣梁配钢塔架桥墩的高架桥，四分五离，身首异地。

1943年8月1日，国民政府宣布与法国维希政府断绝外交关系。成立滇越铁路滇段管理处，并派交通部路政司长杨承训到昆明，正式接管滇越铁路。

抗日战争胜利后，1946年2月28日，中法两国在重庆郑重会谈，中国外交部长王世杰与法国驻华大使梅理霭签订“关于法国放弃在华治外法权及其有关特权条约”，其中明文规定废止清光绪二十九年（1903年）所定的《滇越铁路章程》，滇越铁路滇段由中国政府赎回。赎回之款由法国政府垫付，“藉以补偿1940年以来中国政府及人民因日本干涉而致滇越铁路停运、海防封锁所受之物资损失。”至此，滇越铁路滇段路权正式回归中国，中国云南人民在近半个世纪中围绕“阻洋修路”“废约赎路”的斗争终于落下帷幕，扬眉吐气。真是：

五十年来争路权，百折不挠惊鬼神；
有朝一日功成就，银线千里属人民。

1946年3月1日，《中央日报》以“中法新约昨日签字，法国放弃在华治外法权及特权”为题报道了中法新约签订的这一重大消息。

石龙坝水电站

第十二章　中国第一水电站

石龙坝水电站是中国水电发展的老祖宗。滇越铁路通车促成了石龙坝水电站的建设。该电站是云南最早民营集资兴办的企业。一百年前引进使用的德国西门子发电机组今天还在运转。

历时百年的水电站办公楼

滇越铁路通车当年，德国西门子公司最新发电设备便运进了昆明，建造了昆明石龙坝水电站。

石龙坝水电站，是中国的第一座水力发电站，是云南人民的骄傲，比全国著名的东北丰满水电站发电还要早27年。

滇池是云岭高原的一颗明珠，镶嵌在滇中红土地的昆明城西面。海口，故名思义，是滇池的出口，位于滇池西畔、西山南侧，滇池水逶迤流淌，当地人为之取名螳螂川，一路流经石龙坝、安宁等地，悄然远逝，最后汇入金沙江。当水流经过石龙坝时，三级跳似的斜坡，汹涌的水势，成为建水电站的有利条件。而石龙坝距昆明仅40公里，建发电厂向昆明输电，在上世纪初西方工业革命的信息传向东方，传到云南之际，以及云南潜在的技术、经济条件都是可行的。当时有识之士刘岑舫、王筱斋等人早已跃跃欲试，希望能够凭借云南的经济实力，借助西方的先进技术率先完成云南，也是中国最先使用水力发电、电灯照明的创举。

与此同时，外国列强也想捷足先登，还在清光绪三十四年（1908年），法国人在修滇越铁路的同时，就以滇越铁路要安装路灯为由，提出在石龙坝修建水电站。云南的有识之士为了维护民族尊严，维护云南人民的利益，对此进行了针锋相对的斗争，他们集体联名上书省府，要求由民间集资兴办水电事业，自己修建石龙坝水电站。

清宣统二年（1910年），正值滇越铁路通车，修建石龙坝水电站的条件（主要是运输设备的条件）似乎成熟，酝酿已久的问题终于提到桌面上来，经省府批准，云南正式组建了云南耀龙电灯股份有限公司。

当时左益轩首任云南耀龙电灯股份有限公司总理，在刘岑舫、王筱斋、袁嘉谷等十余股东的努力下，筹集资金25万银元，并于同年7月聘请德籍工程师毛士地亚·麦华德负责总设计，招聘了石工、泥工等工匠千余人，向德国洋行购买了西门子公司的设备，紧锣密鼓开始了石龙坝水电站工程。

为什么要购买西门子公司产品？耀龙电灯股份有限公司的股东们是经过了一番认真考证的。因为石龙坝电站是中国的第一座水电站，要建就要建好，要开好头，不讲千秋功业，至少也要顶个数十年、百年，经得住一段历史时期的考验。何况这些资金不是政府拨款，是股民的资金，积蓄的血汗，来之不易。而西门子公司的产品某种意义上代表了当时世界最先进的发电水平。重要的是1866年沃纳·西门子发现了戴耐摩发电原理，同时生产出首批戴耐摩发动机，试销之后得到世界同行业专家与用户的认可，充分肯定了它在发电方面的突破及在经济发展中的巨大作用。经过股东反复讨论，大家一致认为这种发电机的出现，使大规模的经济发电成为现实。因而，云南耀龙电灯股份有限公司一致决定购买德国西门子公司产品——西门子发电机组。

1910年年底，正是北风呼啸，寒凝大地之时，通车仅半年有余的滇越铁路“小火车”在步履蹒跚中，运载着两台德国造的发电机组和洋灰（水泥）等物资，缓缓驶进了省府昆明站。接着从得胜桥，离车站最近的滇池河道，装船运至海口。

20世纪初叶，云南尚未有汽车运输之时，偌大的机组、配件，全靠人背马驮、牛车、马车运输，其艰难是可想而知的。那些搬运工，实际是昆明郊区的农民，在村子里扛惯了锄头和镰刀，还未见过那么大的机器，一个涡轮机也有牛身子大，近百人合力才能将它稍微移动一下。昆明西山脚下一带的彝族村民，更是以极大的惊讶注视着这些庞然大物缓缓移动，他们压根儿不懂这些东西来自何地？作什么用？只互相传说附近石龙坝堵起了一个大塘子，要发什么电。至于电是什么东西，发电干什么用，他们一概不知晓。

云南的冬天虽不及北方寒风刺骨、雪厚盈尺，然气温一般也在零度左右，结冰起雾是常有的事。昆明城郊的雾气很大，早晨起来，能见度太低，十尺以外便看不见人影，有时

石龙坝水电站从欧洲运来的第一台火轮发电机组——西门子发电机组

石龙坝水电站从欧洲运来的发电机组

还夹带牛毛细雨。坎坷的山路一步一滑，一不小心便栽到沟洞里。然而，三百多名工人历尽千辛万苦，夜以继日，用了一个半月的时间，终于将全套机组设备搬到了石龙坝。

当设备抵达石龙坝时，等待已久的施工人员早已按耐不住胸中之激情，蜂涌而上，随即热火朝天地工作起来。他们不避风霜，不畏严寒，在工程技术人员的指导下，兢兢业业地连续奋战了21个月。终于，石龙坝水电站于1912年4月竣工发电，历时还不到两年的时间，其进度之快，连西门子公司负责指导安装与技术监督的工程师也叹谓曰奇绝。

石龙坝水电站工程占地面积314亩，之后有所扩建。这里风景优美，气候宜人，年平均气温21℃左右，是坐落在春城畔的一小春城。螳螂川由坡脚悠然而过，在电站下部又与发电后的水流相融并逝。沿岸杨柳轻拂，梯田鳞鳞，时有鹭鸶、野鸭划水而过。电站四周植满了棕榈、椰子、芭蕉树，有的人工种植，大量是野生的，密密麻麻，遮天蔽日，曾到过这里的人都说是休闲避暑的好地方，斯言不谬。

为了充分利用水力资源，在距石龙坝上游1400米的峰峦叠嶂的九子母峰上建了一个拦河坝，人称滚龙坝，它是当时中国的第一大坝。水从大坝通过引水渠淌到石龙坝，然后从坡顶俯冲而下用以发电。

当时，设计者考虑到引水管太粗太长，从德国运到中国云南实有许多不可解决的问题，于是群策群力，技术人员与工匠共同一心，想出了用木管加箍使用，终于解决了引水难题。至今水电站旁还留有几根加箍引水管遗物，那粗陋硕大的身躯有如大象身子，但却是土洋结合的产物，实践证明是有用、有效的工业产品。

第一座水电站的外墙系用石板砌就。当时由于水泥缺乏，由德国运来的只够做发电机组墩座及铺厂房地面用，所以石墙的石板衔接用土法贴合，材料是糯米、石灰加碾细的山茅草以水调匀后使用。这方法挺有效，既是土法，又是当时经科学鉴定后的科研成果。屋梁用木头，屋顶系中国的传统筒瓦。时光流逝，这幢房屋——中国的第一座水电站经过了百年的风雨春秋至今完好无损，成为中国水力发电方面的珍贵文物。

云南耀龙电灯股份有限公司总部就设在坝上。

一幢中国传统的两进四合院，土红色的墙壁，金黄色的琉璃瓦，门口放置着两只雄踞的石狮子，如果无人介绍，也不看门旁的标牌，还以为是深山古刹，林隐钟楼。据说1941年日本飞机轰炸云南时，石龙坝水电站和滇越铁路的“人字桥”就是主要轰炸目标，然因云南山峰高峻、陡险及当时航空设备差等原因，致使日寇的阴谋未能得逞。在公司总部门前炸出了一个大坑，勿须挖掘，当年电站的职工就将它做了荷花池。盛夏驻足徘徊池边，轻吻荷香，不由让人联想往事。

关于日本飞机炸电站，陈顺云老先生今年78岁，是石龙坝电站老职工之一，讲了那段时期的经历。他说："我是1943年1月招工进来的，那还是抗日战争时期。当时，要来这里当工人，条件要求比较严，要有高小以上文化，还要经过考试，并请担保人才能进来。我是安宁八街人，进电厂完全是走路来的，因为四周没有公路通到电厂。电厂的保卫很严。整个电厂有80人左右，一半都是警卫。因为发电厂在当时云南是一个非常重要的单位，电厂发的电首先要保证供海口的兵工厂造枪，还要供给五华山拉警报用。那时，日本侵略者的飞机常来轰炸昆明，电厂是他们轰炸的主要目标之一，厂区周围的山头基本被炸平了，光是我们捡到的弹壳都有一大堆，最危险的一次把厂里的小炮楼都炸塌了。大概有一个连的兵力在保卫电厂，武器有高射炮、机关枪等，装备还是比较精良的。后来，驻昆明巫家坝机场的美国飞虎队多次拦截和痛击来犯的日军飞机，轰炸才少多了。"

当日本飞机轰炸石龙坝水电站有惊无险后，昆明街头纷纷传说：螳螂川是龙脉、龙身，西山是龙头。石龙坝水电站建在龙颈上，系风水宝地，日本飞机怎么能随便炸得了它，那是癞蛤蟆想吃天鹅肉……这显然是迷信传说，但是却反映出了昆明老百姓对石龙坝电站的热爱，对日本侵略者的蔑视。

石龙坝水电站工程共耗资50余万银元，装机2台，各240千瓦，电力通过23千伏总长35公里的线路，经长坡、碧鸡关送到昆明城内的升平坡（即逼死坡）变电站，又以3.3千伏特将电力送到北门街、青云街、武成路、东寺街等地段。

1912年农历四月十二日，石龙坝水电站正式发电送往昆

1910年兴建的石龙坝水电站发电车间

明。这是值得纪念的时刻，这是中国水力发电之始。

这天傍晚，西边的天空一缕枯黄渐渐被浓重的夜色抹去，昆明街头却人影攒动，沸沸扬扬，人们奔走相告，一家一家扶老携幼地从院子里走出来，兴高彩烈地聚于街面上。昆明翠湖海心亭、三牌坊及金马、碧鸡坊悬挂起的500余个100瓦的白炽灯炮亮了。云聚观灯的市民，不分男女老少欢声雷动，充满了惊喜和自豪。

石龙坝水电站是中国第一座水力发电站，它的建成为我国水力发电揭开了序幕，成为了前导，同时也为研究中国近代工业发展史提供了珍贵的实物佐证，其历史地位、历史价值不可估量。

1923年，云南耀龙电灯股份有限公司又招新股，扩建河道，在距第一座水力发电站200米的下游又建筑二机房，设置2×276千瓦发电机组，于1926年投产发电。

1936年，因电力不足，一机房（第一座水力发电站）再装西门子公司的一台720千瓦机组。

到20世纪40年代末，石龙坝水电站共有3个机房，7台机组，总装机容量2920千瓦。50年代以后，随着新中国国民经济建设的不断发展，原有的机组已不能适应经济建设的需要，于是先后安了两台3000千瓦的新机组。而1910年从德国西门子公司运来的两台3300伏、发电240千瓦的发电机组，直到今天还在运转发电，为昆明地区的经济建设继续放出光和热。残存的商办云南耀龙电灯公司石龙坝工程纪略碑、工程各项人员及工匠头人碑、工程所支工料银两碑仍屹立在公司总部的庭院之中，成了如今石龙坝水电站文物陈列馆中的重要文物之一。它既是历史的见证，也是民主管理、账目公开的先例。而最大最有价值的文物，莫过于完好的第一座水电站遗址、德国西门子公司生产的最先使用的两台发电机组及1910年建造的耀龙电灯股份有限公司总部了。

谈到电厂的变化，陈顺云老人说，他进厂的时候，电厂正在进行第三车间的建设。新中国成立后，电厂又建了第四车间，新增两台装机容量为3000千瓦的机组，并再次对第三车间进行了扩建。到现在，石龙坝电厂总装机容量已达到7360千瓦，每年能发电1000万千瓦时（度）。当然，这点发

1910年兴建的石龙坝水电站发电车间

电量现在只占云南全省发电总量很小很小的比例。

世事沧桑，百年巨变，如今云南省的电力事业发生了翻天覆地的变化，取得了令世人瞩目的巨大成就，创造了中国电力史上许多个第一：中国第一座水电站石龙坝电站，中国第一座高水头电站以礼河电站，中国第一座在溶岩地区利用地下水发电的六郎洞电站，中国第一座利用外资修建的鲁布革电站；中国第一个部、省合资建设的电站漫湾电站……

1957年3月18日，朱德同志曾到石龙坝水电站视察工作并指示："要好好保护电站，它是中国水电发展的老祖宗。"随行的水电部副部长李锐题词："电厂似庵堂，楹联赞月光；昆明石龙坝，寿共辛亥长。"

1987年石龙坝水电站被列为昆明市重点文物保护单位。

1988年5月，中国社科院著名经济学家于光远考察石龙坝时题词："要发展我国的博物馆事业，把博物馆与旅游和教育事业结合起来，让宝贵的历史文物为当前的社会主义现代化建设做出贡献"，"把石龙坝水电站建设成既能生产，又能展览我国水电事业发展历史的地方"。

1992年，石龙坝水电站被中共云南省委宣传部、中共昆明市委等多家单位共同列为"昆明地区中国近现代史和国情教育基地"。

1993年石龙坝水电站被云南省政府定为"云南省重点文物保护单位"。

1997年4月，石龙坝水电站被中共云南省委、云南省人民政府命名为"爱国主义教育基地"。成为一部爱国主义的活教材。

现云南电力集团有限公司将它作为"文物、教学、旅游、发电"的单位加以建设和发展，使之成为一个综合性电站，面向社会、面向国内外观众开放。每年吸引了成千上万国内外的参观者。海外客人有德国、挪威、丹麦、希腊、泰国、越南等国家的政府官员与水电专家学者。国内观众中青少年学生居多，他们一批一批来石龙坝接受爱国主义教育，同时也感悟一百年前西方先进科学技术给东方带来的现代文明的巨大影响。多年来，石龙坝水电站从政治上、科学技术上教育了一代一代的年轻人。

在一批批参观者中，最热心和引以自豪的莫过于德国的水电专家，特别是西门子公司的职员。他们来到云南石龙坝水电站参观，看到百年前西门子公司的早期产品、中国石龙坝水电站第一代发电机组至今犹存，无限惊讶。他们表示，愿意用数千万元买下这台机器。然而，云南没有卖，因为这是中国第一座水电站发电机组，是云南省重点保护文物，是中国水电发展史的见证！

当笔者在距昆明城区40公里的石龙坝发电厂看到这台发电机机器时，也同样被震惊了。一部铁黑色的发电机仍铮光锃亮，就像电影里上世纪初的蒸汽机等机械一样，铸铁部

石龙坝水电站发电车间一景

件、巨大的皮带传动飞轮、简单笨重的操作系统和仪表……却正常运转了近一个世纪，且还在继续运作下去。一位操作这台发电机的女工告诉笔者，这台机组现在运转得很正常，基本不需要太大的检修。

值得一提的是，石龙坝水电站的建成，是在滇越铁路通车之后，发电机组系通过轮船从德国运到越南海防，上岸后装上火车，通过滇越铁路运抵昆明的。倘若没有滇越铁路通车，如此庞然大物，要想越过云南的崇山峻岭、深沟大壑及近千里的迢迢滇越路，在那种年月是绝难想像的。因而，石龙坝水电站的建成与滇越铁路的建成通车是密切相关的，有直接的因果关系。滇越铁路通车是石龙坝水电站建成的前提和基础。滇越铁路是西方列强为了达到掠夺我国丰富的资源而建的，但有一点，它将欧洲现代文明的信息、工业革命的成果，在20世纪初叶打破了清政府闭关自守政策与自然经济模式，带进了中国云南。石龙坝水电站是这两点的集中体现。

而使用了近一百年的第一座水电站的第一台发电机组至今还在运转发电、基座及地面所用的水泥还完好无损，不能不叹服当时西方工业科技与钢材、水泥质量之优异先进。一个国家、民族的振兴，自力更生是核心，是精髓，它是民族精神的反映。但学习和借鉴也是很重要的，它可以加快祖国建设的步伐，尽快缩短与西方先进国家的差距。在石龙坝水电站的建设上，一方面体现了云南耀龙电灯股份有限公司与全体股东自强自力、自己筹资建厂的民族独立自主精神，同时也反映了百年前先进的西方工业、科技其时对东方落后、封闭的云南的影响。

第十三章　锡都崛起

蒙自开关和滇越铁路通车后，个旧锡出口量年均已达数千吨，个旧成了中国起步较早的工业城市。

老法选矿

昔日的个旧锡矿山

马拉磨矿

洞穴采矿

老法选矿

昔日的个旧矿山伙房(工棚)

“锡都”个旧的历史很悠久了，但它近代的崛起却是在滇越铁路通车之后。

数千年来，神秘、悠远又资源丰富的个旧矿山，引来了多少的达官、文人，诱惑着唯利是图的商贾，招至烧杀抢掳的兵匪，吸引掠夺成性的西方列强。在铁锹的碰撞中，在凄怆的民歌中，在虔诚的祷告中，在马嘶雷鸣中，累垮了多少英雄，躺下了无数平民，填平了多少欲望，成就了无数兵刃打造的霸业，装点了多少帝王将相的豪宅，堆满了西方列强金仓银库的无限财富。同时也在历史的尘埃之上，缔造和繁荣了一座声名远播的“锡都”，凝炼和形成了锡山悠悠的开发史、文明史。

个旧，坐落在滇南大莲花山之麓的一个极小的山箐中，它长5公里，宽1.5公里，左边老阴山，右边老阳山，中间一汪“金湖”水，城区主要集中在金湖之南。

俗话说：山不在高，有仙则名；水不在深，有龙则灵。小小的锡城，年平均气温16.5℃，是云岭高原的又一个“春城”。背面的百里矿山蕴含着无尽的宝藏，积淀了闪光的锡石，经过千百年来的开采，是锡山人的真正财富。在历史推移中，一代又一代地吸引着省内外的开拓者，演绎着锡山历史，创造着锡都的辉煌。而在漫长的历史长河中，锡文化的传播、锡产品的流通，靠的是马帮驿运，千百年来从未改变过。

《汉书·地理志》明确写道：“武帝改滇王国为益州郡，中有贲古县，其北采山出锡，西羊山出银，南乌山出锡”，又云：“律高石空山出锡，畎町山出铅银。”“出锡”，可以理解为有锡、产锡。

“贲古”在什么地方？据《读史方舆纪要》临安府贲古条说：“在府东南”。又章鸿钊的《古矿录》说：“贲古，在建水

20世纪20年代修建的个旧市上乍甸村寨门

县即临安府东南方。”据此可以认为，贲古就是现今蒙自、个旧一带。

以上史实说明，将清代的赵天爵说成个旧地区开矿鼻祖是不符合史实的。事实上，有史记载的个旧矿业开发远在西汉时期即已开始，且近年来在个旧还发掘出东汉时期的冶炼炉、铜镜、铜甑底、提梁壶、铜三羊盒等一件件文物精粹，揭开了历史厚重尘封的帷幕，展示了悠远的锡文化辉煌灿烂，为个旧开发史、文明史提供了强有力的实物佐证。其中20世纪90年代初于黑马井出土的“胡铜俑灯”最具代表性，1995年已为国家文物专家组认定为国宝级文物。该灯高42厘米，重6.3千克，青铜铸造。人物双脚跪地，头顶一灯，手持两灯，呈对称状，若杂耍者，又仿宫廷仆役。整个形体为“十”字状，身体上部为“山”字形，其造型考究，构思奇巧，世所稀有。

近年发现的20世纪20年代修建的个旧七孔大桥

然而，令人遗憾的是汉朝以后到明朝间一千年左右的时间，见诸史载的个旧锡文化却如失落的文明，一片空白，这也许是各时期中央帝国对云南个旧及锡生产的不重视，也许是个旧锡生产的错位转向，因一段时期个旧是以产银为主的。如果说在长达一千年左右的历史记载中还能见到“锡”字，也主要是关于全国锡生产量和用量方面的资料。

一百年前的今天，滇越铁路开通改变了这种现状，“锡都”以火车轮子的速度完成着千百年才能完成的事业，并创造了前所未有的奇迹。

滇越铁路的修筑、开通、兴盛，与个旧锡的发展有着相依相并的关系，特别在刚开通时30年间，甚至可谓荣衰共存。那时锡出口量之大，任何时期也不能与之相比，年均出口6195吨，1914年至1918年年均出口8080吨，其中1917年竟达11223吨，成为有史以来的最高记录，且在以后的数十

个旧宝华门

年中，该记录一直是前列的保持者。

在云南经滇越铁路出口的各种物资中，锡占第一位，约为出口总额的70%～80%，其余丝绸、皮革、猪鬃及各种金属加起来也才为20%～30%。另外，在20世纪20年代末30年代初期，缪云台先生任云南省农矿厅厅长还兼任云南锡务公司总经理，同样说明锡务公司、个旧大锡在云南社会经济建设中所处的重要地位和作用。

云南有色金属中，铜、银、锡、铅生产占有很大比重，数千年来，它们孰重孰轻，此起彼伏，分阶段交替上升，但却共同扮演了云南冶金发展的重要角色，两三千年前就创造了“国宝”级文物精粹“牛虎案”“铜俑灯”“铜鼓”“铜剑”。青铜的使用在历史上曾铸就辉煌，为人类社会文明进程起了积极的推动作用，至于当代社会，无论经济、军事、科技发展都不能离开锡、铜。

自明清以来，云南以土法进行生产的矿业占有重要地位。

清代，政府采取众多的措施鼓励开矿。这些政策无疑刺激了云南矿业的发展，以至铜、银、锡、铅等矿冶业相互交替成为云南的支柱产业。

鸦片战争以前，是云南铜产的高峰时期，许多铜矿基地繁荣起来，“天南铜都”的东川成了当时世界少有的大铜矿。

1928年的个旧城一景

个旧人民路老街

个旧宝丰隆,现为人民法院

个旧宝华寺

个旧云庙一角

鸦片战争以后，特别是蒙自开关、滇越铁路通车以后，云南铜业一蹶不振。虽清政府采取了“督商办”等各种措施，然回天乏术，年产始终未突破百余万斤之关。与此相反，由于便利的铁路交通运输及第一次世界大战期间各交战国对锡用量猛增，促使个旧锡业迅速发展起来。厂矿最多时“有四十八厂”，人数最多时达“十余万众”，大的尖子（厂）达两千多工人，生产效益之好，前所未有。这种良好的锡生产势头从清末民初一直保持了数十年，在历史发展的各个时期，均为云南的支柱产业、龙头企业，直到20世纪90年代中期，由于原因种种，地位才有所变化。

个旧因山而产锡，因锡而有城，因锡而有名。从汉代至今，由个旧流出去的各类金属产品高达亿吨，仅新中国成立的50年间就生产了六百多万吨。个旧生产的锡，省内、国内消费极少，50年前绝大部分经蒙自、碧色寨出口，其出口量之大有时令人吃惊，几乎与产量相等。现阶段运输手段较多，大多在广州、上海转口。良好的信誉和高质量的产品，使个旧锡多年来一直成为免检产品，并被英国大不列颠百科全书收入条目。近百年来“锡都”的声誉不胫而走，不仅传遍全欧，也传遍全球。

良好的生产势头、繁荣的矿山生产造就了“锡都”这一座新兴的工业城市，它是中国起步较早的工业城市之一，往昔在云南是仅次于昆明的第二大城市。

蒙自开关、滇越铁路开通，不仅使蒙自、蛮耗、碧色寨呈现难得的短暂兴旺，更刺激个旧锡业的繁荣发达，使个旧城市建设初具规模。一百年前的个旧叫“老个旧冲”，仅有一个村子叫“三家寨”，全村皆为彝族，人虽不止三家，但也不过二三十户人家一百多口人。千百年来他们过着一成不变的

个旧老永胜街

国宝文物——铜俑灯

已故的中国锡工艺美术大师李宗泽

锡工艺品龙龟摆件

锡工艺品欧式酒具

自给自足、自产自销的农耕生活，每天日出而作、日落而息，加之村旁篁竹簇簇、鸟雀嘤喧，似有点“桃花源”之味道。然而，蒙自开关，特别是滇越铁路开通，彻底改变了个旧的状况。外来人口增多，这种增加以几何状态成倍上翻，短短三五年间，到个旧开矿的老板、商贾、农民（后来的矿工）不是成百上千，而是成千上万。一个一个的矿区形成了，有老厂、黄茅山、松树脚、马拉格、卡房、古山、金竹林等大矿，还有黄泥洞、羊坝底、龙树脚、大凹塘等小矿。由于通过滇越铁路从欧洲运进了当时世界最先进的采、选、冶设备，加之原来保留的一些土法选冶手段，于是生产工艺细化了，建立了一定规模的选厂、冶炼厂。老选厂旧址在老阴山麓，老炼厂在如今的个旧湖底下，1954年因个旧湖形成而搬迁老阳山上。上、下河沟不少民营企业维持用竹杆（俗称牙鞘）泼水选矿，一直到20世纪60年代初才中止。

20世纪20年代左右，大锡的对外兴盛贸易，使个旧商业网点瞬间集聚，如雨后青笋般地发展，并造就了初具规模的个旧城市建设。它既是个旧锡业发展的必然，反之，又促进锡业的发展。个旧城由是形成。一条条规整的街道纵横交错，有江川巷、抬锡巷、柿花巷、通宝巷；有米店街、吉安街、篾行街、永胜街、锡行街；有中山路、三道坎、三角地、城隍庙。这些街道建筑均建于20世纪20年代前后，由于受法国以及其他欧洲国家建筑的影响，房舍大多为二至三层楼，临街铺面多为圆门拱顶、百叶窗，楼廊走道护栏多为瓶状柱式。如今个旧老街中山路、人民路（昔日称正街）还保持着很多彼时的房屋，除少许破损歪斜，大量还做民居和商场店铺，在90年代以来兴建的幢幢高楼中显得古朴、沧桑、典雅。

其时个旧有许多大商号、洋行，这些大大小小的商号，除经营锡矿生产所需的生产生活物质，有的还兼营矿业。有一些主要的商号，如："万来福"商号，1920年开设，以经营西药为主，还兼营丝绸、棉布、文房四宝，老板是蒙自人汤渭和侯枢，在个旧的经理是田灿南。"源福昌"商号，1921年开业，是个旧经营采矿用品最有名的商号，主要商品有煤石、雷管、亚细亚水火油等。"源裕昌"商号，从光绪年间营业到抗日时期崩溃，老板邱玉安、胡曾白、李文宪、李瑞4人，经营煤石、水火油、土布、麻布、五金等。"源裕昌"除经营杂货外，还经营矿业，在个旧老厂还有二千多人的大草皮尖和"源裕丰"炉号，生产的大锡销售香港。

个旧老厂锡矿竖井

"怡昌"号，老板是彭子彤家4兄弟，开办于同治末年，经营土杂，由于经营有方，后来成了个旧的大资本家，即著名的彭氏家族。"恒昌"号，股东马竹铭，又任经理，经营布匹、绫罗绸缎、毛呢及日用百货，流动资金旧滇币70000元左右，是个旧的大商号之一。康庄药房，是个旧十几家中药房中最有名的一家，老板谢鲁斋，建水人，曾做过个碧石铁路公司董事，由于很会经营，加上有几个著名中医参加工作，因此生意十分兴隆。"光美园"饭馆，大约于1905年开业，是个旧地区较出名的一个饭馆，擅长烤鸭和"过桥米线"。饭馆也承包酒席，举办大宴。老板赵先林、张联陆、李国梁。由于酒席、便饭相间，因而20世纪初叶富人和穷人都愿光顾，生意极好。中心酒楼，是个旧地区高档次酒楼，地处人民路、五一路、中山路、上河沟4条路交汇的大桥上。酒楼面积不大，三层楼。第三层设雅座，二层卖便饭，一层为厨房。由于地处中心位置和优雅的环境，使其名盛一时，久经不衰，历时半个多世纪。来这里的消费者大多是官僚和资本家。

彼时的个旧城区较小，商业网集中，正街是商业区，店号相连，一家接一家。从火车站至"天君阁"为炭业集中地。木行街（和平西路）经营木材。川庙街主要是四川人销售猪肉。吉安街有理发店、"镜中天"照相馆、越侨开的咖啡馆。江川巷最热闹，有"光美园"饭馆、缝纫店、牛肉馆，还有中药铺、杂货店、糕点铺。禹王宫内有同乐戏院、五金修理、茶馆等。观音巷至城隍庙以经营米店、马店为主。三义庙门口以前是农民销售农副产品的市场，庙内有宝华小学，是当时个旧最大的一所小学、锡行街制作锡器皿，短短的一条街就有作坊十七八家。进入锡行街，只听"叮叮咚咚"的锤凿声，每家的柜台上摆满了各式各样的锡器皿。

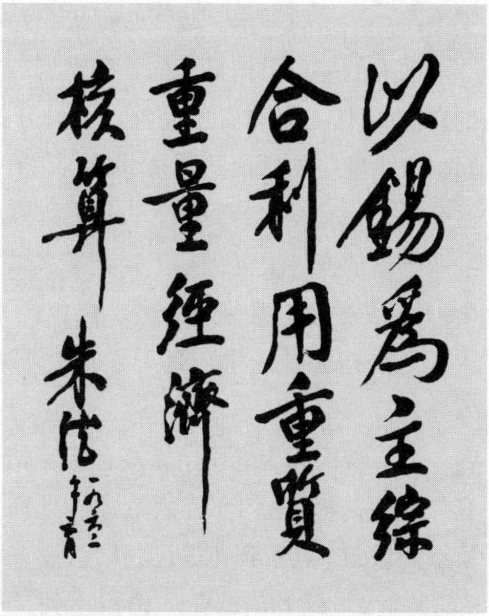

一九六二年六月朱德委员长题词

1981年全国冶金工作会上方毅副总理题词

中山路是出售竹、木、砖瓦、石灰、弹棉的一条街。

政府的一些机构县衙门、警察局、邮局、税局、矿务局也在20年代逐渐完备、完善。蒙自开关到滇越铁路通车期间，每天驻足永胜街的骡马上千匹，滇越铁路、个碧石铁路通车后，骡马运输瞬间消失，代之以铁路运输，每天等候在个旧车站的搬运夫（搬运工）上千人。只见白花花的大锡从个旧车站发出，黑色的焦炭、棕色的木材（作坑道支撑等用）从外地源源运来，每天吞吐上千吨，忙得搬运工不亦乐乎。

个旧城区因为老阴山太高，像一堵天然屏障，因而无论春夏秋冬，都是上午8点之后才能见到太阳。然而，市区卖早点的饭馆7点不到，早已开门营业，一般百货店之类则在8点半至9点间开门营业。10点不到，街市上已经走满了熙熙攘攘的人群，马帮行进的铃铛声、马蹄声，铁匠铺里的打铁声，锡工艺作坊的敲打声，沿街小贩的叫卖声交错起落，热闹非凡。到了夜晚，劳累了一天的矿工、当监工的锅头、上山视察的老板以及各色人等都云聚城区中心酒楼、“光美园”饭馆，而遍布“大桥”一带的烧豆腐摊前则挤满了吃喝的人群。

无数史实说明，“锡都”个旧的锡开发史已很悠久，不是一二百年，而是二千多年。但是，悠久的历史只是远古的一道光环，“锡都”的崛起、声名远播主要还是滇越铁路通车之后，如果没有便捷的交通，没有当时先进的工业生产设备，也没有战争中欧洲对锡大量需求的契机，个旧锡业生产发展可能一时还达不到当时世界领先的生产水平和创个旧锡业生产的历史最高水平。

20世纪二三十年代的个旧确实商贸繁荣，店铺相衔，街市拥挤，夜不闭市，凭借得天独厚的便利交通，凭借高质量、良好信誉的锡产品，凭借南来北往，奔走世界各地的名商巨贾、社会名流、逃生民众，“锡都”声名崛起，不仅享誉神州，且闻名欧美。

闪光的锡锭通过列车外运

个碧石铁路通车,列车行进到石屏站

第十四章　个碧石铁路

个碧石铁路是由滇越铁路衍生的，为便利滇南运输及个旧锡业发展而修筑的中国较早的一条民营铁路。

在滇南的崇山峻岭中，沉睡着一条蜿蜒曲折、犹如游乐场中道具的铁路，虽然如今已风烛残年，甚至已停开二十余载，但它却是象征民族主义精神、为我国锡工业发展做出过重要贡献、旧中国主权最完整的中国唯一的一条民营国道铁路，它就是个碧石铁路。无疑，个碧石铁路是锡都文化史上最精彩的一笔，是中国民族工业史上值得骄傲的历史见证。

个碧石铁路，是清末民初云南个旧锡矿工商业者为抵御法帝国主义进一步掠夺中国路权、矿权，便利滇南运输及个旧锡业发展而集资兴建的。个碧石铁路的开通，结束了滇南地区几千年来大量物资人背马驮的历史及个旧大锡外运、中转的困难，是滇越铁路的延展与衔接。

个碧石铁路从碧色寨起到个旧，再由该段的中心处鸡街延伸至建水，石屏，全长177公里。1915年5月开工，1936年10月10日竣工通车，历时21年5个月。通车之日，在石屏县举办了盛大的通车典礼，大摆宴席，遍请个旧、蒙自、石屏、建水乡绅及各界人士。一般老百姓有自愿到石屏观礼祝贺者，都免费供给食宿。铁路通车，是当时滇南地区一件轰动的大事，来自各地的人将石屏小城围个水泄不通。活动空前，除民间传统的放礼花、耍龙灯、唱花灯、耍狮子、踩高跷外，还有当地的跳烟盒舞、对歌等各种民族民间文艺活动。石屏县的老人回忆说，近百年来石屏有两次最热闹的庆祝活动，一次是1936年的个碧石铁路通车庆典，另一次是1998年的石屏首届“豆腐节”。

为了庆贺和纪念通车，个碧石铁路股份有限公司还专门印制了《云南个碧石铁路通车纪念刊》。该刊较详细地记叙了铁路修筑缘起、呈报筹资过程、消耗资金、桥隧概况、股东人名录等，是如今考证修筑寸轨铁路情况的一册难得之书。

个碧石铁路的退休老职工余季全，今年79岁，是石屏举行通车典礼的直接见证人。他说：“我那时好像13岁，小伙子爱凑热闹，凡是人多的地方就往前面钻，看个究竟。为了庆贺铁路通车，石屏县专门在车站不远的街上搭了个牌坊。高呀，石屏以前从未有过这么高的牌坊，三门四柱式，中间主洞门即使如今的大卡车装满货物也能开过去。庆典那天，牌坊上扎满了柏枝，挂满了各种鲜花。会上有几个大头头讲了话，讲什么我不懂，然后就是敲锣打鼓放鞭炮，声音之大，震耳欲聋。时间之长，加上后来陆陆续续的单炮声响，可能延续了近一个小时。我挤进车站里面，那里早有两排隔着铁轨分列的人群。说是排，不确切，因为每边站立的

个碧石铁路全路通车纪念刊

人群一个紧贴一个，搡搡挤挤，构成一条长龙，每列人数均有上千人。后来列车缓缓进站，机车头上还披着鲜红的大彩球、彩带。人们顿时欢呼起来，叫喊声、口哨声、鼓掌声互相交混，响彻云天。人们激动的情绪达到极点，只有纵情地蹦呀、跳呀、叫呀，似乎才能发泄胸中之激情。从山区赶来凑热闹的山民更是亢奋，他们怎么也想不出这么大的一个铁家伙，怎么会在路上跑起来，又怎能拉动这么多的东西？另外这种铁家伙吃什么？因为牛马也要吃东西，才能帮人干活……我挤到了欢庆的人列前边，接近机车头，想看个明白。起码还离七八尺，不敢再往前了，那机车庞大的身躯、高高的车轮，不时喷出的水汽、"呼哧呼哧"的鸣喘，加之汽笛尖锐的叫声，怪吓人的……"

这就是余季全对个碧石铁路通车庆典时的一段生动具体地描述。哪知五六年后，他也加入到个碧石铁路的工作中。

个碧石铁路呈"T"字形，横笔两端分别为碧色寨、个旧，交接点为鸡街，竖笔下端为石屏。碧色寨经鸡街至个旧长近73公里，由鸡街经建水至石屏长104公里。全为6寸轨距，有遂道18座，桥梁40座。先后投资2070余万银元。

个碧石铁路的修筑有其特殊原因。19世纪末20世纪初，英、美、法等西方国家船舶工业、机械制造工业迅速发展，猛然促进了对大锡的需求。而个旧锡在质量上较之巴西、玻利维亚与马来西亚等国家生产的锡质量上乘，号称质量世界第一，数量世界第二而成为国际市场的抢手货。这种需求必然刺激个旧大锡的发展，使得矿山人员增加，采场面积扩大，炼炉蜂起。周边县份蒙自、建水、石屏等地的人员、物资向个旧急遽流动。但当时个旧大锡的出口，原从蛮耗口岸经红河南下至越南海防转香港地区销往国外。滇越铁路修通，从碧色寨一天即达河口的铁路运输取代了从蛮耗七八天才到河口的缓慢运输，于是蛮耗水运逐渐中止，锡外运改由必须经蒙自关与碧色寨车站。加之各种矿用物质、生活物资全靠马帮从邻县运到个旧，这就形成了个旧交通滞后，与蓬勃发展的大锡生产之间的严重矛盾。以1910年滇越铁路通车为契机，促使个旧工商业者将修筑个碧石铁路的事宜提到桌面上来。

1910年底，刘新元、郭步程、黄土运等48名个旧矿商联名上书云贵总督，首倡修筑个碧石铁路。

1911年，孙中山先生领导辛亥革命运动，推翻了清王朝统治，结束了中国长达两千多年的封建统治。受其影响，民族独立自主的思想使个旧工商业者更坚定了个碧石铁路商办的原则，又再次禀文省府。

1912年2月，个旧地区工商业主三度联名上书云南都督蔡锷请修个碧石铁路，并确定抽收锡炭股款及添收砂股，以作修路资金的方针。其禀文曰："具呈个旧绅商李光瑜、朱朝瑾等为请继续抽收铁炭股并添收砂股以修临、蒙、个、屏铁路……拟请于滇蜀铁路股款收足后仍继续抽收以作修临、蒙、个、屏等处之公用……应再由个旧所出之砂每桶抽收一元以应急需，至路成之日为止。”旧时建水称临安，这里临、蒙、个、屏是指云南省建水县、蒙自县、个旧市、石屏县。

经过几度申报、审议、复议，同年蔡锷批令：“据呈已悉，临蒙个屏等处铁路关系本极重大，该绅商等倡仪筹款修筑，足见关心桑梓，注意交通深切，嘉尚所诂，继续抽收锡炭股并添收砂股，以供路需，各节均准照办，在路车未成以前，不准轻易停止，仰即遵照。”又复批令：“此路利害，路权与矿权相同，既归滇人自修，商款商办，主权在民，滇政府不能主持，放应咨复。”在此，蔡锷重声并界定了个碧石铁路的主权问题及民营性质问题。虽然这段时间法国向民国政府外交部多次索要个碧石铁路筑路权，但在蔡锷及个旧绅商的坚持下，以民族利益为重，始终不允，击碎了法国人进一步控制个碧石铁路的梦想。

20世纪30年代的鸡街站

个碧石铁路列车机车头

由于个碧石铁路定为工商集资修筑的民营铁路，当时轰动一时，社会舆论极大，省政府对此作了充分肯定，并愿“出资补助，以示提倡之意”。1913年，云南军都督府召开股东代表会，决定由滇蜀铁路公司与个旧股东组成官商合办的“个碧石铁路股份有限公司”，政府方面，由滇蜀铁路公司出股100万两，厂商方面由锡、砂炭抽股100万两，设不敷出时，再由滇蜀铁路股项下，拨借50万两。同时拟定了《个碧石铁路股份有限公司章程》，呈请省政府转咨交通部立案。总公司设在个旧，昆明、海防，香港设分公司或办事处。直到1917年官股退出的这段时期，是个碧石铁路官商合办的时期。

个碧石铁路资金的筹集，主要通过个碧石铁路股份有限公司发行股票的形式进行。发行以强迫和自愿相结合，除自由认购外，极大部分以当时个人实业基础认购分摊，即按大

陈鹤亭

萨福均

锡、矿砂、坑口、薪炭占有量在交易中的比例大小而定，规定锡股每张认股50两，炭股每炼锡烧炭一个认股3元，砂股每矿砂一桶收洋一元。这是个碧石铁路筑路款的基本来源，到民国二十三年（1934年）停止收股，约得股款1370余万元，加上滇蜀铁路公司拨还股本、收入新砂股，合计股金1740余万元。当时个旧较大的商人陈鹤亭，李衡、朱渭清等既是个碧石铁路修筑的积极倡议者，也是个碧石铁路股份有限公司最大的股东。

个碧石铁路资金筹集的第二条渠道是成立铁路银行，发行铁路钞票，以银元为单位，在滇南地区个旧附近几个县境内流通使用。票面为1元、2元、3元、5元几种，元以下为铜板辅币，100个铜板为1元。个碧石铁路银行信誉卓著，借贷严格，杜绝徇私舞弊。铁路建成后，部分贷款不能按时或如数收回者，即以银行章程绳之以法。那时个旧铁路房产甚多，不少就是以产还贷的结果。

据《昆明铁路局解放前工运史》载：1919年2月16日在个旧成立“个碧石铁路银行”，下设香港云昌、昆明总换

守护车站的铁路员工

在老车站傍摄影留念

处，建水、蒙自分行。至1933年银行关门停业，历时15年，纸币发行总额为8，897，000余元。那时云南流通的钞票有富滇银行发行的富滇票与个碧石铁路银行发行的铁路票，后因通货膨胀，用富滇票购买火车票、支付运货费要按比例提高票价，因而铁路票相对富滇票声誉高。

1917年，滇蜀铁路公司会呈政府，考虑到“本路无成功之望”，函商个旧锡矿股，将交入股银800万两股本归还股东，取消官商合办方案。从此，官股退出，个碧石铁路转为纯民办。1933年，滇省政府以个碧石铁路股份有限公司办理不善为由，组织整理委员会，重新拟定“云南民营个碧石铁路股份有限公司章程草案”。

在筑路的二十余年间，开始，滇省政府委任陈信圃为总理，着手筹务，然事久不决。翌年改委陈鹤亭为总理，周柏齐为协理。陈鹤亭身兼数职，兢兢业业，任事不缄默，不阿附，见多识广，有胆有略。在位期间，个碧、鸡临两段先后通车，历时17年，到他病故。后沈曙秋、郭绍聪先后继任总理职务。

个旧车站

临安车站

乡会桥车站

火谷都车站

鸡街车站

石崖寨车站

陈鹤亭是建筑个碧石铁路的功臣元勋，人们每提及个碧石铁路，必然联想到陈鹤亭。陈鹤亭，名陈钧，字鹤亭，石屏宝秀人。1922年后，时逢欧洲大战之后，锡务衰落，经营惨淡，公司亏空，所有资金均拿出来作购买机器和建厂房用。这期间陈鹤亭竭尽苦心，向东方汇理银行贷款20万，向富滇银行贷款45万。之后，陈鹤亭努力调整内部运转机制，一方面扩充尖子（锡矿），增加锡股收入；另一方面，恢复省、港（香港）、碧（碧色寨）客货运输，兼营洋纱、汇总业务，于是事业大兴，不几年已获利500余万元，除支付新旧股息与借款外，尚余流动资金200余万元，为个碧石铁路的建设、生存、发展立下了汗马功劳。从1914年起他连任或兼任个碧石铁路总理，在旧中国，为云南争权益，不让法国滇越铁路公司染指个碧石铁路；重视、培养中国工程技术人员；以发行股票的方式筹集资金；1939年创办个旧碧石铁路银行，发行铁路银行券；保存路款，汇集游资，边建路，边营运，以营补建，终使个碧石铁路告成，并成为中国唯一的一条民营国道铁路。

个碧石铁路的老职工余季全当时任工务科长，系陈鹤亭的学生，很得陈的信任，高中一毕业就到个碧石铁路工作，并委以工务科长之职。那时候的高中生是很稀奇的，可谓凤毛麟角。他回忆发行股票一事时说："开始我们都不太理解，并未主动买股，是个旧干大锡生意的大老板朱渭清等率先购买，且因后来列车在边建路，边营运，以营补建中，大家吃到甜头，受到教育启发，于是才争相购买股票。"现余季全家里还珍藏着几份当时的股票，以示对历史的永志、同时也说明，朱渭清等个旧的一批思想保守的富商，修筑滇越铁路时，他们看不到好处，看不到前途。滇越铁路通车后的实际效应、生动的事实教育了他们，也开始觉悟修铁路的重要性，并积极加入投资入股的行列。

在个碧石铁路修筑过程中，个碧段民国二年着手勘测，民国四年开工，1921年11月9日通车，筑路工程师为法国人尼复礼士。该线路的修筑曾出现一个不该有的插曲。1914年蒙自绅商龙济光等19人上书云南总督，要求绕道蒙自城，个旧等地绅商坚决不允，双方争持不下，至延误工期一年。后经省府调停，蒙自绅商追加40万元股金，废弃多莱选线，改由碧色寨车站为起点，经多法勒、蒙自城，通到雨过铺、鸡街。如此，多绕31公里的一个大圈子，造成人力、

个旧车站站房外景

江水地车站

建水车站

蒙自车站

除候车外,这里还是村民休闲的好地方

物力的浪费。如按原勘测施工，由碧色寨起，沿长桥海直开雨过铺，走鸡街然后通个旧，不但减低进个旧的坡度，节约资金、人力更勿论了。因而当时路线的选择可以说不是理性选择，而是以出资者的要求为转移，也至形成了路筑好后的诸多遗憾。

鸡（鸡街）、临（建水）段民国七年动工，民国十七年（1928年）十月通车，筑路工程师为福建人萨少铭，后为广东人李庆余，临屏段民国十八年动工，民国二十五年，即1936年10月10日竣工通车，也为全路段峻工通车，筑路工程师为浙江吴澄远及李庆余。从筑路工程质量方面来说，由于后修的总结了前边的经验，改进不足，因而后来居上，鸡临段比个碧段质量好，临屏段又胜过鸡临段。

个碧石铁路不修成准轨、米轨，而修6寸轨，其中既有政治主权因素，也有客观地形因素和运输效应等原因。

个碧石铁路的修建是在法国人修滇越铁路之后。法国人修滇越铁路时，原计划从河口到昆明要经过蒙自城，由于蒙自全县士绅联合抵制，滇越铁路不得不绕道经碧色寨。这说明滇南一带，作为云南当时的工业重镇，乡绅发展民族工业意识浓厚，国家资源不能让外国人染指。简言之，不愿让个碧石铁路与滇越铁路接轨、畅通，以免被法国人侵吞了运输、管理权。

另外，个旧一带地形属哀牢山系与乌蒙山系交汇之地，海拔超过2000米，平坝与峰峦落差明显，相对高度大，路面越宽，坡度越平缓。当时设计个碧段的专家曾测算过，米轨最大坡度为30‰，轨弯半径最小100米，而6寸轨最大坡可到40‰，转变半径可以小到50米。相形之下，修米轨不仅耗费资金、耗费时间，且增加技术上的难度。何况6寸轨火车在山大坡徒的个旧一带矿区，转弯灵活，爬坡能力强。

个碧石铁路个旧站留下的围栏

个旧车站的窗扉

列车行进在乍甸福家营弯道

再者，修筑个碧石铁路，主要出于对大锡生产和出口考虑，运输量过大，没有多少东西可运，各县之间也仅限农产品物资运输，量不大，因而没有修米轨的必要。

对于以上问题，法国工程师尼复礼士曾很有远见地提出客观有益的建议，他说："该路的作用不过是县与县之间的交通运输，采用6寸轨已可以运输自如，并可以省工省料款十分之四。"（见《云南个碧石铁路通车纪念刊》）后公司各股东多次商议，又派代表到越南参观考察，经过几次论证会后，遂决定修为6寸轨，其中鸡街到建水、石屏段工程师萨少铭主张目前虽修6寸轨，但建成米轨路基、桥梁、隧道，原因是将来收回滇越铁路路权时，便于改轨通车与滇越铁路连成一线。同时，该段线路所经坝子较多，农产品丰富，以后随着社会发展，运输量会增大，改轨势在必行。经过公司众股东商议，同时采纳了萨少铭的建议。这些建议都是具有远见卓识的建议，既科学合理，又为将来社会、经济发展，铁路会产生的变化作出预见性的判断。几十年后，时间进入20世纪70年代，建水、石屏路段改为米轨，鸡个段停开，都证明当时个旧股东与尼复礼土、萨少铭的深谋远虑。且因当时鸡临、临屏段的路基、遂道、桥梁均按米轨要求修筑，故换轨一蹴即就，不日便与昆河线（滇越铁路）接轨，成为滇南地区的重要交通线。

个碧石铁路个碧段长72公里，有隧道8个，其中2号洞最长，为692米，在鸡街与乍甸站间，由于车速慢，煤烟大，600余米的隧道就放了两个通气孔。7号洞最曲，且坡度大，两头洞口高差20余米。火车下行出洞后，回首一望，上面隧道口还冒出滚滚浓烟；而上行出洞后，机车经过10余分钟猛烈冲刺，所储蒸汽已基本耗尽，后边到火谷都车站还有几公里的陡坡，一般情况下机车要在洞外停留10余分钟，经司机加水、加煤、重新燃烧出充分的蒸汽，然后方能继续往上爬行。从碧色寨到个旧，所经车站有多法勒、蒙自、十里铺、雨过铺、江水地、鸡街、泗水庄、乍甸、石窝

早已废弃的个碧石铁路鸡街车站，轨道上长满了刺棵野草

个碧石铁路7号洞弯道上下高差100余米

铺、火谷都、鄢棚等站。

此外，鸡临段长62公里，有隧道5个，较短，经石崖寨、麻栗坡、大田山、缅甸、五里冲、南营寨等站。临屏段长42公里，有隧道5个，经乡会桥、团山、下坡处、新街、仁寿村。

个碧石铁路设计规定时速25公里，但实际速度只有10余公里，比骑马快不了多少。尤其鸡街到个旧一段，31公里的路程，一般要3至4个小时方能到达，究其原因：路基坡度大，坡度高3%，两地高差445.38米；弯道半径小，有些弯道半径只有60米；加上煤质差，经常“闹肚子”停车修理，所以时人诙谐地形容“滇越铁路火车没有汽车快，个碧石铁路走路也比乘车快，就是下去撒泡尿，也能赶来爬上车”。是的，如果乘小火车去个旧，中途爬坡钻洞，机车气喘如牛，车速亦缓慢如牛，遇到顽皮大胆的小青年，往往跳

个碧石铁路列车开通当天路过鸡街车站

下火车，与车同步小跑一阵，又爬上车。如此反复戏闹，气得跑车的调度司乘人员大呼小叫，以示警告。当火车要钻7号洞时，因速度慢、煤烟呛，有人竟跳下车，从小路跨过山箐，爬坡直达对面山腰上的路段，等候钻洞出来的小火车，居然为时不晚。有一次，一位卖簸箕的老年妇女坐在车门口，一阵风将她的一个簸箕吹到车下，她来不及想什么，便毫不犹豫纵身跳下车。只翻了一个筋斗，没事，抖抖灰，拣起簸箕又来追火车。在车门口其他人的帮助下，她居然顺利地又回到列车上。如此等等，再次证明了人们对云南“小火车”的看法：“蛇行铁路，爬行火车，英雄司机，玩命乘客”。

个碧石铁路机车分别由法国、美国和德国进口，车辆多为法国制造，部分为中国汉阳制造。机车不统一由一个国家进口，主要是考虑反垄断、反控制，多边交往的需要。同时选择余地大，价格上不吃亏，可以节约资金。第一批进口的法国0–8–0型机车，因马力小，结构不严谨，重心高，行驶起来摆动大，从鸡街到个旧只能牵引三四辆重车，所以多半在铁路修建中作供应材料用。第二批是从美国进口的0–10–0型平移滑阀式机车，共16台。该机车前边有引导轮，中间有10个主动轮，且钢材优良，结构严谨，重心低，马力大，行驶平稳，耗煤少，是个碧石铁路的主动力。1936年全线营运后，机车全部由美国产机车取代。第三批是从德国进口的2–8–0型机车，仅2台，它钢材好，重心低，马力大，行驶平稳，但耗煤大，有“吃煤老虎”之称，一般在运输繁忙、机车周转不过来时才启用。

开始时，客车部分共分四等车厢。一等厢设卧铺、餐室，为总经理专用；二等厢为软席；三等厢为横向四个对坐

个旧站上停留的机车

个碧石铁路列车车厢

硬席；四等厢为直向长椅对坐硬席。后因二、三等车厢年久失修，遂全部改为四等车厢，统一了票价。

人们习惯将滇越铁路叫做“小火车”，如个碧石铁路与之相比较，则可以叫“小小火车”了。准轨路距为1.45米，滇越铁路为1米，而个碧石铁路仅为0.6米，比滇越铁路少4公寸，比准轨铁路少8.5公寸。车厢宽1.7米，只相当于老式公共汽车的宽度，三等客车仅22座，比一辆公共车少得多。相向而置的木棱椅，乘客对坐其上，膝盖相对，几乎相互抵触，如有人过路，还得请乘坐者斜腿或站起来让路。拥挤狭小的车厢，倘若有什么异味，整个车厢则气息熏人，十多分钟也不能散尽。遇到列车上行过隧道，忒慢的速度，浓烈的煤烟，即便车厢关着窗子，烟也要从缝隙中渗进车厢，呛得人喘不过气来。一出洞口，大家迫不急待地打开车窗，呼吸窗外的清鲜空气。由于车速慢，乘务员、乘警往往站在车门口，手拉门把手，看着路边的绿色田野，巍巍青山，同时警戒乘客，不准靠近车门，以免发生安全事故。遇到夜晚行车，车厢两头各置两根蜡烛或小油灯用做照明，微弱的光线仿佛静夜郊野中的荧火，而“吱吱呀呀”的轮轨接触声打破了山谷的寂静，更增添了“小火车”的别一番情趣。

挂车、制动是个碧石铁路列车的一项特殊、刺激、惊险工作。在车站调车时，常见挂车人（专用名词司轫员）蹲于车尾，嘴里吹着哨子示意倒车的司机快、慢、进、退与中止。当两车大铁扣一碰上，他拿在手里的铁销子立刻插下，使之扣死，让两节车厢稳稳连接，同时吹出长音哨声，表示连接工作完毕。制动则因机车风泵力量不够，风力制动即改为人力手控制动。又因手闸装于车厢顶部，因此，在列车运行中遇到上坡、下坡需松闸、紧闸时，只有靠司轫员在车顶上来回为每节车厢制动了。特别下陡坡时，司轫员的作用更大。凭着惯性，满列车的大锡，数千吨的重量，推着车轮子下滑飞速转动，速度越来越快，此时光靠司机制动机车头显

如今个碧石铁路上成了村民休闲的场所

个碧石铁路个旧八号洞洞口

然不能减速奏效，就靠在列车顶上跑来跑去的司轫员对每节车厢进行原始落后的手控制动紧闸减速，待走完下坡道后，又松闸恢复原状。如此，一段路上要反复作业无数次，其工作量与重要性可想而知。一般每趟列车要配备二三个司轫员，上下坡时才来得及工作。退休职工徐自开回忆说，他家住滇南开远县，自小看惯了列车在滇越路上飞速奔驰，对火车司机的工作十分羡慕，梦想长大当个司机。长大后，他终于遂了的心愿。那是1963年，他铁路中专毕业，分工了，但不是分去滇越铁路上，而是分到个碧石铁路上当火车司机。开始时他有点失望，后来也就习惯、满足了。他说："个碧石铁路列车车长一半是车长，一半是司轫员，凡上坡下坡，要亲自登上列车顶部参与开、关闸的手控制动工作，这一环也是考察车长业务能力的一个主要方面。某种意义，车长的一半又是司机，因为开、关闸制动本应是司机完成的，但由于当时列车技术性能限制，只有由车长担起大任。"许多农村的小孩乘"小火车"，见司轫员在车顶上来回跑动，步履之稳，速度之快，既羡慕、佩服，又为之担心。

心里头常常涌出这么一句话："哇，好厉害，真有本事。"在小孩的心目中，司轫员与飞檐走壁的侠客是等同的。

个碧石铁路的货车有棚车、敞车、砂车，平车四类，有的无顶，有的无帮，有的有帮无门。用什么车辆运输货物，主要根据货物的体积、重量及价值程度决定。

个碧石铁路所经站区与滇越铁路有所不同，这一带有许多大大小小的山间盆地——坝子，如蒙自、大屯、鸡街、乍甸、淌甸、建水、石屏等，以盛产大米、小麦、包谷、蔬菜及水果称著，均为滇南富裕之地。个旧矿区多年来所需的粮油作物、副食品多来自周围这些地区。

在这些坝子中，乍甸坝子显得有些特殊。坝子不大，长5公里，宽1.5公里，一条蜿蜒的小河横贯坝心，加上四周山脚下一年四季涌出山泉（本地人叫"龙潭"），使得乍甸长年不涝不旱，五谷丰登，主产水稻、石榴、柑橘，其余包谷、大豆、各种蔬菜应有尽有，加之地处个旧矿山边缘，公路距离13公里，铁路距离20公里，所谓"近水楼台"，个旧矿区自然是乍甸农产品的主要消费市场，因而个旧矿山的发

个碧石铁路穿越大田山一带

达兴旺也随之带动了乍甸小镇的兴旺。远在500年前明嘉靖时期，乍甸就是滇南的“商埠”，重要集市，个旧矿藏及锡工艺品的集散地。乍甸小学与宝华小学是个旧地区最早（1921年）成立的两所小学。在20世纪50年代60年代初期，乍甸曾被称为个旧的“小乌克兰”。80年代乍甸乡镇企业发达的“红丹厂”“面条厂”“编织厂”“砖瓦厂”，特别近年来乍甸牛奶更是享誉滇南。如今，乍甸的芦笋、柑橘大量销往省内外，火谷都冶炼厂的锡是重要出口物资，松树姥村是全国著名的自然生态保护村。如此等等，便决定了乍甸镇在个旧市的重要地位，而乍甸物资的集散、转换、外运，早年靠的是个碧石铁路与滇越铁路。个旧大锡出口，个碧石铁路列车所经的站区，第一个坝区站即为乍甸站。

有趣的是，由于时代的进步，公路交通的便捷、高速等多种原因，个碧石铁路已停开20余年了，但乍甸站的风姿不减。虽然车站上人烟稀少，道轨上杂草丛生，但站台如故，站房依旧，两只高大的如倒“L”状的水鹤俨然挺立。不仅道坎上的迎春柳年年按时开放，甚至站房四周的缅桂花

个旧中心酒楼，昔日最兴盛的酒店

也时时散发沁人的芳香。试想有朝一日，云南百年列车——滇越铁路辟为流动的“黄金旅游线”时，乍甸小站优美的环境、红瓦黄墙的法式车站建筑、难得保存完好的整备设备均绽放异彩，与车站背后翠碧的山峦、前面的千顷良田，将一起构成了一道迷人的风景线。

个碧石铁路所经地区有许多类似乍甸的车站。这条铁路完全是由个旧地区股东投资修筑的，但其设计及工程技术方面都仍为法国人主要承担。包括现在还在继续运行的鸡屏段线路，沿途的这些车站，大多数为法式建筑，红顶，黄墙、圆门顶、百叶窗，石板条砌就的站台，时至今日仍保存完好。平时小站清雅、静谧，除了有几个山村的小贩在这里摆点凉米线、烧豆腐、木瓜水，便是山野徐徐的清风与摇曳的树影，与每天来站上候车旅客的心情一般，所企盼的便是按时到站的列车。

个碧石铁路股份有限公司组织上以股东大会为最高权力机构，以董事会行使监督权，执行一切事务，并选举总协理。其下设总务，会计、车务、营业、机械、保线六课，再下设若干股。两线交汇之鸡街设警总局，各大站设分局，小站设分驻所。机车、车辆修理在蒙自，材料厂设在碧色寨，车务段设在鸡街。蒙自、鸡街、大田山等地设有工务段。筑路期间设有总工程处、分段工程处。工程技术人员与车站管理员多数被送到京汉铁路学习培训过，而大部分车站的站长则由这些人员担任，具有一定的专业技术知识，在铁路上自然属于高级职员。

铁路公司总经理、协理、主任、课长、站长等高级职员的工薪高，待遇优厚。如总经理到公司下属铁路沿线各站视察，乘的是一等专门车厢。而下属职员，特别是一般工人的工资却十分微薄。抗日战争爆发以后，他们多次领不到工

准、窄轨换轨

资，但上班有时一天要干十几个小时，住的多半是草棚或废旧车厢。鸡街机务段青工较多，全部拥挤不堪地住在一个早已停止使用的摇摇欲坠的仓库里。

个碧石铁路营运业务与滇越铁路不太一致，最旺盛的时期是抗日战争开始前的几年。当时个旧矿业兴旺，市场繁荣。大锡由个旧运往碧色寨，转车后再由滇越铁路运至海防、转水路运往香港地区，最后销往世界各地。一些舶来品及上海、广州的国产货如丝绸、百货、布匹等则经同样的线路返回运至个旧、蒙自、建水、石屏一带。一切矿用物资也在石屏、建水集中后运往个旧。这一时期由于时局相对稳定，滇南又处于战略大后方，建成并全面通车的个碧石铁路自然承载着经济物资运转的重担。欧洲、南亚各国以及澳大利亚的经商者、观光者纷纷涌向个旧，促成了该地区经济、文化的空前活跃与繁荣。

个旧文化实际是外来文化与本土文化的综合体，锡文化

上图 团山车站

中图 临安车站

下图 乡会桥车站

20世纪80年代站台上用的信号灯

20世纪80年代列车乘警戴的帽子

的形成实际是外来文化与本土文化碰撞的结晶。远在宋元时期就有湖南、贵州商人到个旧经商、开矿，明清时期管理矿山的官吏也为朝廷委派。近代个旧地区的很多资本家、老板即为石屏、建水人，矿工则多为宣威、陆良及省外湖南、湖北、四川、贵州人。1989年在个旧黑马井东汉墓葬发掘的“铜俑灯”，说明当时个旧不仅与中原地区有经济文化交往，甚至与西域各国也有一定的商贸往来。这里更勿言滇越铁路、个碧石铁路开通后，不断引进欧洲的机器设备，接受外国专家指导，一起促进成个旧经济、文化的发展了。

个旧有座宝华寺，坐落在老阴山之麓，它楼阁高耸，庄严肃穆，数百年来静卧在松柏云杉交缀的绿阴之中。有意思的是这座庙里既有道家鼻祖“太上老君”“玉皇大帝”的供奉，也有佛家“释加牟尼”“观音大士”塑像；既有人神“关云长”“岳飞”，也有开矿功臣赵天爵的泥雕，甚至还有近乎少数民族图腾崇拜的“白猿献宝”，成了锡文化——一种综合文化的特征与象征。

抗日战争爆发后的这段时期，是个碧石铁路运输的衰败时期。日本人深知个旧大锡在世界经济中的战略地位和作用，首先切断海防通道，继而狂轰滥炸个旧城及邻近矿山。个旧锡生产受到严重破坏，几至一落千丈。加之云南西部、南部遭受日本地面部队包围，大锡根本无法通过个碧石铁路、滇越铁路运出，外边的物资也运不进来，以至抗战后期，器材、机车、材料、机煤均无钱购买，最后连工人的工资都无法保证，只好靠借贷维持生活。

1935年8月，铁路公司向富滇银行借旧币200万元，购买钢轨岔道，以补足临屏段钢轨岔道之不敷；1936年10月，又向富滇银行借旧币50万元作个碧石铁路全线通车之资；同年，又押借300万元作收换铁路票用。后经3年的周转，到1939年彻底还清，并有所盈利。

1943年个碧石铁路成立督办公署，由省财政厅长与民政厅长担任正、副督办。于是，个碧石铁路民营性质开始发生变化，其中由于省政府以征收铁路占用地亩税及国民党政府通过交通部给予大量补贴，从而控制了铁路公司。

1951年，中共云南省委对个碧石铁路实行军事管制，以军代处作为最高职能机构。第一个五年计划之前，全线开展了“满载超轴500公里”运动，为初期社会主义建设发挥了重要动力作用。此间，个碧石铁路正式并入铁道部昆明铁路局。

“大跃进”时期，从石屏向西延展了10公里至宝秀，全长173公里变为183公里。

1969年铁道部对该段线路进行了大部改轨工程，将蒙自到宝秀的142公里扩建为米轨，仅保留鸡街到个旧的34公里仍为寸轨。犹如晚风夕照，鸡个段成为了全国最后的寸轨国道铁路。

从1974年开始，昆明铁路局经过踏勘提出由白沙冲展筑新线至个旧和鸡个线扩轨改造方案并报铁道部与省计委，后因原因种种，终未果。

1990年夏季，上级主管部门决定鸡个支线于年末停办货运业务，由此，鸡个线寸轨铁路彻底完成了在云南历史发展与经济文化建设中的历史使命。

在滇南的群山中，个碧石铁路早已今非昔比，鸡街到石屏段线路米轨列车仍紧张地在原路上奔驰着，而鸡个线则静静地横卧在滇南的深山沟壑间，人们再也不会听到“小火车”汽笛与车轮滚动的鸣响，再也看不到铁壳长虫在个旧矿山负重累累地缓慢蠕动。但是，人们也不会忘记个碧石铁路是：

——全国最小的铁路。它路小、车小、载货少，车厢比矿车大不了多少。在全国，滇越铁路已经号称“小火车”，但它比滇越铁路还小。货运载重量亦不多，如1933年，全年货运量仅8.3万吨，月均只有6917吨。

——全国建筑时间最长的铁路。它全长177公里，1908年开始筹划，1915年开工，1936年竣工，历时21年，整个工程进度较缓慢。

——全国最慢的列车。个碧石铁路列车原设计规定时速25公里，比滇越铁路慢5公里，但实际时速只有10公里左右。

——效益最显著的铁路。个碧石铁路通车，“因铁路而增长之出口大锡，每年不下万吨，对人民之生计、政府之金融财政、社会之商品流通，均息息相关，实不啻个旧之生命线。”仅铁路公司1933年就赢余170多万元，1934年赢余290多万元，1935年赢余280多万元。

——全国唯一的民营国道铁路。从1917年云南的政府决定“退出股金，取消官股”，并将公司名称定为“个碧石铁路股份有限公司”起，个碧石铁路即已成为地道的民营、私营铁路。它不是全国唯一的民营铁路，但却是唯一的民营国道铁路。

——滇越铁路的延展与衔接，它与滇越铁路一起结束了云南几千年来的人背马驮史，成为云南近代史上最闪光的一页。尤其个碧石铁路，它以民族独立自主的典范、自强自力的精神，尤其显得璀璨夺目。

20世纪80年代初的个碧石铁路

运矿设备翻兜车

开矿凿岩设备风钻

第十五章 著名实业家陈鹤亭缪云台

陈鹤亭开了云南地方民营铁路之先河；担任锡务公司总理期间挽救了濒临危难的个旧锡业生产。缪云台是著名爱国民主人士、政治活动家，是近代云南闻名遐迩的实业家。

陈鹤亭

陈氏公祠的狮子柱础

陈鹤亭，云南个碧石铁路建设的积极倡导者、大股东，总理。

个碧石铁路是云南地方民营铁路，也是中国较早的一条民营铁路，因而陈鹤亭开了云南地方民营铁路之先河，也开了中国民营国道铁路之先河。不仅如此，他还开了个旧锡矿融资经营开发之先河，移拔神祠庙宇资产兴学建校之先河，一生对云南民族工业、交通事业、文教事业都有着特殊贡献，是云南近代著名的企业家。

石屏县山清水秀、人杰地灵，是云南的文献名邦，素有“山川东迤无双境”“文学南滇第一州”之称。近代云南著名企业家陈钧（字鹤亭）就诞生在石屏宝秀郑营村。

陈鹤亭生于1874年，卒于1931年，为清光绪二十九年（1903年）石屏末科三进士之一。历任湖北天门、黄陂、宜都县令，江西兴国知州。在任湖北知县之先，曾到日本考察政治一年，1914年回国。民国初期任黎元洪总统秘书，蔡锷督滇时任省内务司长，唐继尧时期任财政厅长兼盐运使。个碧石铁路修筑期间任个碧石铁路总理、个旧锡务公司总理，后任蒙自道尹、省政府委员及龙云的高级顾问。

个碧石铁路1915年5月开工。其实，在1910年底，个旧的乡绅即已上书云贵总督，提议修筑该路，然因开始定为官商合办，两边的意见长期不能统一，致使铁路一拖再拖，数年不能动工。

1914年，陈鹤亭被委任为个碧石铁路总理。他一到任后便主动协调各方面的关系，积极筹划，为铁路动工争得时间，并于翌年开工。

个碧石铁路修筑的前3年，是以官商合办形式进行的，资金筹集主要通过铁路股份有限公司发行股票，强迫与自愿相结合，除自由认购外，还根据个人实业基础，按大锡、矿

个碧临屏公司总部

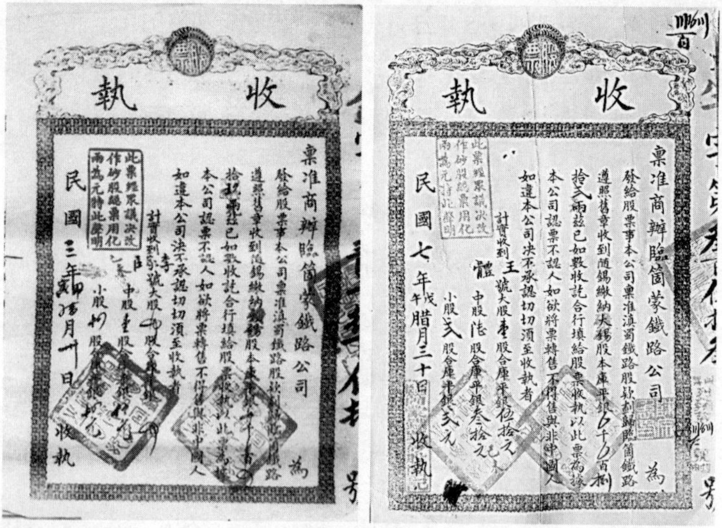

当年发行的收执

当年发行的股票

砂、坑口、薪炭占有量及在交易中比例大小而定，认购分摊。

1917年官股退出，个碧石铁路公司改民营商办，个碧石铁路成了真正意义的民营铁路。这时期由于陈鹤亭措施得力，信誉良好，股款逐年增加，共集得股元1700多万元。

为方便收存股银及筹集路款需要，接着陈鹤亭又创意性地提出设立个碧石铁路银行的建议。该方案受到当时省府的一致赞许，并于1928年得以批准。总行设在个旧，下设蒙自、昆明、建水、香港4个分行，先后4次发行纸币，为铁路建设筹集所需资金共计800多万元，为个碧石铁路初期建设奠定了良好的基础。

路轨轨距是当时个碧石铁路公司及众股东游移不决的大事，修米轨？修准轨？孰重孰轻，孰好孰坏，大家意见很不一致。有的股东主张修成米轨，以便与滇越铁路衔接，方便运转货物；有的股东则认为滇南各县之间客、货运输量不大，没必要多投入而浪费资金，且米轨的修筑、衔接有可能给法国人势力入侵提供方便。陈鹤亭主持个碧石铁路公司工作后，果断决定实施轨距为600毫米的寸轨，如此，既堵塞了外国势力入侵，保证铁路主权，又节约大量资金。

当时枕木材料的使用也有争议，有的人认为仿效滇越铁路用铁枕，坚固耐用，一劳永逸。而日本留学归来的工务课长则建议用木枕，他认为木枕不仅取材方便，不必受制于外国人，且价格便宜，总量10万根枕木即可节约50万元。陈鹤亭综合各种意见后，毅然支持了工务课长的这一好建议。

陈鹤亭重视培养造就中国自己的人才。原定由法国滇越铁路公司承办的勘测设计，陈鹤亭采用工程师聘外籍人士，一般技术人员则由本省铁道专业学生实地见习的方式加以完成，既节约开支，又培养了人才。建路后期，鸡临段（鸡街一建水）、临屏段（建水一石屏）则由中国工程师勘测设计，并指导现场施工。有人提议鸡临段路基、桥隧按米轨建设但先铺寸轨，待将来条件成熟时可改米轨，陈鹤亭欣然采纳了这个意见。为解决筑路资金困难问题，他采取一面筹股，一面筑路，分段通车营运的滚动发展策略，以路补路，获得成功。虽然个碧石铁路的筑路时间前后逾21年，几乎创下世界筑路史上“慢”之最，但毕竟于1936年全线通车，建成我国第一条，也是较早的一条主权最完整的民营国道铁路，在19世纪末20世纪初，灾难深重的旧中国，不得不说是一个创举。

融资开发个旧锡矿是陈鹤亭主要建树的另一方面。

个旧锡矿虽然开采已两千余年，但长期生产技术落后，冶炼水平低下，锡精度差，在国际市场上缺乏竞争力。滇越铁路通车，明显解决了出口运输问题，但因锡精度与质量问题，致使产品滞销积压。加之欧洲大战之后，个旧锡务衰落，公司亏空，所有基金早用于购置机器及建厂房，亏欠富

个碧石铁路线上

建水张家花园门庭局部

滇银行、法国东方汇理银行及滇蜀铁路公司之款竟达200余万元。

1922年，陈鹤亭临危受命，担任锡务公司总理。面对清债与生产经营等一大堆难题。怎么办？陈鹤亭处事不惊，临危不乱，马上采取各种积极有效的措施：与股东商定，旧债分期偿还，利息照付或缓付；向富滇银行、法国东方汇理银行贷款65万元补充周转资金；将欠款转为股本。扩大矿山生产规模，扩大矿洞，整顿生产经营管理秩序；恢复碧色寨、昆明、香港办事机构，流通信息，加大产品推销力度。采取锡渣返回再加工，与职工获利分成，如此，不仅增加了公司收入，也极大地提高了员工的积极性。没几年时间，锡务公司出现了生机勃勃的局面，不仅还清债务，还赢利500余万元，除支付新旧股息及借款外，尚余流动资金200余万元。从而开创了云南民族工业融资经营开发的新局面，同时也挽救了濒临危难的个旧锡业生产。又因当时个旧锡业生产是云南的经济命脉，因而锡务公司生产的转机，也带来云南经济的发展与财税的大幅度增长。

陈鹤亭一生建树颇多，除此两大项外，还做了许多公益事业。如出资修建河底江铁索桥、厘固江铁桥、石屏瑞溪石桥、个旧河沟石桥，还有个旧石屏会馆、石屏秀山凌云阁、郑营长春阁、上区石桥路、省城十属会馆。早期出面主持家乡石屏赤瑞湖的分段疏浚、畅通水道工作，避免了长期泥沙淤塞形成水患；主动召集地方乡绅，首倡将沿袭数百年的神祠宗庙移拨兴办学校，并以身作则，从本村开始，把村后半山腰的东岳、灵神三庙拆除，用其砖瓦木料建盖了郑营小学。1922年，他再度团结地方乡绅商贾，捐款捐物，买置田租百余石，兴建石屏中学，如今，石屏中学（石屏一中）既是石屏地区主要教学园地，也是地方重点文物保护单位，不断有省内外游客参观浏览。同时，陈鹤亭还积极建议地方政府免征学租、贡租，并将税契加价款及征收的滞纳罚金拨入学校。如此，石屏地区不仅有了学校，而且保证了学校办学经费、教师的工资（早期乡镇教师的工资以米谷每年若干石计算），为石屏地区培养优秀学子奠定了良好基础。陈鹤亭一贯重视教育，1925年他任蒙自道尹，当时所辖区域匪盗尤多，特别个旧锡矿为赋财重地，更为土匪垂涎。陈一上任，便上书省政府，请于锡税新加项目下拨三成作为防务经费。陈鹤亭认为：“修碉、筑墙、练团者，有形之防也，兴学育才者，无形之防也，二者不可偏废。”因而，他在使用防务经费时，用八成修个旧碉堡，二成用来辅助建个旧、石屏、建水、蒙自中学，可见其对教育非常重视。

在1916年年底开始的护国讨袁活动中，时任云南省财政司长兼盐运司长的陈鹤亭认真清税厘课，点滴归公，努力为讨袁筹集兵饷……

20世纪初叶，陈鹤亭对云南的民族工业、交通事业、文教事业都有着不可磨灭的特殊贡献。云南名人、学者陈荣昌曾撰文赞誉陈鹤亭：“兴学兴矿，筹路筹防；斸渠导水，穑民用康；位望益隆，声绩益美；寿数有终，令名无已。”

如今，石屏宝秀郑营村中还屹立着一幢老式院宅，它就是20世纪20年代陈鹤亭在家乡建盖的住宅，当地人习惯称之为“陈氏宗祠”。陈氏宗祠有着高高的照壁，门两边蹲着一对雄伟的石狮子。进门后有一座石桥，桥不大，钟灵毓秀，上有一亭，桥下是碧波涟涟的荷池。庭院为两进两院式，俱为两层楼房，中堂空间广阔，是接待亲友的好去处，梁柱上有做工精细的龙凤雕饰，让人赏心悦目。大堂位置稍高，从两侧登上二楼，凭栏不仅可俯瞰陈氏庭院，还可以目极宝秀坝子。在郑营，虽然因开矿致富并在村里盖有豪门大

石屏陈氏公祠

宅的不止陈鹤亭一家，但论规模和影响最大的却只有陈鹤亭与其“陈氏宗祠”。在云南近代名人中，陈鹤亭的名字几乎与袁嘉谷齐名，且又都是石屏人，不愧为石屏飞出的两只金凤凰。

缪云台是著名爱国民主人士、政治活动家，是近代云南闻名遐迩的实业家，云南近代经济的开拓者。

历史不会忘记，锡都人民、云南人民不会忘记，20世纪30年代为振兴云南锡业、发展云南经济而作出过重大贡献的缪云台先生。在1978年“锡都个旧书画影展”赴京在中国美术馆展出之际，以个旧市政府、云锡公司的名誉还专门将时已84岁高龄的缪云台先生请来参加了展览开幕剪彩式。剪彩式上他欣然命笔“锡都藏龙卧虎地，贤士豪杰代代出”。诚然，在悠悠发展的两千年的锡矿发展进程中，锡都人民创造了锡文化，而锡文化的发展又锻造了许多贤士能人，缪云台先生便是其中之一。30年代，他利用“锡都”的这个舞台，为个旧锡业的发展、云南经济的开发谱写了一页页新篇章，同时也将自己的名字永远镌刻在云岭的大地上。

缪云台，名嘉铭，1894年生于云南昆明，卒于1988年，享年94岁。1913年缪云台留学美国，先后就读于康萨斯州的西南大学、伊利诺大学，1919年毕业于明尼苏达大学矿冶系，是我国最早留洋的矿冶生。缪热爱祖国，痛恨帝国主义、殖民主义对殖民地国家的侵略和蹂躏。在美国留学期间，一天，他正在伊利诺大学绘图室里聚精会神地绘画，一个同学突然急气败坏地跑进来告诉他，日本人要挟中国政府承认妄图灭亡中国的“二十一条”。听到这个消息，缪云台当即气得昏了过去，好半天才苏醒过来，口中喃喃自语：“悲哉，国之大耻，人民之大不幸！”

1920年，缪云台学成回国。许多亲人和朋友劝他去做

84岁高龄的缪云台

缪云台

官，但他却向云南省督军兼省长的唐继尧请求，到经济濒临破产的个旧锡务公司工作。缪云台当时年方26岁，且刚留洋归来，唐继尧担心他不能胜任，开始并未同意。缪云台几次到个旧亲临调查，初步提出整顿锡务公司的意见，反复向唐继尧陈述。唐继尧终于被缪云台的诚心与真知灼见打动了，于翌年（1920年）12月1日委任缪为个旧锡务公司总理。其时仅27岁，他矢志不移，愿将留美所学奉献给云南的冶金事业，奉献给个旧锡业，把振兴个旧锡业、发展云南经济为己任。正如他在暮年自己写的一首诗作中讲的“老来学诗颇自嗟，已将岁月付锡砂”。诚然，缪云台先生为云南个旧锡业的发展，为云南经济的发展倾注了一生的心血。

个旧锡矿开发历时已久，从《汉书·地理志》记载以及近年来在个旧地区发掘的东汉时期的冶炼炉等文物均证明它的历史已有两千年，即西汉时期便已进行锡、银、铜、铅的开采活动。但是，直到二十世纪初期，个旧锡矿的开采、选矿到冶炼基本上采用传统、落后的土法选冶，生产力低下。开采用“烧爆法”；碎矿用杵臼、石磨；精选矿石用锅淘，后来改用砖槽，以竹杆的一端削去半边呈半圆浇水慢慢冲洗；冶炼则以砖砌成锅炉，上部炉口入矿砂，下部小孔出锡。这种土法冶炼所产的锡含其他金属铜、铅、铋等杂质较多，只能算半成品，达不到当时国际市场最低指标，被港商与外国专家称为“土条”。因而，虽然滇越铁路通车，个旧锡大量外销出口，却只能运到香港后，卖给欧、美商人或国内厂商，经他们掺进“洋条”重新熔炼加工，提高成色后才成为成品运往国外。这种营运、营销结果个旧锡矿的外销权长期操纵在外商和厂商手中，平均每吨大锡将损失30英磅左右，约占市场价格的10%~15%。其中最典型的是法国人所办的东方汇理银行，它利用“跟单押汇”的办法，巧妙取得了对云南金融的支配地位，把云南港销大锡所换得的外汇，大部分吸到手里，再以这种外汇供给云南进出口商人，居间盘剥，任意操纵，从中攫取厚利，做到一石数鸟。

面对个旧锡业经营不景气、又亏欠富滇银行款130万元的窘境，缪云台一走马上任担任总理后便分别轻重缓急地认真清理债务。暂停开凿马拉格锡矿竖坑的设计，整顿洗砂和炼锡两厂，加快蓝蛇洞索道搬迁到马拉格锡矿的工程进度；以库存的矿砂和锡做抵押，向富滇银行贷一部分款先发工资，安定职工生活和生产情绪。接着，他发表了《整理个旧锡务意见书》，向职工群众表明领导层的方针策略。

然而，天有不测风云，人有旦夕祸福。正当个旧锡业情况有所好转，缪云台正想集中精力从加强技术入手，用新技术设备提高锡产品之际，云南政局发生了变化，1922年3月，缪云台被云南省政府免除了个旧锡务公司总理职务。

1927年年底，云南省主席龙云委任缪云台为农矿厅厅长。缪云台极为关心个旧锡务公司大锡的生产和经营问题，他始终认为：个旧大锡为云南经济命脉，主要出口创汇物资，虽经多年惨淡经营，有时也呈现一定的生机，但由于生产力低下、外商长期垄断大锡外运及销售，局面没有根本改变。个旧只能生产初锡，售给外国商人或其他省份的商人重新熔炼提高纯度后，经香港当局化验合格才能运销欧美，这样，确实不利于个旧锡务公司的生产发展。问题的关键有两点：其一，改变落后的生产状况，以现代化技术设备发展生产；其二，实行外汇管理，争取自主营运、营销。

目的既已明确，缪云台毛遂自荐，主动请缨，兼任锡务公司经理。

1931年10月，缪不惜重金聘请英国工程师亚迟迪耿到个旧锡务公司考察。亚迟迪耿化验矿石标本，掌握矿石性质之后，提出建设一个炼厂，经实验可冶炼出99.75%的合格锡条。同年，缪云台出国考察新加坡和槟榔屿两地的炼锡公

建水乡会桥

摇床选矿

水枪采矿

司。1931年12月8日，他向云南省主席龙云呈文组建云南炼锡公司被批准，并被委聘为总经理。以重金4000英镑聘请亚迟迪耿为总工程师，负责设计、组建炼锡公司。试验期间，缪云台长住炼锡公司，陪伴亚迟迪耿做试验，指导安装新技术设备。1933年3月，云南炼锡公司投产，试炼出

99.75%的上锡、99.5%的纯锡和99%的普通锡。这时，云南炼锡公司每年可生产上锡2000吨左右。依照国际市场惯例，将锡条制成102磅一条，25吨一堆的包装，并在锡条上加盖云南炼锡公司的英文缩写YTC标记，便可直接对外销售。然而，事情并非一帆风顺，外销还存在许多困难。缪云台为有针对性地解决问题，到新加坡和香港等地调查锡的贸易情况，了解使云南炼锡公司的上锡（上等锡，又称精锡）直接销往国际市场的各种途径。

首先，要解决的问题是在国际市场上确立炼锡公司的质量信用问题。由于个旧大锡历来都是经香港加工取得英国皇家化验所化验单，才能在伦敦市场进行交易。于是，缪云台向英国伦敦五金交易所提出，要求以云南炼锡公司的化验单为凭据，并提出保证，让英国化验师在伦敦化验，如不合格甘愿受罚。缪云台经准确化验和量具后，为取得信誉，直接交易之前先做两批试销生意。结果，试销产品质量合格，初步赢得信誉。从此之后，云南炼锡公司的YTC锡条在国际市场取得了免检、免验的资格。

其次，要解决的问题是云南炼锡公司与国际市场间的电讯联系。1935年时，国际市场的定货交易全凭电报，买卖双方开价之后，双方必须在24小时内回话才能成交。云南炼锡公司与伦敦的交易，须由个旧发电报到昆明，再由昆明经香港转伦敦。这样周转便会误时耽误交易。缪云台经多方联系，恰逢香港地区准备设立无线电台，便协商与之合作，但遭到昆明电政管理局的反对。缪云台据理力争，才争取到在个旧设立一个无线电台。此后，云南炼锡公司的电报每天可经香港转伦敦，保证了大锡交易在24小时内成交。信息传递的现代化，为个旧大锡贸易提供了极大的便利条件。

再则，需解决的问题是滇币与外币的汇兑。当时，云南省政府发行的滇币可在国际市场兑成港币或英镑，再将它们兑成滇币汇回个旧，作为生产成本的货币。由于国际市场的汇兑价不稳定，一日数变。因而随时掌握伦敦市场的汇率成为重要一环。缪云台与香港的渣打、汇丰和中国三家银行商定，要求他们每天早、中、晚发电报给云南炼锡公司，告知港币、英镑和滇币的兑换率。有时为避免因汇率波动而少受损失，缪云台要等到深夜二三点钟收到最后一个电报才离开办公室。缪云台为缩短贸易时间，与滇越铁路及几家海运公司订立长期合同，香港的渣打、汇丰和中国三家银行只要收到提货单据，即可办理汇兑价款。如此，云南炼锡公司即可挽回因运输耽误的1个月左右的时间。

工夫不负有心人。由于缪云台一方面从欧洲购买了当时世界上最新的采、选、冶机械设备，通过滇越铁路运到个旧，加强技术设备力量；同时不惜重金聘请英国冶金工程师亚迟迪耿，改造熔炼设备，努力提高产品质量。时间不过半年，个旧锡的质量却跨越了几个世纪，纯净度达99.75%，完全合乎伦敦国际市场标准，终于取得在国际市场上的直接经销权。又因信誉良好，成交迅速，汇兑便利，于是个旧锡在世界贸易中瞬间变得极具竞争力。当缪云台解决了销往国际市场的诸多问题之后，为云南锡务公司大锡出口创造了极其有利的条件，也刺激了个旧厂商的生产积极性，生产获得很大发展，年产量由7000多吨增至10500吨。同时，“锡都”的美誉不胫而走，在欧美享有极大声誉。多年来，中国及世界一些国家的地理教科书中都有关于“锡都”个旧锡产量世界第二、质量第一的介绍。

自从滇越铁路通车，法国人的触角便正式伸入云南，不仅通过铁路运输费加价等形式获取更大利益，且通过法国东方汇理银行控制云南财政，“顺理成章”地吮吸着云南人民

昆明新闻路富滇银行

的血汗。作为云南省农矿厅厅长兼云南锡务公司总经理的缪云台，深知自己肩上的责任。他一方面致力解决云南经济命脉——个旧锡矿的生产问题，另一方面为维护祖国的关税主权和金融主权，采取了各种积极有效的措施，与外国侵略势力进行了针锋相对的斗争。包括：提出对进出口商品征收特捐，建议云南省政府发布命令，禁止法国东方汇理银行在云南发行越币等等。

不久，云南新富滇银行成立，缪云台任行长。一上台，他就实施外汇管理，禁止现金出境，防止半开银元外流，维护本国、本省滇币信用，杜绝越币在云南流通。原来法国东方汇理银行通过“跟单押汇”的手段控制云南财政金融，缪云台采取“以其人之道还治其人之身”的手法，同样采用“跟单押汇”将个旧厂商出售锡的外汇买入新富滇银行。这一措施对掠夺成性的法国人实为不利，遭到法国东方汇理银行的强烈反对，甚至作出过激的反应。当时法国驻安南（越南）总督命令海防关控制过境的云南出口物资，不允许滇越铁路运输锡，以此扼制云南省府出台的新政策。面对严峻的出口运输问题，缪云台处世不惊，临危不乱，毫无惧色。他说："法国人用铁路卡我们，没有什么了不起，路是中国的，土地是中国的，没有过不去的河，没有爬不上去的坡，办法多的是。没有铁路列车，我们就用牲畜驮运！"真是：列强似弹簧，你强它就弱，你弱它就强。最后法国东方汇理银行让步了，承认了云南富滇新银行"跟单押汇"的合法性与云南应有的利益。通过这一事件，云南收回了滇越铁路的某些主权，同时在一定时期稳定了云南金融。

在半封建半殖民地社会的旧中国，缪云台的举动果敢且难得地获得成功，连他的对手事后也对他正义的行动表示钦佩，写信给他说："尊敬的缪云台先生，你善于用云南内外环境指挥外汇市场，调和有关的各种利益，前瞻地看待锡业发展。会议桌上我们是对手，出于国家和民族的利益，我们站在各自的立场上据理力争，最后你胜利了，你的政府胜利了。但作为同行，作为原来的朋友，我不能不为你明断的决策，果敢的行为，雄辩的才能以及十条牛也拉不回的坚韧毅力，表示我个人由衷地钦佩……"

同时，在云南省府支持下，缪云台实施原由东方汇理银行办理的云南征收的国家税款，收为富滇新银行办理，并以发行滇币挤走越币。这些措施使富滇新银行财力大为丰厚，除致力发展地方实业，也用银行收入改善滇军装备，使抗日战争初期的滇军，在装备与训练上都属国内一流，有口皆碑。他们出征时穿的是青一色国民革命军制服，头上戴着钢盔，脚下穿着皮鞋。手中握提德制、美制的冲锋枪，好一派威风凌凌的样子，这装备，这气势让周边川军羡慕。在著名的台儿庄战役中，卢汉率领的滇军，无论精良的装备，严肃整洁的军容、军纪，以及战斗中显示的顽强战斗力，均让其他国民革命军部队刮目相看。

有意思的是云南人爱吸水烟筒，滇军中许多人出征还背着它。据说开始与日军对峙的时候，日本军官在望远镜里见滇军背上大多数人背着水烟筒，以为是新式武器，叫下属进攻要小心谨慎，以防不测。

20世纪初，大凡留洋归来的学子，均有个基本共识，要想发展国民经济，就得“以我为主，洋为中用”。留美学者缪云台先生亦然，他认为：要根本解决云南的财政问题，顺利发展云南生产建设，除抓好云南的经济命脉、龙头企业——个旧锡业生产外，还必须努力发展基本建设，运用西方资本主义国家的先进技术、先进经验，并引进其先进机械设备，培养造就专业人才，发展地方实业。为此，他向当时云南省府建议成立云南经济委员会，并被省政府委任为该经济委员会主任。于是，缪云台迅捷采取各种积极措施，大干快

云南锡业公司

上，就地取材，先后在全省范围内建立了工矿、纺织、金融、农田水利、电力与社会服务等四十余个中小型企业，在短时期内，改变了云南以往入超多于出超的状况，而成为了出超省份。

缪云台发展云南经济的有力措施和大手笔获得海内外人士的赞誉，美籍知名华人赵浩先生曾称赞他是“大后方有为的企业家”。

1930年9月1日，当个旧锡务公司、云南炼锡公司和资源委员会锡矿工程处合并组成云锡股份公司时，缪云台被聘任为总经理。

1945年，缪云台组织有关人员编写成《云锡纪实》一书，对多年以后的云锡生产仍具有很大的指导作用。

1946年，缪云台出任国民行政院政务委员、处理美援物资救济委员会主任、国大代表、立法委员。

1949年，缪云台去香港，后到美国定居。

缪云台客居美国二十余年，优越的生活并不能隔断他对祖国母亲与故土的亲情。1979年6月，他毅然宣布脱离美国国藉，回中国定居，并先后担任中华人民共和国第五届全国人大常委会委员、第五届全国政协常务委员、第六届和第七届全国政协副主席。他为能回到祖国的怀抱，并直接参加祖国的社会主义建设事业及国家大政方针的制定感到由衷地喜悦，曾吟诗道：“每喜年年春长在，留得晚晴吟红华。”这段时期他为国家经济建设提出了许多宝贵意见，多次受到党和国家领导人周恩来、朱德等的亲切接见。他不愧为著名爱国人士和政治活动家，近代云南闻名遐迩的实业家，20世纪30年代振兴云南锡业的赤子。

第十六章　袁嘉谷两度返滇

袁嘉谷，清朝末期经济特科状元，也是中国封建社会最后一个状元。他两度返滇正赶上滇越铁路通车伊始。

老年时期的袁嘉谷

中年时期的袁嘉谷

在滇越铁路通车的前三年，时任浙江提学使的袁嘉谷曾两度回到云南，正赶上滇越铁路通车伊始的“早班车”，特别第一次返滇，时间是在通车仅半年之后。

袁嘉谷，云南石屏人，清朝末期经济特科状元，也是中国封建社会最后一个状元，他博学多才，敢想敢为。6岁学“四书”，7岁学《诗经》，10岁能巧对地名联，考试每列第一，被乡邻誉称为“神童”。袁嘉谷刻苦读书往往半夜不眠。一次，因端午节专心看书而蘸墨食粽，成为乡人励子求学的佳话。他所娶的妻子张灵芝也是完联求得。1890年，其老师之女张灵芝，博才俊秀，欲对联觅夫，出上联曰：“荷花朝上，蕉花朝下，二枝朱笔，点尽天文地理”，老师交袁嘉谷3日内完对。次日，袁即对出下联曰：“日光照昼，月光照夜，两团宝镜，射遍山海乾坤”。此对妙哉，深得张灵芝与她父亲的喜爱，于是一对才貌双全的青年喜结良缘。袁嘉谷中状元后，他曾上书慈禧过生日注意节约资金，避免铺张。后到日本考察政务，回国后统编教科书。在浙江任职期间妥善处理了“木瓜之役”学潮，尽量输送优秀学子赴欧、赴日留学。他提倡“西学中用”，振兴中国经济、中国科技。由于特殊的历史原因，他为官的时间不长，但却在有限的时间内做出不凡的业绩，为后人称道。同时，他又是一位诗人、学者、书法家，一生留下了诸多的诗文著述与墨宝。

滇越铁路的诞生是一种矛盾的产物，之中有屈辱辛酸，但毕竟是云南的第一条铁路，袁嘉谷客观、辩证地看待这条铁路，并前瞻地预感到它对云南经济发展将会起到一定的影响和作用。因而以矛盾但欣喜的心情迎接这一新生事物的出现。他两次返滇，虽然心境不同，或悲戚，或失落，或惆怅，但是对滇越铁路通车的感受一致，并以诗歌的形式留下了他难得的感受。

袁嘉谷第一次返滇是1910年10月，其少弟袁嘉端病卒于四川邻水县任上，年龄不过三十出头，可谓英年早逝。袁嘉谷闻讯，悲痛难抑，更担心母亲徐太夫人知情后悲恸过度，遂命弟嘉璧先回石屏，自己则奏请3个月丧假回石屏省亲，办理兄弟后事。

奉旨允准，袁嘉谷由海道乘船先至香港，后到海防。此时滇越铁路已正式通车7个月，在浙江任职时袁嘉谷即早有所闻，于是从海防乘火车经河口达蒙自碧色寨，然后转乘轿子回到石屏。

十余年来，袁嘉谷从云南到北京赶考，到日本考察，到浙江上任，每次往返单边也要近两个月，仅出省也要十来天。山路崎岖，曲折难行，一会爬坡，一会过坎，风吹日晒，霜打雨淋，其艰苦难以言状。出省的通道一般以通海、昆明、大理、腾冲，或成都、重庆、南京线路为主。交通靠骑马、坐轿、乘舟，一天行路不过30公里左右，晚上歇息时只觉腰酸背疼。坐轿人尚且如此，脚夫之辛苦更不言而喻了。

这次返滇则不然，深秋10月，金风送爽，河口、南溪、老范寨一带虽属热带气候，然气温已下降较多，至于碧色寨、蒙自、石屏，气温不过十七八度，可谓凉爽异常。袁嘉谷自出发以来，先乘船，后乘车，虽一路风尘，但才半月不到的时间就回到故土，他无限感慨：胞弟的离逝给自己带来无限悲伤，但滇越铁路通车，返程的轻松、便捷、省时，较之既往可谓天壤之别，特别是初次乘上行驶在云岭红土地上的火车，谁不激动，谁不兴奋。

袁嘉谷既是状元，又是学者、诗人、书法家，每当情感或环境有所变动，总会激发出他澎湃的诗兴与灵感，面对如龙似电在大山中穿行的列车，从河口出发，车行还不到白鹤桥，袁嘉谷即已酝酿出诗作一首：

山川依旧物已非，云岭横贯大动脉。

二月行程一旬度，万里雄关亟相随。

诗作不长，朗朗上口，充分表达了他对修筑滇越铁路及通车的看法，同时也反映了他首乘滇铁列车的激动心情。

从河口到碧色寨路段上，那高高的山岭，那深深的沟

袁嘉谷故居庭院(左)、门庭(右)

壑，那潺潺的流泉，以及两站之间折转的铁道与高差，特别波渡箐至倮姑站间距离仅44公里，相对高度却在1000米以上，真是巍巍的大峡谷，恐怖的大峡谷。由上往下看，令人心惊肉跳，头晕目眩。箐沟旁稀疏的村寨，显得格外渺小，宛若沙盘模型的点缀。寂静的山谷，惟有盘旋的山鹰与列车相伴，不时在半山腰上缭绕。除去列车声响，整个山谷非一般的宁静。

一路上险峻的山势，特殊的地理地貌，让陪同袁嘉谷返滇的两个下属惊叹不已，甚至日瞪口呆，不时发出啧啧赞叹。袁嘉谷告诉他们，云南山大坡陡，几千年来交通运输靠的是人背马驮，走的是崎岖的秦五尺道。数年前自己上京赶考，到浙江赴任，靠的也是骡马脚力。这次返滇好多了，可以说是天上、地下，不到半个月的时间，却已踏上家乡的土地，在过去是从不敢想的。接着袁嘉谷对他们说："我不能说云南的振兴由此路始，但今后云南经济、文化的发展却与滇越铁路通车密切相关。"

事实上，滇越铁路通车后，个旧锡业迅猛发展，大锡外贸出口亟增，个旧锡在20世纪初叶成了云南的支柱产业。袁嘉谷不愧为经济特科状元，看问题总与经济联系起来，一番话可谓平淡中显奇，既客观又尖锐，一针见血地道出了事物本质。说实在话，他既痛恨列强咄咄逼人的气势，又不能不为滇越铁路的开通感到由衷高兴，那是云南的第一条铁路，也是大西南的第一条铁路，更重要的是它结束了云南千百年的艰难的人背马驮史。想到这里，袁嘉谷不禁又随口吟出一诗：

新生事物多折难，说三道四两极反；
云滇谁说无前路，列车尽头现曙光。

这里，袁嘉谷再次辩证、客观地肯定了滇越铁路通车对

个碧石铁路通车，石屏县专门建筑的纪念牌坊

云南经济、文化建设所起的不可忽视的作用。在当时比比“争路权”“反侵略”“反掠夺”的浪潮声中，袁嘉谷的观点无异一枝独秀，并以敏锐的头脑超前、客观地论证了事物的两面性。

回石屏后，袁嘉谷料理完兄弟的后事，除会见亲友，便是为求书求字者赠墨题吟，为故乡留下了一批墨宝。如题大雄宝殿柱联：

游世界三千，只爱此空山、风月、古寺、烟霞，听澈梵钟声声悦耳；

览菅盘十二，问谁将绿雨、桑麻、黄云、稼穑，写来诗卷字字关心。

题宝秀五三学校联：

教育得英才，中学为体西学用；

地灵钟人杰，宝山作主秀山宾。

袁嘉谷毕竟在沪为官多年，之前又赴日本考察过经济、教育事宜，更多接触西方文化，较其他官员、乡绅更少保守思想，知其先进与科学之处。回国后还统编了教科书，将语文、数学、历史、地理、自然等进行了基本分类，其中掺揉了当时西方的不少先进科学知识。这里，袁嘉谷从教育的角度再次提出“洋为中用”“中学为体西学用”、取长补短、振兴国民素质教育、提高科技含量的观点看法，真乃有识之士。

此外，袁嘉谷还写有“来鹤亭联”及《续还乡吟》诗三十二首，极尽了对家乡风物的赞颂。

袁嘉谷二度返滇是在1912年3月。

1911年10月10日，在同盟会和孙中山的领导下，革命党人在武昌发动起义，发起对封建统治及清政府的最后猛烈攻击。起义得到全体官兵与广大群众的热烈响应，很快占领武汉三镇。接着，全国各省纷纷宣布独立，终于推翻了清王朝的统治，结束了两千多年的封建专制，建立了中华民国。

在清王朝灭亡，旧臣仕宦生活结束的情况下，袁嘉谷率张夫人等全家由浙归滇。此时正是春光明媚，万物俱兴，满山泛绿，一派青葱的时节，连南溪河水也显得特别清幽透

古朴凝重的老石屏县城

石屏车站

明，更何况山野里云雀、画眉、斑鸠、喜鹊在空谷中不时鸣唱。然而，袁嘉谷无心观景，在失落与惆怅中，他想到了以后的生活，一路上成诗一首：

本无幽思作离骚，岂有归魂赋大招；
花鸟笑人新宇宙，湖山迎我老渔樵；
欢承彩服躬烹菽，怕若红尘补种蕉；
往古来今一瞬耳，林泉书史自逍遥。

与袁嘉谷的其他诗作相比，该诗较为消极，袁表达了他的失落与怅惘，对功名利禄的无奈淡薄，欲做书生、学者，甚至隐者的思想。这也不奇怪，袁嘉谷不是神仙、圣人，遇到困难和挫折，遇到生死攸关转折，英雄亦有垂泪时。

这次返滇，袁嘉谷仍从海路，过香港、海防后由滇越铁路到开远，与早已在开远等候多日的母亲及石屏亲属一起赴昆明。这次相逢与既往大相径庭，有忧伤，有喜悦，或者是喜忧相半。忧者是官帽脱落，一世功名化为泡影；喜者是多年的外乡仕宦飘泊，如今终于可以又回乡团聚，与家人共享天伦之乐，同时享受“悠然见南山”的田园生活。此时的袁嘉谷犹如一个学子，把大半生的事业当做一场考试，当大考过后，无论成绩如何，但毕竟如释重负了。这种心情犹如一石落地，可以彻底放松，再不会为国家大事操劳，为公家的政务四处奔走。

虽然两年前袁嘉谷也乘过滇铁路列车，但那次他是在碧色寨下车，未走完全程。而这次他在开远稍微停留后，继续北上驶往省城昆明。原来他在昆明曾买得一点房产，后半辈子准备在昆明度过。

列车溯南盘江缓缓北移。两岸山势嵯峨，松柏展翠，藤蔓倒挂，回溪断流，山泉奔涌，既有浔阳江的婉约，又有三峡巫山之凌厉。其间不时有成群的野猴从山崖上、灌木丛中跳出来，到江边汲水，坦荡自然，毫无惧色。俗话说：人在画图中，物寻清净地。既往袁嘉谷似乎忙于功名利禄，忽略了家乡的好山好水，这时因心情放松，又是首乘列车经过南盘江，加之阳春三月，云南不比北方还在冰雪盖地。这里的花草树木在阳光的照耀下熠熠闪光，早已焕发出盎然生机。袁嘉谷似乎如梦初觉，方认识家乡的景致、南盘江沿岸风光的美仑美奂。面对良辰美景，抚今追昔，不觉感慨良多，遂为诗一首曰：

满腹惆怅返南滇，铁骑过处化云烟；
千山万壑瞬息过，去时来时两人间。

该诗含义双关，“去时来时两人间”一句既指袁嘉谷昔日出滇，为了求取功名，且已得到功名，而归来时却因改朝换代，生不逢时，丢官返乡了。又指往日出滇靠的是步行、骑马、坐轿，一路颠沛流离，历尽千辛万苦，而现时返滇，却可以坐上火车，悠哉悠哉返回故里。同样“千山万壑瞬息过”一句，既指在列车的前行奔驰中，沿路山光水色不断移步换景，向后转动；也指人的一生如过往云烟，瞬息万变，稍纵即逝……

当然，返滇后的袁嘉谷并非像他诗中所写的“怕惹红尘补种蕉”“林泉书史自逍遥”，简单地做个隐居遗老，因为他是个有才、有志之人。

返乡后的当月，他在石屏提倡兴办石屏图书馆，制定了《石屏图书馆启事》，继后又动员省图书馆与友人捐书百种，建立了石屏县的第一个图书馆。

4月，与陈鹤亭等议修《石屏县志》，主纂地方志。

6月，云南省府邀请袁嘉谷至昆，都督蔡锷郑重聘其为参议，后举荐为参议长。翌年，推荐为全国参议院议员。同时，袁嘉谷与在昆的有识之士、名人刘岑舫、王筱斋等频频接触，筹备成立云南耀龙电灯股份有限公司，于滇池出口螳螂川上建水力发电站……以后几年，他不仅勤于政务，多番奔走，还主纂了《滇绎》四卷稿、《云南大事记》，担任省图书馆馆长、东陆大学（今云南大学）教授等职务，一生不仅政绩突出，且在文学、经学、教育与书法艺术上均有较高成就，是云南近代著名学者。

第十七章　蔡锷阿迷一夜惊魂

蔡锷离开京城回到云南举事讨袁，返滇途中，阿迷（开远）一夜惊魂，成了中国历史上的不朽传奇。

1915年站在滇越铁路上的蔡锷

围绕滇越铁路和云南护国讨袁运动，数十年来，滇南地区一直流传着“蔡锷阿迷一夜惊魂”的故事，其惊险让人心悸，其哀婉让人心碎。

阿迷，即如今的开远，是滇南重要的铁路、公路交通枢纽。

1915年，是滇越铁路开通的第5年。12月21日这天，滇越铁路上的枢纽开远城却暗藏杀机，酝酿一场你死我活的殊死决斗。因为蔡锷将军已从北京绕道日本、香港、海防，乘滇越铁路列车回到云南，而袁世凯已早派爪牙在此等候图谋暗算。

1915年8月，袁世凯在北京公然宣布复辟帝制，激起了全国人民的无比愤慨，讨声四起。被袁软禁在北京的云南都督蔡锷在京城名妓小凤仙的支持协助下，于12月7日摆脱了袁世凯所派暗探的监视，乔装化名逃离天津，接着乘船赴日，从日本东京又乘船经台湾取道香港、直航越南海防。上岸后未被发觉，即搭乘火车于12月16日抵达河内，20日到达老街。

蔡锷，字松坡，湖南邵阳人。早年师事梁启超、谭嗣同，后赴日本学习军事。当袁世凯复辟帝制后，在京的蔡锷外表显出没有大志，朝夕纵情酒色，暗中却与唐继尧、梁启超、戴戡密谋反抗帝制。

蔡锷没被袁世凯拉拢，并逃出自己的控制，使袁世凯大为震怒，并惶惶不可终日。他深知蔡锷的为人：年轻气盛、敢想敢干，近来受“共和”思想的影响较深，在政见上与自己格格不入，是恢复“帝制”的拦路虎、拌脚石；同时，蔡锷又是一方霸主，在云南有影响、有势力、有实力，又有军事才能的重要人物。蔡锷在云南的时间不长，仅两年，但精明干练，深受滇人爱戴，并为西南军政各界推崇。袁世凯预

蔡锷乘座的列车到达昆明站时群众迎接的场面

感到蔡锷如果回到云南将对自己称帝形成压力，形成威胁。于是，当他得知蔡锷离开北京的消息后，深知事情不妙，随即通知在滇的亲信密切注意蔡锷动态及到滇的时间。

真是没有不透风的墙。蔡锷才抵达越南，袁的耳目即将消息很快电传给北京的袁世凯，袁极度恐慌，急电令：派遣在滇南的鹰犬阿迷县知事张一鲲、蒙自道关道周沆，蔡锷如果一进越南或云南境内，即侦察捕杀，切切！电令措词之严厉、紧迫，让张、周惊诧，并深感担子之深重，因为他们知道此事并非儿戏，更非易事。

张一鲲接到袁世凯密令后，立即赴蒙自关道署与周沆密谋，决定组织暗杀队，用重金收买越籍亡命徒在越南境内伺机暗杀，并在滇越铁路中方境内沿线埋伏狙击。该计划由于唐继尧电照法国驻越领事多加防范及严令铁路警察与河口独立营严密巡查，增加保护措施而破产。第二步即在碧色寨车站设宴款待蔡锷，趁其下车时劫杀或毒杀。此计因蔡锷到达碧色寨时避入专列行李车内，张、周无法确认，加之建水、蒙自驻军及时赶到，布满车站，在人员上大大超过张、周的警备队而失败。最后一步棋即以上计划均流产时，在阿迷洋酒楼设西餐晚宴欢迎蔡锷，在酒内下毒谋杀，或于酒店住宿时乘机图之。为以防万一，张、周二人还调集邱北、弥勒、蒙自等地的乡兵乡勇连同阿迷县警备队共700余人阻挡昆明方向的援兵。

一边是张一鲲、周沆的阴谋策划，洋洋得意，自认胜券在握；一边是唐继尧、蔡锷早已侦知他们的底细，对蔡锷的行动沿途都作了缜密安排。20日夜晚，建水驻军一营在神不知鬼不觉中已待命阿迷车站。一方面对蔡锷所乘列车加强保护，同时又行使对张一鲲的严密监视。

21日凌晨，当太阳还未升起，在深邃微白的天空，还散布着稀稀疏疏的几颗星星，大地还是一片漆黑时，河口车站的“小火车”载着蔡锷，载着组织讨袁的历史重任，在一声尖利的鸣笛，同时机车头喷出一溜水蒸气之后，于哐哐唧唧声中出发了。傍晚，这列专车经过一整天疲劳奔波，路经芷村、碧色寨车站后，喘着粗气慢慢驶入阿迷站，并停在北机口内。

如在碧色寨车站一般，蔡锷仍躺在行李车内，由警卫连下车警戒站台，建水驻军全部换位警备站外，可谓层层叠叠，壁垒森严，无临时出入证，任何人不得随便出入车站，更不能接近专列，封锁比碧色寨还严。

几天来，蔡锷经过长途奔波，此时进入云南本土，又临近昆明，心里七上八下，总难以抑制近半年来梦寐以求的激动。虽然一路上都不能掉以轻心，但眼下周密的安排，使他心情平静了许多，觉得不仅可以睡个安稳觉，扫除多日来的惊悸与劳累，还可以趁机思考返昆后该做的各种事宜：与唐继尧一起，团结各派力量，做好宣传、动员、组织工作，拟定什么时候起身北伐等，一桩桩，一件件缠绕心头，在曲肠百绪中逐渐开朗起来。想着想着，不仅令蔡锷感到欣慰、激动，甚至令他振奋，如果不是理智与情感在搏斗中始终占了上风，且蔡锷时时在心底里向自己发出警告："小不忍则乱大谋"，否则，他真想几步跃出车厢，组织人马北进，捣得京城天翻地覆，杀得袁世凯屁滚尿流……

在思考公务之余，蔡锷又不由想起数月前与小凤仙在京城相处的温馨缠绵，但又激昂振奋的日日夜夜。小凤仙是美人，是娇娃，是才女，是情种，但更是蔡锷"反对帝制"事业上的最有力支持者，两人可谓情深意长、情投意合。半月来蔡锷一直颠沛在海上，但每每想起小凤仙，不但给以他甜密，给以他安慰，还给以他力量。一切像电影胶带似地一幕幕从脑海中掠过。

初识小凤仙是在北京街头捐献钱物之时，那时小凤仙不仅捐了戒指，还捐了自己弹奏多年的琵琶。当蔡锷问她何以舍得时，小凤仙说："这是我心爱之物，不过，与其用它演奏靡靡之音，不如把它变卖捐献，换成子弹去杀倭寇。"何等豪迈的侠肝义胆，何等铿锵的巾帼正气，蔡锷虽不知其为何人，却在心中暗自钦佩赞叹。后来才得知，小凤仙是东北人，父母都死在日本人的枪弹之下。

二识小凤仙是蔡锷无意到了"云吉班"。邂逅小凤仙，一番交谈中，凤仙呛白道："蔡将军，如今袁世凯想当皇帝，孙中山、黄兴亡命海外，大家以为你定能倡议反袁，谁知你来此消磨……"听此一言，蔡锷受到极大震动，并奋笔书写了"不信美人终薄命，古来侠女出风尘"的对联赠以小凤仙。之后，他俩志同道合，频繁往来，一起筹划摆脱袁世凯的控制，返回云南，组织讨袁的计划……更令蔡锷痛彻骨髓又永世难忘的是与小凤仙天津惜别的夜晚，小凤仙哀婉但

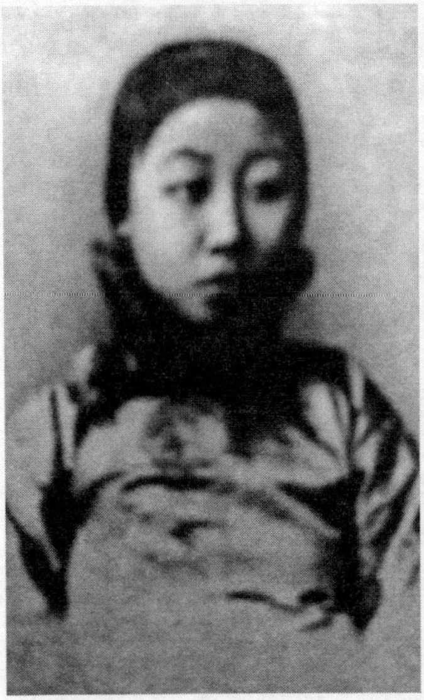

小凤仙

蔡锷

又执著地说："蔡将军，难道你真不愿带我走吗？梁红玉且能击鼓助战，难道我就不能挥刀杀敌吗？"当然，由于客观实际，蔡锷实在不能带小凤仙离开天津，这样蔡锷出走的目标会更大，摆脱敌人跟踪的可能性会更小。小凤仙需要留下来，继续迷惑袁世凯。这是万全之策，为了护国讨袁大计，只能如此。然而，连日来小凤仙的铿锵誓言，柔情密意，如血、如水、如流，不断增加他战胜困难的信心，点燃他为反抗帝制的火焰。

虽是夜深人静，万籁俱寂，然蔡锷辗转难寐，不断撩开紧闭的窗帘，偷眼窥视黑暗的天空及绰绰移动的人影。也不时掏出已伴随他多年的那只老怀表，在嘀嗒声中计算着距离天明的时间。真是：欢悦嫌时短，寂寞怨天长。

夜是凝固的。阿迷站的情势虽一触即发，但内紧外松，表面很是平静。入冬的阿迷虽不及中原天寒地冻，冰雪交融，然昏黑的夜晚，月亮和星星都不知躲到哪儿去了。站后的东山坡如天然壁嶂，又似魔鬼的巨大身躯，黑压压随时欲向人扑倒下来。刺骨的寒风毫不留情，数百军士穿着厚厚的棉衣在站台上也不住打颤。虽然兵士们并不知道他们的保护对象，车厢里乘坐的是什么“大人物”，但长官郑重、严肃的话语如雷击打心头：“弟兄们，今天下午8点以后大家在火车站连夜值班，不得有半分松懈，河口列车到后，严密监视站台，任何人不得在站上随意走动，更不允许其他军、民人等接近列车。有敢于冲撞者，大家勿需听到命令，便可开枪。直到列车离开阿迷站为止，如安全无事，则大家有功，出了问题大家都有罪。”因此，士兵们均心知肚明，今夜的警戒不能有丝毫懈怠，责任之大，让每个人不能不绷紧身上的每根神经，并紧紧把握手中的钢枪。

张一鲲率领的乡绅代表团被挡在警戒线外干熬了一夜。蔡锷派人叫他们不要等候，只好回到洋酒楼。在洋酒楼内，张、周再度密谋，欲组织敢死队强行进攻车站，然而又担心车站警戒严密，不易得手，同时因铁路是法人开办，怕引起国际纠纷，只好作罢。备下的酒席也无心绪痛饮。思来想

袁世凯

去，他俩深知暗杀蔡锷不成的严重后果，惶恐之中装模作样给县党部文书安排一下后几天的工作，找借口离开了任上，趁天未明时张一鲲返回宅第，带领家眷，如丧家之犬连夜赶到碧色寨搭货车逃往越南。周沆也于当夜返回蒙自，带领全家于天明时赶到碧色寨车站，乘早班车逃往越南，继往香港。当省府第三天逮捕令到河口时，他俩已先一夜出关到了海防。

22日一早，在行李车内睡了一夜的蔡锷从阿迷出发，顺利到达昆明，但见大街小巷人山人海，百姓夹道欢迎蔡锷回滇。“共和万岁”“欢迎蔡锷将军归来”的标语贴满街巷。蔡锷笑了，他笑得那样舒心，那样自豪。他深知：得民心者得天下，失民心者失天下。袁世凯的帝位坐不稳了，护国运动一定会获得成功。

试想，当时中原地区的政治、经济、文化发达者多多，特别是京、津、沪、粤更引人注目，但为什么护国讨袁运动举事首推云南，这就与滇越铁路列车开通，云南地方官员与人民最早受西方资本主义民主思想影响有关。

蔡锷未到云南之前，云南人民的反袁情绪已如箭在弦上，大有一触即发之势。蔡锷到后，把国内、国外反对帝制的形势与呼声作了透彻的分析，详细的叙述，使得省府上下人心振奋。

蔡锷到后第三天，唐继尧召开会议，蔡锷、戴戡、李烈钧、方声涛、王伯群以及云南的军政要员都参加了会议。此时，梁启超也从北京拍来电报，说袁世凯决定派周自齐为特使赴日本，将以卖国条件换取日本承认帝制，希望云南尽快举事。于是，会上决定：起义时间不变，蔡锷任总司令，罗佩金任参谋长；废除将军名称，改都督；决定护国军编制。

24日晚继续在将军署（都督府）开会，共同宣誓：“拥护共和，我辈之责；兴师起义，共灭国贼；成败利钝，与同休戚；万苦千难，舍命不渝……”誓言铿锵，雷霆万钧，穿透云霄，在夜幕中的云岭上空久久回荡，昭示着云南人民反封建、反帝制的雄心和意志，也是蔡锷将军临危受命、勇举义旗的体现。

25日，蔡锷联络各派力量，宣告云南独立，举起护国讨袁的大旗，首先发难。义旗一举，全国响应，反袁形势如排山倒海，贵州、广东、广西、浙江、陕西、四川、湖南等省纷纷宣布独立，短短数十天，窃国大盗、复辟狂袁世凯便被淹死在人民愤怒声讨的浪潮中。护国运动的英雄蔡锷将军在阿迷惊险的一夜，也从此留载史册，长期为滇南人民传诵。

阴谋杀害蔡锷的凶手周沆后来经越南逃往香港，避开了制裁。张一鲲则又返回越南等候家眷，因到河口认领被督办扣留的小老婆张素娥而被捕，后被押往昆明处决。

在讨袁队伍中，蔡锷任第一军总司令，出兵四川；第二军总司令李烈钧进军两广；第三军总司令唐继尧坐镇云南。实际上讨袁战争主要由蔡锷承担，并于四川与袁军进行了激烈的战斗。然而，天有不测倒柱石，山无思心亦泪盈。当第一军节节胜利，打到湖南时，蔡锷不幸染疾，身患喉癌，赴日本就医，并于同年（1916年）11月8日病逝于日本福冈。

在北京中山公园蔡锷的追悼会上，小凤仙悲痛难抑，泪眼朦胧，呆若木人。她送了一幅挽联：

九万里南天鹏翼，直上扶摇，怜他忧患余生，萍水相逢成一梦；

十八载北地胭脂，自悲沧落，赢得英雄知己，桃花颜色亦千秋。

挽联自悲自怜，但却赞颂了蔡锷的成就与功勋，同时也充分肯定了他俩的爱情。不久后小凤仙在北京消失，无人知晓她的去向。一番痴情酬知己，半身隐遁谢英雄。

第十八章　宋美龄蜻蜓点水

宋美龄乘“米其林”机车借口到开远一游，引起了该地区的轰动。但她仅呆了一夜，翌日又匆匆离去，从此却成了滇南人的闲谈聊资。

六十多年前，滇越铁路曾承载过国民政府委员长蒋介石的夫人宋美龄到过一次开远。

1935年，蒋介石视察云南，倡导修筑滇缅铁路。这是抗战爆发的前夜，神州大地显得异常平静，虽然广大劳苦大众生活在水深火热之中，然而官僚、买办、地主、资本家却花天酒地，一派歌舞升平的气氛。也不知是谁把云南有个燕子洞之事透到蒋委员长的耳里，一天，他告诉秘书陈布雷转达云南省府，要乘滇越铁路火车到开远（又称阿迷）县一睹燕子洞奇观。

云南燕子洞其实早负盛名，以“古洞奇观，春燕云集”而著称。这里群山环抱，古木参天，浓荫蔽日。洞内钟乳四垂，宛如华灯高照；冰帘乱挂，恰似神幔仙幡，千姿百态，莫可名状。其间尚有匾额闪金，四壁题咏，让游人产生诸多意境的联想。洞分明洞、暗洞。明洞有寺庙沿岸壁建筑，半空垂悬，坐于其间，可凭栏品茗，观赏飞燕；暗洞拗曲硕长，达数里，上有乳花石缀饰，下有阴河水流淌，可行舟楫木船。每年春分时节，紫燕带着儿孙飞来燕子洞，这期间是游览燕子洞的最佳时候，只见燕羽姣姣，穿廊绕座，昵昵亲人，充分体现了人与自然的和谐。

在观赏燕子洞的各种景观中，最惊险离奇莫过于“掏燕窝”。因燕窝是最营养的滋补品，通心理肺、补肾益中，是中医中不可少的药物，但却生长在悬岸峭壁的石罅之中。那时，附近的村民有胆大者常于每年三四月间穿一条小裤衩，腰挂一个小篾箩，从燕子洞的底部逐渐攀援到燕子洞的顶部，在缝隙石罅中采集燕窝。因崖顶离地面与水面有十余丈高，又是徒手攀援无保护措施，其惊险让观看的人群心缩紧为一团，以至只能屏息静观，不敢大声呼气。

这就是委员长要游览的燕子洞。而“掏燕窝”亦为他参

建水燕子洞

观的主要活动之一。

当时燕子洞属开远县西山区管辖。蒋介石要游览燕子洞的通令来后，可乐坏了开远地方头目。那是最直接巴接顶头上司的一个极好机会，闹得好还可以提拔当个什么官，更何

蒋介石夫人宋美龄像

况之中许多小官员还从未一睹委员长的尊容呢。同时，也忙坏了这批地方官员，因为委员长垂临开远，是开天辟地头一回，若招待不周或出少许差错，轻则丢掉乌纱帽，重则脑袋搬家。所以事情并不简单，充满了无形的压力。连日来县党部的头头与驻地部队长官多次碰头商议接待事宜，唯恐忙中有漏、忙中出错，牵一发而动全身，铸成无可挽回的纰漏。因而事无巨细，都得周到考虑，诸如保卫工作、安全问题、出席宴会的人员名单、仪仗队的位置，甚至包括请个旧光美园的名厨专办宴席，从蒙自运来最上乘的过桥米线配料，用筋骨好的布沼长田冲米线等。而且，为了米线新鲜，县党部下令布沼长田冲的农民一定要头天晚上连夜赶制，并一定在委员长到来的当天上午7时以前翻山越岭运送到开远。

等候已久的这天终于到了。按照原来县党部的要求，不少地方作了充分准备，只见开远汉武路张灯结彩，每家每户都悬挂着一面青天白日旗，有的从楼上的窗棂边伸出来，有的捆扎在楼下的门楣之上，七大八小、五花八门，在晨风中胡乱飞舞。街道是洒扫过了的，显得清凉明净，并散发出一丝氤氲气息。老百姓虽然不知是何天神下凡，但也预感有大员垂顾，因而只能根据上头的指示，惟惟诺诺做好迎接准备工作。

车站铁门以内的洋正街更是热闹非凡。耸入云天的皂角树上挂满了红红绿绿的长串炮竹，五颜六色，宛若天女散花，又似蝴蝶咬尾。站门外的铁栅栏上隔三差五地竖着一面面彩旗，随着清风吹来，不时冉冉飘动。正中铁门扎一座松柏彩坊，正额高悬“劳苦功高”四字横匾，以吹捧蒋介石的“德政”。

欢迎的人群是经过精心安排的：出站口首行是30人左右的军乐队，接着一边是戴礼帽、穿长衫的政府官员，一边是着军服、扛肩章的驻军长官。随后是地方乡绅及两列着装整齐、青春年少的中小学生，他们穿着青一色白底蓝条纹的学生服，有的手里捧着鲜花，有的手里拿着小旗。此前，学校规定四年级以上的小学生、中学生才能参加迎接仪式，体育老师忙着操练排队、敬礼等各种礼仪。最后是舞龙队、舞狮队，这些人个个身体剽悍，浓眉大眼，与摆放在他们身边的狮壳、龙身倒十分相似，少数几个甚至像庙门前弹琵琶、耍蛇的四大金刚，豹头环眼，面目狰狞。军警全副武装神情警惕地在人群中钻来走去，总以一种怀疑一切的睥睨眼光窥视着周围的人群，他们既怕出乱子，又希望逮着一两个捣乱的混蛋而立功，因而一副斜视的眼神与抿紧的嘴唇，让人一看便生怨。

约下午3时许，遥听“呜呜”的喇叭声自远而近由上机口传来。这是法国米其林快车的声音。已经几个小时的等待，人们双脚站得酸痛，两腿站得发麻，年纪大点的甚至感到头晕目眩了。好容易盼到头，一阵骚动，大家交头接耳，

米其林机车到达开远火车站

纷纷议论起来："谢天谢地，总算来了！"

果然来了。车站内军乐队的军号声响起来了，"立正""敬礼"的呼叫声此起彼伏。高高地挂在皂角树上的鞭炮点燃了，"噼噼啪啪"响个不停，胡乱敲打的鼓锣声也跟着响了起来，山鸣谷应，其热闹喧嚣不亚于节日庆典。

大家偏头直往车站方向看去，只见一排武装士兵背着枪在前边走过，接着一位手持白宽边草帽、身穿旗袍、肩挎小皮包、足蹬高跟鞋的女人，夹在一位着长衫马褂的长者及一位西装革履的男士中间姗姗走来，风姿绰约，不断向两旁伫立的群众频频挥手还礼。漂亮女人后面还跟着一大群五颜六色、穿戴华丽的省府官员与陪同女士，如铁路总局的王督察长、刘总局长、分局的金分局长等。其威严，其得意，其狐假虎威的样子不及言表，但却装出一副对下属与平民谦和的样子，因而反映出来的是一张张虚伪的皮笑肉不笑的丑恶嘴脸。

县党部书记长、陈县长、驻军头目、乡绅名流立马走上前去，毕恭毕敬地脱帽行礼，那90度的鞠躬，与平时在县里趾高气扬简直形成了天壤之别。

“啊！谁是蒋委员长，怎么看不出？是不是在车上还没下来?”虽然大家从未见过蒋介石，但很多公共场合挂有他的大照片，熟悉得很，在被欢迎的人中似乎没有这张面孔，于是大家议论纷纷，同学们更是疑惑不解，窃窃私语。后来得知，蒋介石根本没来，只有他的夫人宋美龄、蒋的秘书陈布雷及部分随行官员到开远。当时大家都感到有些失望。

当宋美龄走到学生行列时，步子停在崇文女校小队前，有个女生勇敢地走上前去，将手中的鲜花献给了宋美龄，并礼貌地行了个学生礼。面对这质朴、纯情的小女孩，宋美龄有些受感动，拉着这个同学的手一时不知说什么好，莞尔一笑，摸摸她的脸，随手送给她一块手帕才走开。回校后大家还争着看这块手帕。

在车站大铁门左侧有一幢红瓦黄墙的两层洋楼，四周空地上种着几棵圣诞树，即中国的孔雀杉，外围栏杆上缀满了鸡冠花、爬山虎、丁香花，风格优雅别致，这是法国人开的洋酒楼，也是当时开远县最高档的旅馆。在大小官员的簇拥下，一出车站，宋美龄就直奔这个旅馆。

令人意料不到的是，就在宋美龄下塌的当天晚上，发生了一个小小的插曲。一个平时嗜酒如命的四十多岁的板车夫，歪歪倒倒地从烧豆腐摊上向车站方向走来，手中捏着喝剩一半的白酒瓶。不知是醉意朦胧、神志不清，还是知道有“大人物”垂顾而有意发泄，当走到车站附近时，他突然将手中的酒瓶猛力向法国洋酒楼方向抛去。“咣!”一声清脆的声音划破夜空，这可吓坏了在洋酒楼四周值夜班的警察、军警们，他们荷枪实弹、枪弹上膛，连忙循声找去，在微弱的路灯下，只见玻璃碎片一地，再往前看，一个蹒跚的影子还在慢慢移动。人未走远，警察猛冲上前，两脚踢翻，原来是个口吐馊水的醉鬼。醉鬼被抓起来打了一顿，关了三天的禁闭，放了。值勤的警察、军警吓破了胆，也让县党部的头儿们一时慌了手脚。“阿弥陀佛，谢天谢地，总算有惊无险！”宋美龄走后多天，开远的官员们想起这事来还心有余悸，同时感到万幸。

几天以后，一幅24寸的黑白大照片，用精美的玻璃镜框镶着挂在车站进来的南鸿商号门口，引人注目。另外还有一幅16寸照片，拍的是宋美龄与当时驻开远火车站法国总办巴都的洋夫人一齐由车站北面过道走来的情景。几天来，开远县的老百姓一传十、十传百，纷纷传说宋美龄到过开远，还说有人投手榴弹炸她，可惜没响。然而传说归传说，没人亲眼目睹，因而大家都半信半疑。门上的小旗子还继续插着，每天早晨洒扫门前空地的习惯还暂时保留。直到一个多星期后，这些市民陆续到车站南鸿商号门口见到宋美龄到开远的那两张照片，始信传闻不虚，同时也遗憾自己不能一睹蒋夫人风采。

燕子洞宋美龄去了没有？没有。也不知是什么原因，宋美龄等人如蜻蜓点水般地只在开远住了一夜，除礼节性地会见了地方党、政、军头目外，什么地方也没去参观，次日又神不知鬼不觉地乘米其林机车返回昆明去了。或者宋美龄就为了乘滇越铁路列车兜风，浏览开远及南盘江两岸优美的自然风光，或者突然觉得到燕子洞不能保证安全，总之，一场兴师动众但又来去匆匆的开远之行结束了。数十年来，这件事成了开远人茶余饭后的闲谈聊资。

第十九章　传奇夫妇

火车司机黄绍山夫妻在滇越铁路上风雨一生，是滇越铁路产生与发展的活见证。他俩所生的10个子女，一半在中国，一半在越南……一切都演绎着传奇色彩。

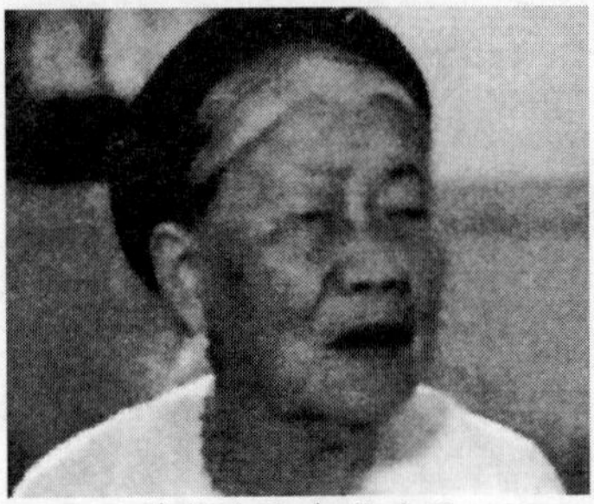
黄绍山之妻段氏雪

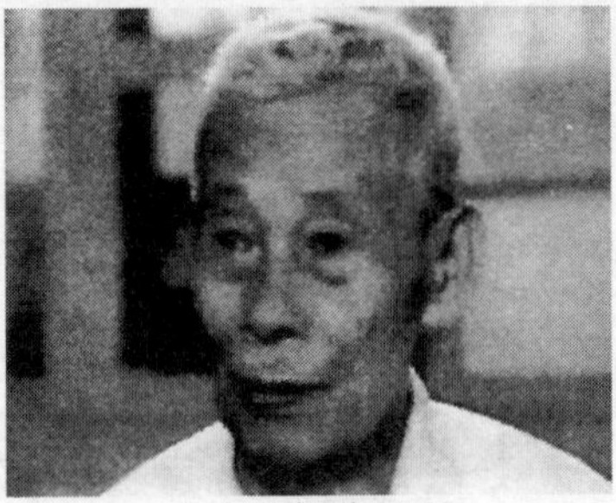
火车司机黄绍山

云南开远市是滇越铁路的枢纽站，也是滇南铁路、公路必经的咽喉要地。

这里有一个特殊的越侨之家，主人叫黄绍山，今年已97岁，滇越铁路退休职工；妻子叫段氏雪，家属，亦是87岁，均可谓耄耋老人，然身体健朗，无特殊疾病，思维清晰。黄绍山老先生性格内向，话不多；夫人则很健谈，讲起话来幽默风趣，滔滔不绝，对过去的事如数家珍。随着滇越铁路的开通，老俩口——当时的小俩口从越南来到中国，伴着近一个世纪的风雨历程，或颠簸坎坷，或平稳行进，走完了20世纪，迈入了21世纪。他俩的年龄，特别是黄绍山的年龄几乎与滇越铁路路龄一般大小。有趣的是黄绍山一辈子与滇越铁路结下不解之缘，生养了10个子女，男女对半，其中5个在中国，5个在越南，也是对半，又大多在滇越铁路滇段或越段上工作，于是就演绎出黄绍山执着、艰辛、荣耀的人生传奇色彩，且某种意义讲，这家人的生活可谓滇越铁路史的一个缩影。

时光倒溯到滇越铁路开通前后，要谈这对老人还得从那时讲起。

黄绍山1905年生于越南富寿省越池市的一个普通农民家庭，贫苦的生活使他未有机会上学识字。24岁时经人介绍在法国人经营的铁路上干司炉工作。加水、拌煤、铲煤进炉子、烧蒸气是黄绍山每天的正常工作。越南气候炎热，在机车头上当司炉可不是闹着玩的，如不是身强力壮又吃苦耐劳者，实难担当此任。然而，黄绍山少言语，多干活，任劳任怨，一干5年终于熬出头来。

1933年，黄绍山29岁，司炉出师，被调到滇越铁路中国段当火车司机。1966年在昆明铁路局开远机务段退休，是该段第三位高龄退休职工。其妻段氏雪，1915年出生越南，小黄绍山10岁，是黄的同乡，30年代初与黄绍山结婚，1933年与之来到中国云南。1934年到1964年的30年间，他俩先后生下10个儿女。为了养家糊口，段氏雪当过小贩，卖过香烟、瓜子、酒等小商品。解放后政府曾照顾她到当时开远县商业局工作，她后来离开单位自己做小生意。她不图发财，只图自由，嫌8小时工作制使她不能照看诸多的娃娃及每月38元的工资太低，是她离开单位的主要原因。生活的磨炼与社会的广泛接触，使她能听会说中国话，其熟练程度常使邻居们惊讶不已，如不经人说破，还认为她是地道的中国开远人。有些多年未听过的滇南一带的方言土语常从她嘴里涌出，让记者听了纳闷！不理解是什么意思，只好请旁边的开远人再“翻译”（解释）一遍，方知其义，于是惹得大家捧腹大笑，半天回不过神来。比如：“纵整？”（干什么？做什么？）、“赛个？”（哪一个？）、“肯克？”（到哪儿？去哪里？）、“解馊”（方便，上厕所）、“哀根人”（那个人）等，一句句土得地道，年轻人、外地人听了如坠五里云，要老开远人、老滇南人方知其义了。反之，黄绍山因一直从事司机工作，工作单调，接触社会人群少，加之性格内向，不善言辞，因而至今只能听懂少许的几句中国话，与外界交流，大多靠妻子段氏雪充当翻译。

近年来，黄绍山夫妇的传奇故事引起了新闻界的浓厚兴趣，中央电视台摄制组的同志来了，《云南日报》《春城晚报》《开远报》的记者来了，昆明铁路局宣传部、工会的同志来了。使得黄绍山一向清静、简朴的两室一厅的居室里顿时像春节时一样地热闹起来，记者问这问那，不时提出各种问题。有爱凑热闹的邻居、闲着无事的婆娘也跑到她家来围观，出门后则又跟周围人群说："啊呀呀，黄绍山老俩口成名人了，电视台、报纸的记者天天来采访啊？"不久，传得整条街巷无人不知，无人不晓。

在记者一再热心的启发、询问下，黄绍山慢条丝理但无限深情地讲了他30年代以来经历的一些故事。他说，从1933年到云南当司机，到1966年退休，每天往返于昆明、河口、海防之间，除去退休后到越南探亲及到昆明玩耍的时间，仅工作的33年中，在滇越铁路上也跑了近万趟，行程在800万公里以上。他熟悉这里的一山一水，一沟一壑，沿途的山形地貌、地名，包括小站上的职工，每座县城的风物特产、民族习俗。几十年来他的心早已融在滇越铁路上，一年到头习惯的思维、动作都是出车、开车，回到家里讲起的都是车上或路上见到、听到的故事。

1933年黄绍山有幸调到云南滇越铁路上当火车司机。由司炉（上煤工）变司机，工资待遇比原来高了，社会地位比原来高了。俗话说："天干三年饿不死手艺人"，火车司机毕竟是技术工人，当时不要说在中国，即便在越南也是一份很美的差事。滇越铁路滇段的司机，在刚通车的一二十年间基本上是越南人，原因是越南为法国殖民地，法国人要从它的领地派人担负重要工作；其次是滇越铁路越段通车早，有培养、产生司机及乘务员的良好基础，即便司炉，因在司机旁边长期工作，对司机业务早已谙熟于心，了解程序，因而一

列车行驶在多孔石桥上

到云南就可以当司机。而云南人，除了极少的官员、商贾，一般人连火车是什么样儿都没见过，更勿言其他了。

黄绍山的工资不菲，每月有7块大洋的收入，但由于子女多，40年代初他已有5个子女，加上妻子闲居，负担确实沉重。抗日战争开始后，滇越铁路通往河口、越南的运输中断，市场萧条，物价飞涨，人民生活困苦，大多数人只落个半饥半饱。那段时间黄绍山除了开车拿工资，每天下班回来或节假日，总是没命地帮熟人干木活，打家具，修门窗，挣点微薄的工资补助养家糊口。黄绍山没有奢求，更谈不上远大理想，他只有一个朴实的信念：既然生了孩子，就要让他们吃饱、长大成人，不讲高于别人，也要活得如别人，活得要有个人样子。

当谈到那段时期的生活，黄绍山妻子段氏雪的劲头来了，她快言快语地插话介绍了自己的情况。1931年段氏雪16岁，在越南卖小卷粉，黄绍山经常来吃小卷粉，他俩是在小卷粉摊上认识的，后经亲友缀合，于是不久后结婚。1933年到中国云南后，在开远摆过地摊，卖过香烟、糖果及酒类，挣点小钱，补助家用。抗日战争时期，日本飞机常来轰炸滇越铁路及开远。飞机来了，警报响了，那凄厉的声音叫得人心慌撩乱。老倌又不在身边，她背一个，抱一个，手拉一个娃娃躲防空，一点也不觉得累。讲到这里，段氏雪顿了顿，得意地说："大脚嘛，跑得动，不像中国女人，一双脚小小的，叫'三寸金莲'，走一步还不足一市尺。第一次躲防空还有点心慌，后来就像例行公事或赶街子，习惯了，坦然了……日子就这样一步一步地走过来了。"谈话间她语调轻松、爽朗，看得出她一生对生活重压的乐观与无怨无悔。同时从她的身材、说话的口气，看得出年轻时是个体态丰腴、利索、风风火火的女人。相反，黄绍山老实巴交，做事稳沉，与同事从不争吃打闹。当司机几十年直到退休，基本没出过什么事故，算是善始善终，兢兢业业，一生献给了滇越铁路。

黄绍山、段氏雪夫妇虽然自己没有文化，但他们认识到供孩子读书的重要性。平时含辛茹苦，省吃俭用，千方百计挣钱供孩子读书。1960年前后，是国家经济困难时期。这段时期黄绍山家的生活是怎么过的？工资主要保证买米，肉一个月吃一次，还是切点肉片炒在菜里。为了节约钱（实际是无钱），段氏雪每天早上十点钟后就提兜跑到菜市场，拣人家掉下的剩菜叶，一片一片积攒起来，拿回家洗干净炒熟后当菜吃。"穷人的孩子早当家"，孩子们很听话，从不埋怨父母。在家勤做家务，在校努力学习，终于没辜负老俩口的希望，大多大学毕业，最低学历也是高中。现在黄绍山的10个儿女，今年最大的已67岁，最小的老十也37岁，他们中大部分都在中越两国的滇越铁路上工作。

老大黄明星，1958年参加工作，在昆明铁路局宜良机务段，1968年为了响应越南政府回国支援建设的号召，与丈夫一道到越南河内铁路机务段工作，现已退休；老二黄国照，云南省冶金学院毕业，1968年回到越南，以后又回到中国留学4年，回越南后先在《新越华报》当编辑，后在越南民政部从事福利管理工作，目前在越南国家旅游局任职；老三黄碧金，一直在昆明铁路工程总公司三段生活室工作，二个子女，均是大学毕业生。老四黄国雄；老五黄越强，1969年回越南支援建设，1973年在越南南北统一战争中不幸阵亡；老六黄海云，在开远铁路房建段工作，丈夫也为开远人；老七黄桂英，1973年回到越南，在铁路上工作；老八黄春良，1984年西南林学院毕业，分在建水县林业局从事林业技术工作；老九黄国平在开远机务段工作；老十黄雪兰在开远铁路菜市场从事个体经营，她富有越南特色的小卷粉店生意还不错，招徕四方客，令人食后不禁啧啧称赞。

越南是黄绍山的故国、故乡，中国是黄绍山的第二故国、故乡，他对两国两地都怀有深深的情缘。中国和越南既

开远车站一幢完整的法式工房

是一衣带水，又通过滇越铁路紧紧相连。同样，通过滇越铁路，也把黄绍山夫妇的一生一世，以及他俩的子孙们紧紧联系。最近，当记者采访黄绍山老人时，他通过老伴段氏雪翻译，表达了这位97岁高龄越侨心中最纯朴、最真诚的感情：感谢新中国，感谢共产党，感谢滇越铁路给了他和他的全家带来的幸福和实惠。

列车来了，列车去了，联系中、越人民和中、越两国的这趟列车在不停往返。每当周末晚上9点32分，从越南河内开往中国昆明的634次国际联运旅客列车徐徐驶入开远火车站时，在宽敞，明亮的站台上，借着泛蓝的灯光，黄绍山夫妇互相搀扶着，深情而又生怕遗漏地认真注视着列车的每一个窗口。当列车停稳后，一个身着越南铁路制服，年近五旬的中年男子急忙跳下车，向黄绍山夫妇俩走来。他就是黄绍山的四儿子，现在越南铁路客运段从事专职翻译工作的黄国雄。特殊的工作使黄国雄每周来中国昆明一趟，政务之余，也顺便看望一下年迈的双亲。时间虽短促，却是很好的机遇。

中越国际列车在开远站停留的时间不长，短短8分钟的相聚时间就要过去了，在车站催开的电铃声中，老人依依不舍地向儿子挥手告别，儿子也匆匆地跨上列车。平时，黄国雄常会带些大米，水果等土特产品送给父母，以表自己的孝心及对父母的问候。有时老两口也会煮几个鸡蛋、买点水果、糕点给儿子送去；有时他们之间也仅仅为了见上一面，说说家常话而已。一年365日，十年3650日，滇越铁路把这对老夫妇与儿子的心紧紧地连在一起。当然，每年春节，黄绍山、段氏雪分别在中、越两国的儿孙们都会乘滇越铁路列车到开远探望他们。此时黄绍山家可谓拥挤不堪，儿子、孙子加起来近50人，叫爷、叫奶、叫公、叫婆的喊声络绎不绝，其热闹场面让子女少的人家忌妒。家里住不下，常常要到旅馆里登记住宿。而每年冬季，黄绍山、段氏雪也会乘这趟火车去越南看望那边的儿孙。

当然，在屡次到越南探亲中，最令黄绍山夫妇激动是1997年。黄绍山先在开远市办了出国护照，接着到越南驻昆明领事馆办了到越南的出国签证。因为是探亲，黄绍山、段氏雪又是越侨，签证顺利通过。这次回国探亲对于黄绍山夫妻意义实在重大，他俩自到中国开远后，已经近70年未回过故国越南，岂不兴奋，岂不激动。

十月金秋，越南北方不可能有红枫满地的景象，但气温从盛夏的40度左右降到20余度，气候凉爽多了。黄绍山携妻乘滇越铁路列车过了河口，从老街进入越南，往下的路段尽是坦荡的平原，一望无际的田野。一路上他俩在想：家乡

开远车站

街道上的石板路是否依旧？孩童时的小树是否长高了？明星、国雄他们是否已经成家……总之，思绪难平，旧忆难抹，情感激荡。列车到达海防后，他俩又坐了半天的汽车，终于到了阔别数十年的家乡富寿省越池市，见到了他们想念多年的长期在越南工作的子女黄明星、黄国雄、黄桂英，其中惟不见老五黄越强，大家也不知道他的下落。

这次到越南探亲，令黄绍山最为兴奋的是意外见到了失散多年，时已99岁的亲姐姐黄绍芬。见面时他俩抱头痛哭，声泪俱下，好半天回不过神来，让身边的子女担心，四周围观的邻居个个垂泪。

直到1999年，黄绍山、段氏雪第二次返越探亲，才真正落实了老五黄越强在1973年的越南南北统一战争中不幸阵亡的消息。

如今，黄绍山夫妻已近百岁，可谓垂垂老矣，然身体硬朗，也许是长年正常劳作的结果，虽经数度坎坷，然生活的信念不减，并成了他俩有力的精神支柱。令他俩欣慰的还有子女个个有工作，生活愉快幸福，且对他俩又孝顺、又体贴。

开远的山高峻雄伟，开远的天碧蓝如海，在夕阳映照下，青山的顶部也如西边的天空映带了灿烂的桔黄色光彩。离山顶较近的几片紫色的、黛色的云被镶上红色、金色边，并不时变幻着美丽姿容、形态。太阳渐渐落山了，留下了西山顶上霞光万丈的半个天空及远山、近树、高层建筑，在夕辉中俱呈现一派金色，朦胧中宛若海市蜃楼，又仿佛欧洲童话世界的建筑。此时，黄绍山夫妇有事无事会常到车站上转悠，看看南来北往的火车，听听尖锐的鸣笛声，以寄托对滇越铁路、对“小火车”的深厚情缘。

第二十章　葡萄美酒飘香

谁能想到，一百年后的今天，交融着中法人民智慧与汗水的滇越铁路还衍生出“玫瑰蜜”葡萄酒文化及享誉神州的“云南红”“高原魂”。

旅美华人段晓绘自小生长在个碧石铁路一侧，乍甸是他的故乡。

乍甸以一条沙沟为界，坡度高一点的村子曰上乍甸，坡度平缓一点的村子曰下乍甸。

还是20世纪五六十年代，段晓绘家的天井（院子）里就栽种着一棵葡萄树，密密的，高高的，用木棒与竹子搭成的架子，遮满了半个天井。夏天，乍甸白天的气温平均在28℃左右。然而，当在葡萄树下，就凉爽多了，气温少说也降了2～3度。那葡萄粒大味甘，一串串，一堆堆，像傍晚天空垒起的云团，呈紫红色，美极了。当顺手摘一串拿在手里品尝，水晶般的味道直透心底。段晓绘不知那葡萄之名，几次问她的奶奶，奶奶也说不出个所以然，只告诉他，听说叫“洋葡萄”，是一个在蒙自那边车站上工作的村里人引种过来。

万亩葡萄园

到上世纪80年代初，段晓绘、段玥飞兄弟俩一个读初中，一个读小学，暑假常常到乍甸去玩，其中一个乐趣就是在院子的葡萄树下摘葡萄吃，一个人在上、一个人在下，搭成人梯进行采摘；有时他弟兄俩就直接睡在猪圈房顶（平顶）上，一边睡觉聊天，一边信手采葡萄吃；或者一家人在葡萄树下打打牌，杀杀象棋。

后来，因原因种种，大家都离开乍甸到外地工作，晓绘的奶奶也因年岁过高，生活不能自理，也跟着他的叔叔到了个旧。乍甸家空置了，院子里的葡萄树也因无人浇水，慢慢地枯死了，甚为可惜。大家偶尔回到乍甸家中，只见院子里从石罅间长出的青蒿树一人多高，像一片小树林，墙上爬着的“七里香”倒长得茂盛，一团一团，像绣球，仿雪团，还离几米远就可嗅到它的香味。也不知怎么在杂草中还长出了一两棵向日葵，金黄金黄的，总是绽出笑脸，像笑迎朝阳，

水晶般的葡萄

也像是笑迎家人的归来。从前院到后院，看到的是名副其实的“百草园”。大家不免有几分凄怆，因为它总能勾起美好的童年回忆，包括三四岁时爬在柿子树上，一人在下边摇曳，多数人坐在树上算乘车。一边摇，一边叫：“到个旧了，到昆明了，到北京了。”那时小孩子心中的昆明、北京是梦幻的地方，有如天堂般神秘，悠远。好在家里的葡萄树没有了，但晓绘的堂姐小红，十多年前曾截枝移植到倘甸双河村她家的院子里栽种，长势很好，在木条与竹枝支撑下，葡萄树悬满了空旷的半个院子。论色、论味、论粒子之大小，与上世纪六七十年代乍甸家里种的那棵一般无二，也算移植得好，没有绝后。

碧色寨车站有位职工家属付存仙老太太，已近90岁，但身体健朗，思维清晰。她对记者讲述的，或者说对碧色寨既往生活留恋的一个是“水”，一个是“葡萄”。她没文化，但这些事都是她的亲身经历，又多次讲述，所以讲起来有条有理，毫不紊乱，一讲就没完。

她说："我上世纪30年代约18岁，就从蒙自山区来到碧色寨，嫁给一个养路工。"当谈起"自来水"时，她兴致勃勃地说："开始使用自来水，我感到十分新鲜、奇怪，一根铁管插在地上，管子头有个小扳手，一扳，水就流出来了。用起来倒是挺方便的……太方便了，吃水又不用钱。水就在家门口，洗衣服、做饭，想放（水）就放，想洗（衣）就洗，自由极了。"

付存仙喜欢讲的另一件事是法国葡萄。她说："原来碧色寨四周水果种的最多是石榴和葡萄。夏天，房前房后，车

二十世纪八十年代乍甸家庭院里种植的葡萄

站东、西两边的山坡上多的是，谁摘谁家的吃一点都没关系；谁去谁家逛门子（串门）抬出来招待的都是石榴与葡萄。那石榴果大仔水，那葡萄粒大仔甜，好吃极了。现在人老了，碧色寨的石榴与葡萄也几乎绝种了。石榴少了，跑到蒙自新安所去了（实际是新安所进行大面积种植），法国葡萄也没有了，听说跑到弥勒那边去了（实际是弥勒进行了大面积种植）。唉，有什么办法，就象我的儿子、孙子，一个也不留在碧色寨，都出去工作了，有的在个旧，有的在昆明……”这比喻不算很恰当，但饶有趣味。

问她好吃的石榴与葡萄叫什么名，她说：“石榴最好吃的叫‘大绿仔’、‘水晶掌’；法国葡萄只有一种，叫‘玫瑰蜜’。”她讲的话无疑解决了几十年前种在段晓绘家院子里的“洋葡萄”的具体称谓及来源出处。

据昆明铁路国际旅行社的李碧加同志讲，他父母原来都在碧色寨车站工作，父亲是技术员，母亲是电话接线员，小时候他就是在碧色寨成长的。在《时下的碧色寨》一篇文章中他写道：

“在碧色寨的法式建筑群内，生长着紫色的葡萄藤，这种紫色的葡萄藤后来被证实是法国纯种酿酒葡萄‘玫瑰蜜’。据说，1960年一群下放劳动的干部和技术人员来到这里，将紫色葡萄枝条剪下，分别带到了他们所劳动的农场培植，这就是后来酿造出云南干红的葡萄树。”

“碧色寨，她不是一个模仿和翻修的作品，她是一部真实的历史文化……大通公司内仍然生长着一种法国人带来，没有人关注的寂寞的白色小花，哥胪士酒楼成为农家的仓库；云南第一个网球场上晒着谷穗；不知什么时候停止转动，表盘里刻着‘paris’的法式古钟；石门框、黄墙、水塔、上水斗，一切都那么真实依旧。”

"真想坐在车站高点的石板上，打开一瓶云南干红，喝上一杯法国咖啡，静静地去追求当年母亲、父亲工作的足迹，去寻找我孩提时生活过的空间。"

《时下的碧色寨》文章不长，只有一千余字，但文笔不错，写得亲切、生动、感人，让人在不长的文章中对碧色寨的历史文化，对作者的故土情结，有一个真实的了解。作者有这种情结也不奇怪，因为他就出生在碧色寨，就取名曰"碧加"。少儿时代的生活及所见所感是人生最美好的。

关于葡萄藤、"玫瑰蜜"的故事很多，优雅而浪漫，比如宜良、碧色寨，芷村一带铁路人会说，以前铁路边到处种着葡萄，坐在车上，伸手往外，都可以抓一串拿在手里，然后在车上慢慢细品。这可能太夸张了。但是，"玫瑰蜜"属欧美杂交品种，是酿造红葡萄酒的主要品种之一，由法国人经滇越铁路带进云南的事实确有迹可寻，有据可依。

1903年，滇越铁路开工、法国人从越南进入云南，开始了长达7年的修路工程和长达30年的铁路管理和经营。法国人进来了，滇越铁路沿线也开始出现一座座教堂、法式医院、酒楼。在铁路沿线的很多法式庭院里，种满了丁香花、紫藤、爬山虎，此外还种植了法国名种葡萄"玫瑰蜜"，时间大约是1905年。种植"玫瑰蜜"既是一种环境的点缀，也是一种生活需要，紫色的葡萄一到成熟的季节就会传出诱人的香味。葡萄酒是天主教中不可缺少的圣物，在做弥撒的时候，葡萄酒是最珍贵的圣血。法国人酿酒很讲究，滇越铁路通车后，他们专门从法国运来了储存美酒的橡木桶。

滇越铁路线上，法国人开始用传统的酿酒工艺亲手制造酿酒工具酿造葡萄酒，于是，滇越铁路沿线出现了西式的饮食文化。如今在滇越铁路上，还有老人不仅会种植葡萄，而且还会自己酿造葡萄酒。在那个年代，生活在铁路边又稍有经济条件的人，临睡前喝一杯葡萄酒，或一杯咖啡，已经习以为常。

在法国人经营铁路的时候，“玫瑰蜜”多数都种在滇越铁路沿线的小站上，它既点缀了小站风景，成为庭院装饰、纳凉的棚子，又是珍稀的果品。上世纪五六十年代，在芷村车站站长室旁的小院里，就生长着一棵纯种“玫瑰蜜”，它以粒大味甘而享誉周边村镇，享誉滇越铁路沿线。

云南红葡萄酒产业（集团）公司的首席品酒师刘薇说，玫瑰蜜第一次大量在云南种植是在1958年前后，大批特殊的知识分子来到弥勒，其中有不少从法国留学归来的科学

笔者个旧市上乍甸村的故居

家。这些科学家在法国留学期间，曾到葡萄酒之乡波尔多考察过，中间还有大批的植物学家、农学家，他们在法国学会了种植、酿造和品味葡萄酒。他们中的部分人，因戴着“右派”帽子，而被分配到弥勒县东风农场接受“劳动改造”。

令他们惊喜的是，在滇越铁路线上，他们所经过的小站，竟然寻找到了紫色的葡萄藤，找到了优质的酿酒葡萄——“玫瑰蜜”。更令他们惊喜不已的是，看到芷村车站上的那棵良种葡萄树“玫瑰蜜”，于是爱不释手，小心翼翼地剪截下多枝，拿到弥勒东风农场栽种。

葡萄堪称自然界最神奇的物种，它不畏干旱，生命力顽强；也不争贫瘠肥地，却奉献出优质的果实。弥勒最高海拔1500米，最低纬度北纬25度、光照条件良好，是最适宜种植“玫瑰蜜”的宝地。这群留学回来的知识分子决心在东风农场试验种植“玫瑰蜜”，并教会了当地农民种植葡萄树，酿造葡萄酒。在弥勒的滇越铁路旁，虽然随着路权的收回，法国人撤离后，传教士、修女都已经没有了踪影，但弥勒的农民却学会了用原始的方式酿造葡萄酒。

开始，弥勒的葡萄并没有形成规模气候，更没有形成统一的销售渠道，东风农场葡萄酒并没有名声，甚至在葡萄大量上市的季节，农民还会为烂价和不好销售而着急，无奈，只好降价贱买。

早在1980年改革开放初期，刘加强担任东风农场基层领导，也正是这一年，他冒险在东风农场种植了250亩“玫瑰蜜”酿酒葡萄。精心呵护之下，葡萄茁壮成长。之间也经历了水源中断、干旱、雪天等灾害，但刘加强与职工们一起克服困难，终于保住了葡萄。

弥勒葡萄酒真正享有商机并享誉社会，是20世纪九十年代，香港通恒国际投资公司董事局主席武克钢随夫人回云

法国进口的葡萄酒桶

南探亲，知道了东风农场栽种着可以酿造优质葡萄酒的“玫瑰蜜”，于是他决定在弥勒投资。1997年，武克钢斥资投入，在弥勒东风农场创建了云南红葡萄产业（集团），扩大了“玫瑰蜜”及其他葡萄品种的种植面积，引进了法国葡萄酒的先进生产设备，成立了葡萄种植研究所，创建出亚洲最大的酿酒葡萄种苗基地。而今，从不成规模的葡萄园，发展到今天葡萄种植面积超过3万亩、年产量超过2万吨的企业。谁也没有想到当年滇越铁路开通及法国人普通的饮酒生活习惯，会在百年后给云南带来无限的商机。而喝红酒的习惯也逐渐深入到百姓的日常生活中。

不可否认，米轨和云南红酒密不可分。云南现在的葡萄酒是通过滇越铁路带来的，是传教士和修筑管理滇越铁路的法国人带来的。紫色的“玫瑰蜜”在火车的轰鸣声中扎根高原，并一棵棵，一片片，一园园，一代代，经久不衰，茁壮成长。

好花还要绿叶配，好酒还要木桶装。橡木桶和葡萄酒密不可分。高档名贵的红葡萄酒离不开橡木桶盛装。为此，在云南红酒庄的酒窖里，储存好酒的酒桶都是从法国专门运来的橡木桶。

优质的酿酒葡萄“玫瑰蜜”，加上从法国运来的橡木桶和软木塞，这种1+1+1=3的简单加法，铸就了云南红美酒的法式原味。

刘薇说：“‘玫瑰蜜’是一个好品种，最能代表云南红酒的风格和独特的品种。”她始终记得自己初次品尝“云南红”时的感觉，“闻起来像是玫瑰花瓣，还有一点蜂蜜的味道。喝一小口，舌头在嘴里搅一搅，让舌头经过的地方都接触到酒体，所有的味道都出来了，整个口腔都是香的。”其专业水准令人赞叹。

这就是“玫瑰蜜”的味道。

“云南红”有干红、干白两种，如果窖藏10年以上的，品质更高，味道更好，相应的售价亦高。

弥勒葡萄有多种，如：金秀、无核白、蓝色海洋、枣核密、红蹄、瑞原、水晶葡萄等，但“玫瑰蜜”系极品，黑葡萄也为上乘。

弥勒葡萄酒有多个品种，目前“高原魂”是顶级好酒，会喝酒的朋友介绍说，“高原魂”是用原汁葡萄酒，经二次蒸溜而得，其纯度、浓度都更高，品质品味也更高，更接近原汁葡萄香味。它有烈酒的质感，又有果酒的口感，对喝酒人特具诱惑力。品尝之，一不小心即醉入云梦之乡。如今云南有此佳酿，实在令人感到骄傲与自豪。

今天，当人们又走到滇越铁路与个碧石铁路交接、换装站碧色寨车站时，看着一百年前在滇南鼎鼎有名的哥胪士酒楼，设想当年大家在酒楼上品酒论道，喝法国葡萄酒、洋咖啡的滋味，以及看到高鼻子、蓝眼睛、白皮肤的洋吧女的绰约风姿，煞是一番异国情调。令人感慨的是，如今已物是人非，碧色寨衰落了，哥胪士酒楼沉寂了，门上扣了一把大铁锁，里边成了农家堆放杂物的仓库。

谁能想到，一百年后，交融着中法人民智慧和汗水的滇越铁路，还衍生出“玫瑰蜜”葡萄酒文化，衍生出享誉神州的“云南红”“云南干红”“高原魂”。这又与法国人当初修筑滇越铁路的目的和初衷事与愿违，结果是有力地促进了中国云南的经济、文化、社会的发展和进步，促进了云南工业文明时代的到来。百年前法国人并未想在云南生产葡萄酒，但物为我用，产生了法国人意想不到的另一种结果，云南人生产出了法国原味的葡萄美酒。

其实，科学知识、思想文化没有国界，它是人类共有的财富。葡萄美酒飘香，大面积种植法国名种“玫瑰蜜”，铸就法式原味的云南美酒，与其说是一种机缘、机遇，倒不如说是一种必然。与滇越铁路一样，它是中、法人民智慧，中法文化交融的结晶。

第二十一章　滇越铁路新歌

泛亚铁路的蓝图为百年风雨的滇越铁路描绘了广阔前景，唱响了滇越铁路新歌。

泛亚铁路玉蒙线列车行驶在田野上

滇越铁路是云南最早的铁路，自1903年破土动工至今已整整100年，自1910年正式通车运营至今已90余年。在整一个世纪的云南铁路发展中，大致经历了三个大的阶段。三个阶段的特点各不相同，然循序渐进，构成了云南铁路的发展史，云南铁路发展的三个里程碑。

第一个里程碑为1910年至1950年间的创建起步阶段，包括20世纪50年代至60年代的恢复发展时期；第二个里程碑为60年代至70年代准轨铁路建设发展阶段，包括70年代至80年代铁路设备更新和技术改造时期；第三个里程碑为80年代至20世纪末的铁路建设大发展阶段。在三个里程碑中，第一个里程碑的起步至为艰辛，实现了零的突破，改变了云南数千年交通阻塞的落后状况；第二个里程碑也实现了一个零的突破，结束了云南数十年来“火车不通国内通国外”的怪异状况；第三个里程碑的成果尤为显著，以南昆铁路的建成通车为代表，显示了云南铁路建设在改革开放中的伟大硕果，标志云南铁路从旧有落后的境况向一个现代先进的境界飞跃。然而，无论如何，它们相依相并，相辉相映，为云南百年来的经济、文化发展起到了重大的推动作用。

云南的第一条铁路自然是1903年开工、1910年竣工的昆明至河口间的滇越铁路，即昆河线。实际上云南人常讲滇越铁路，包括本书所称的滇越铁路，专指滇越铁路滇段线路。

滇越铁路滇段全长465公里，是当时法国为扩大其在华势力范围，进一步掠夺云南资源，于1893年向清政府攫取了自越南边界向中国云南省修筑铁路权力后而修建的。法国提出了四项要求，其中第三项即要求“从越南往中国云南省城修造铁路一道”，如不答应，则兵戎相见，“派舰重办”。软弱的清政府迫于法国的压力，终于承认了法国在中国云南的修路权，同意“中国政府允准法国政府或所指法国公司，自越南边界至云南省城修造铁路一道”。然而，滇越铁路（滇段）的修筑对云南后期的经济发展确实起了不可低估的作用。

1915年，个旧绅商一方面受滇越铁路通车后产生的效益、实惠影响，同时又为了抵制法国展修滇越铁路通向个旧矿山，于是集资修建了个旧至碧色寨、石屏的寸轨个碧石铁路。该路1915年开工，1936年建成通车。个碧石铁路全长177.2公里，是云南最早的寸轨铁路，它与滇越铁路一道被世人称为“云南小火车”。

于是，从20世纪初叶到40年代末，云南铁路通车里程米、寸轨铁路合计659.5公里，年运货量达36.5万吨，客运量达183.7万人，形成了云南铁路初具规模的创建起步阶段，即第一个里程碑。虽然它的形成经历了屈辱与辛酸，曲折与盘旋，或用现在的标准看技术标准低，设备简陋，管理落后，然而，它却是100年前的列车，当时世界上最先进的交通工具。中国云南是一个多山的省份，以往数千年一直沿用秦汉时代的五尺驿道以缓慢的速度创造着文明，直到20世纪初滇越铁路开通后，才出现现代化的交通，它不仅结束了中国云南几千年来原始封闭的自然经济、小农经济状态，引进了西方现代文明、工业文明，同时也给云南带来了经济、文化发展的契机，促进了云南现代文明的进程。

1950年，云南获得了新生，云南铁路也获得了新生，路权彻底回到人民手中。面对原铁路的低标准技术及简陋设备，特别是1940年在抗日战争中，国民政府为阻止日本人由越南进入中国云南的企图，炸断或拆除了滇越铁路河口至碧色寨间的100多公里的路段，在党和政府的关怀下，从1954年至1960年间，云南铁路进入了恢复和发展时期。该时期从量上看未有多大变化，仅为前期的补充，但却有着质的深刻变化，一方面由铁道兵用一年多的时间修复了昔日已破坏的路段，同时也发动职工进行了技术革新、技术革命运动，对旧设备进行了维修、改造，于是，运输能力与运量均有所提高。到1960年，云南铁路包括滇越铁路、个碧石铁路，货运量达657.5万吨，为新中国成立初期的18倍，客运量达398.2万人，为新中国成立初期的2.2倍。

60年代至70年代，随着国民经济的发展，云南准轨铁路步入发展时期，形成了云南铁路发展的第二个里程碑。此时，1958年破土动工的贵昆铁路，经过铁道工程兵8年的浴血奋战，于1966年3月建成通车。从此，云南铁路迈出了新的一步，与全国铁路联网，结束了云南无准轨铁路的历史，也结束了“云南18怪，火车不通国内通国外”的无奈而尴尬的历史。

1966年，“文化大革命”开始，全国掀起了“大串联”高潮，云南的“造反派”“红卫兵”出省“串联”，正赶上贵昆铁路开通，他们从昆明出发乘的即是这趟列车。当时大家心旷神怡，虽然列车车厢拥挤不堪，有时甚至无立足之地，但抑制不住大家首乘准轨列车出省的激动心情。

1966年至1970年间，云南出省物资主要通过贵昆铁路运出。

1960年，成昆铁路云南境内开工，1970年7月1日正式通车，全长1100公里，总投资31亿元。成昆铁路的建成通车，加上已通车的贵昆铁路，使云南的铁路运输跃上一个新的台阶，不仅使云南铁路的出省通道又增加了一条，且大大改善了云南交通落后的状况。

成昆线的筑路工程是艰巨的。成昆线上山大坡陡，高山耸峙，深谷纵横，地质情况极其复杂。这里暗流潜伏，岩体破碎，围岩稳定性差。出洞又进洞，桥隧紧相连是成昆铁路

泛亚铁路玉蒙线涵洞

玉蒙线建水站

之特色，当时誉为中国铁路工程中最为艰巨者，桥隧的长度在全线中占了大部。在隧洞施工中，塌方，涌水不断，险象环生，不少施工战士就在这种恶劣的工作环境中为了祖国的建设事业牺牲了宝贵的生命。在成昆铁路沿线，不少车站旁屹立着一块块烈士纪念碑，它深刻记下了这些为边疆建设而倒下的一个个年轻战士的名字。

70年代至80年代是云南铁路发展的设备更新和技术改造阶段。党的十一届三中全会召开，如春风卷扬，使万物苏生。云南的经济像全国一样迅速发展，货运量激增，原有的铁路设备和运输能力已远远不能满足需要。为此，中央把这个老、大、难问题列为“六五”“七五”期间的国家重点工程，对贵昆铁路进行了电气化铁路改造等。该工程1984年动工，1990年7月17日完工，总投资6.3亿元，云南境内占3.5亿元。改造后的贵昆铁路面貌焕然一新，年货运输能力提高之大令人咋舌，竟由过去的690万吨上升到1900万吨，增长了175.4%。行车速度也相应得到提高，从而甩掉了云南“火车没有汽车跑得快”的帽子，实现了云南列车速度上的一个飞跃。该时期是60年代以后建成的成昆线、贵昆线的完善、改造，跨出的是重要一步，一起成为云南铁路建设发展的第二个里程碑。

80年代以后，改革开放的春风吹遍神州，云岭大地处处呈现生机，经济在持续、稳定、高速地发展。云南列车无论准轨、米轨客货运量每年都有大幅度增长，仅1993年经成昆、贵昆两条干线，由昆明铁路局管内就发送旅客777.7万人，发送货物2146.2万吨，发送出省物资首次突破1000万吨大关，达1017.5万吨，实在是可喜可贺。铁路运输事业的发展，明显加快了云南经济腾飞的步伐，在云南经济发展中有着举足轻重的地位和作用。为此，昆明铁路局多次受到云南省委、省政府的嘉奖。

90年代，云南铁路建设发展进入新的重大发展时期，即第三个里程碑。经济实力雄厚，科技先行，重点突出，全面开花是该时期铁路建设的特点。

南昆铁路的建设是云南铁路高科技现代化建设的表率，历时6年便完成了南昆线云南段长899公里的高难度的铁路建设，且不少工程创下了中国之最、亚洲之最。

1997年12月，南昆铁路从祖国西南腾起，穿越滇、黔、渝，它“造福西南人民”，对振兴西南少数民族的经济发展有着重要意义。

南昆铁路东起广西南宁，北接贵州红果，西至云南昆明。相对高差2010米。其间有8次大的起伏，两个地质构造带，还有泥石流、滑坡、岩溶、膨胀岩（土）、高瓦斯煤系地层及烈度地震区。

南昆铁路长度仅为京九铁路的1/3，土石方则超过京九10倍，隧道、桥梁长度是京九的3倍，连起来长达275千米，火车有30%的路程是在大桥与隧道里通过。为了锁住山体，稳固路基修筑支撑结构，所用石块和混凝土以1立方米连续摆放，长达4000多千米，从北京到广州可排一个来回。

多年来，由于资金、技术能力限制，所筑铁路均围着山头、河流旋转，弯道多，坡度大。南昆铁路不再重复昨天的故事，在蜿蜒的群峰中，火车基本直线穿行。尾芽到册亭，汽车要走5小时，火车穿过山腹中的两个隧道，只需七八分钟；横跨清水河，原来要绕100多千米，修了清水河桥后，峰间的里程缩到360米。

全线3000米以上的隧道有8座，其中米花岭隧道长达9392米。有土石9370万立方米，熔岩达375千米，膨胀岩（土）146千米，7度以上地震区达220千米。然而，建设者化害为利，结合工程安排科研试验37项，推广新技术19项。

八渡南盘江大桥长530.18米，高115.69米，是我国目前设计最新颖、V形支撑最高、科技含量最大、施工技术最先进的铁路大桥。在大江激流中高矗的12根桥墩高80米，最大直径9.6米，像巨手高擎南国的万里苍穹。世界许多大桥

玉蒙铁路列车即将驶出车站

玉蒙线蒙自站

均于离地面仅几米的桥墩上进行V型支撑，而南盘江大桥却在离江面73米的高空进行V型支撑。“世界第一大桥”的德国格明登莱茵河大桥的跨度比“南”桥稍大，但高度却只有它的1/4。

全长4980米的家竹箐隧道，长度在南昆线中位居第二位，但却是一座危机四伏的隧道。要穿过隧道1/4长度的15个煤层，瓦斯含量最大为19.5m^3/T，压力力1.9mpa，有的煤层具有瓦斯突出的高危险性。然而，各种困难都被南昆铁路建设者逐一克服。他们靠什么？靠科技进步，靠先进的现代化技术设备。勘探部门采用孔间声波等物操手段，进行掌子面前方溶洞、断层、暗河、瓦斯等不良地质预报；掘进采用进口门困式四臂液压钻孔台车；运碴采用立爪装碴机将石碴装进梭式矿车，一车就是8~12吨。为了提高工效，通过斜井、横洞与正洞联系，使工作面由两个变为多孔双向工作面，实现“长隧短打，全面开花”。有的隧道采用机械衬砌

三路交汇，雄伟壮丽

——模板台车机械化施工。工人从洞外用高压输送泵把搅拌楼（自动搅拌）的混凝土送进模板台车，如此支砌的洞拱，不仅表面光滑明亮，且衬砌速度惊人。

云贵高原地质复杂，施工环境恶劣。在勘测设计过程中广泛采用区域网布设外挖点技术，以及电算加密、地面摄影、遥感、CAD辅助设计等几十项新技术。于是，南昆铁路创造了中国铁路建设史上的多项新纪录：清水河大桥以183米的桥高跨越马岭河峡谷成为第一高桥；八渡南盘江大桥以离江面73米高空进行V形支撑而成为世界V形支撑第一高桥；米花岭隧道全长9392米系全国单线铁路第一长隧道。另外，高瓦斯隧道的掘进、营运，铁路施工中的癌症——膨胀土的克服、松软路基的施工等都成为今后筑路的范例。

六载奋战，百年梦圆。南昆铁路掀开了中国铁路建设史上新的一页，标志着我国山区铁路建设达到一个新水平。

与此同时，云南省内的铁路，在国家的帮助下也迅速发展，滇西方向已修至楚雄、大理，滇南又增添一条铁路专线由昆明通到玉溪。而与四川相通的另一条铁路内昆线，于2002年5月13日9时45分，由“江南煤都”贵州六盘水市，首趟列车一声长鸣，呼啸出站。于是，872公里的大动脉，托起滇、蜀、黔、渝4省（市）两亿人的百年之梦，在大西南广袤的土地上，又一次泼洒浓墨重彩。俗话说：“舟非水不行，国无路不兴”。内昆线宛若缎带，形似飞虹，再次铺就了沿线各族儿女的致富之路。这些干线，专线铁路的建成、建设，形成了一个云南铁路的交通网，以云南政治、经济、文化中心省城昆明为核心，向省内、省外，甚至国外辐射。交通状况的改善，必然使云南丰富的资源优势变为强大的经济优势。相信条条巨龙的轰鸣，带来的将是丰饶富裕，其中包括旅游资源都得到很好的开发和利用。如今，在党中央开发西部的号角声中，云南要建设民族文化大省、旅游强省，交通成了重要的一环。可喜的是，时间进入2002年，当人们以欣喜的心情跨入新千年之际，云南的交通，不仅铁路，包括航空、公路都得到全面发展。改革开放以来，云南新建或扩建了一批大型机场，形成了拥有6条国际航线、40条国内航线、1条地区航线的四通八达的空中交通网，公路网络进一步完善，有7条国道、61条省道，做到县县通公路，乡镇亦相连，80年代以来，高等级公路建设形成高峰，公路等级普遍提高，与铁路网一样，以昆明为中心，高速公路向东、西、南、北各个方向不断延伸。

新时期云南全面发展的交通，促进了云南铁路向新的高度迈进。

在云南铁路建设的三个里程牌中，早期滇越铁路的建设为后两个阶段打下了基础。然而，在新时代、新时期它也从未停止过前行的脚步，特别是20世纪七八十年代，更以崭

泛亚铁路笔直的玉蒙线

新的面貌、矫健的身姿为云南的经济、文化建设立下赫赫功勋。

中华人民共和国1949年成立，云南1950年和平解放。滇越铁路列车经过40余年的奔驰，跨入了一个崭新的时代，崭新的社会。同时，滇越铁路也不再是法国人纵横驰骋的时候，路权已彻底归属中华人民共和国与中国人民所有。但是，滇越铁路列车经过40年的艰苦工作、长期磨损，加上抗日战争中日本飞机的狂轰滥炸及国民政府为阻止日本人进攻云南、重庆，而对碧河线的人为破坏。因而，50年代初期，云南米轨铁路凭借的是法国人留下的身被重创、简陋残破的机车、车辆与线路，并在百废待兴的云南经济建设中超负荷地运行着。仅滇越铁路开远到昆明段，货运量，1950年为29.9万吨，1957年增长到234.7万吨，客运量1950年为147.8万人，1957年增长到380万人。

随着社会的变化与云南经济的发展，设备老化的米轨铁路愈来愈不适应需要。为了挖潜提效，保证滇越铁路在云南经济建设、乃至祖国建设中继续发挥积极作用，在50年代中期至60年代初期，新中国对滇越铁路进行了两个大手笔的修复、恢复和技术改造活动。

其一，50年代初，第一任铁道部部长吕正操亲自主持了滇越铁路河口至碧色寨段的恢复重建工作。当时正是新中国财政紧张时期，仍拨款1976.3万元用于该路段的重建工作，说明国家对它的重视、对云南经济建设的关心，于是1956年在全面建设社会主义的号角声中，铁道兵昂首阔步，奉命来到云南，8月2日开工，在山大箐深、气候恶劣的碧河线上艰苦奋斗。仅用一年多的时间，于1957年12月25日彻底修复了已瘫痪17年的碧河段铁路，并于1958年1月11日中国与越南签订了联运协定，7月1日正式运营，使中断了18年之久的中越国际联运得以恢复。同时，通过越南转口运输，沟通了云南与内地的联系，较过去由川、黔、桂经汽车运输到云南，每年最少可节约运费1.5亿元，更勿言节约时间和路程了。

铁道兵在20世纪五六十年代祖国建设中的作用是巨大的。他们以“团结、紧张、严肃、活泼”的部队作风，以敢打硬仗的“一不怕苦、二不怕死”精神，辗转于祖国大地最艰苦的地方。当时全国脍炙人口的一首歌曲《歌唱二郎山》唱道：“二呀嘛二郎山，高呀嘛高万丈，解放军，铁打的汉，下决心，坚如钢，不怕那风吹，不怕雨狂……”歌曲赞颂的即解放军挺进大西南中，筑路部队在修筑通过“二郎山”公路时，在冰天雪地中与天斗、地斗的豪迈气概，所不同的是在滇越铁路的恢复重建中，铁道兵在这里遇到的不是冰雪覆盖的崇山峻岭，而是气候炎热、瘴疠肆虐的大山峡谷，其艰难险阻一般无二。然而，仅用了一年零四个月的时间便顺利完成了任务，为滇越铁路的恢复重建立下了汗马

刚下列车的夫妇

功劳。

其二，对米轨铁路进行技术改造。这是一项当时铁路系统广泛开展的“技术革新，技术革命”运动。滇越铁路列车经过技术改造，机车、车辆改装成自动钩及空气制动机，取代了原来的链子钩及真空制动机。原来挽钩既笨重又必须人工进行，尤其挂车最危险，工人要采用蹲势，双手端起车钩连挂行进的列车，不少人因此伤残死亡。铁路干线安装了机械臂钣信号与连锁设备，改变了多年来车站值班员敲击钢轨与扳道员联络发、接列车的现状。提高区间的通过运转能力，在原基础上增设了9个会让站。从外局调入部分米轨或准轨改米轨的机车、车辆，大大增强了运输力。

在两大恢复、改造之后，紧接着在1970年，国家投资1700多万元，于该年1月开工，到10月1日完工通车，完成了蒙（自）宝（秀）铁路轨距由600毫米扩为1000毫米，即寸轨改米轨的改轨工程，实现了滇南人民多年来梦寐以求的“米轨联网、一票直通”的夙愿，避免了换乘中转麻烦，又节约了时间。至此，原个碧石铁路除33.9公里的鸡个支线仍为寸轨外，蒙自到宝秀近200公里的线路均为米轨，与滇越铁路连通无阻。

现在，年纪稍大一点的滇南人均清楚地记得，1857年以前，个旧、建水、石屏的乘客要到昆明，需乘寸轨“小火车”到碧色寨换乘米轨“小火车”。1957年之后，改到雨过铺换乘米轨火车。但无论在碧色寨或改雨过铺，每次换乘均感极端麻烦，加之到开远后又要耽搁一天，傍晚还要忙着排队登记旅馆及购买第二天上午到昆明的另一列车车票。开远天气炎热，一年有半年多在盛夏酷暑中度过，因而其辛苦可想而知。短短300公里的铁路线，需2天时间，换乘2次方能到达，在世界铁路史上也属少有。这种状况一直到70年代初期开远到昆明有了夜班车后才有所改变，省去了在开远住宿过夜的麻烦，时间上提前了近12个小时。

值得一提的是，蒙宝线的扩轨工程之所以进展顺利，费时不多。因为个碧石铁路修筑伊始，工程技术人员就认为碧色寨到石屏段线路随着社会的发展，将来有扩轨的可能和必要性，因而当时线路虽是寸轨，但桥梁、隧道却建筑为米轨的标准。数十年过去了，果然言中，不能不叹服当时工程设计人员的远见卓识。

70年代中期，铁道部投资6708万元，对滇越铁路滇段干线实行“以工务设备为主，以牵引动力为中心，以提高运能为目的”的全面技术改造。在保持轨距、限制坡度和小曲线半径的情况下，将全部25公斤/米轻朵钢轨更换为38~40公斤/米钢轨。对有问题、有疑点的桥、隧、路基进行认真整治。新建小龙潭大桥，增建开远北编组站；扩建王家营米轨换装站、昆明北站、宜良区段站，以及开远南客运站。从1978年开始淘汰了原外国生产的各种老式蒸汽机车，开始使用国产“东方红”21型液力传动内燃机车，客车厢改为当时最新装修材料“保丽板”制作的车厢，色调为浅灰蓝色，给人以淡雅、舒适感，如此，滇越铁路列车从头到尾展露了一种全新的面貌。到1985年，列车全部实现米轨牵引动力内燃化，平均牵引定数提高了10%。新造各种货车553辆，客车118辆。开远南、北场分别采用6502继电半自动闭塞，实行无线平面调车指挥。机车安装了自动信号、自动停车装置和无线电话。这些项目的技改实施，大大提高了滇越铁路的综合运输能力，更显示了时代社会的进步。

经过全面技术改造后的滇越铁路，加上改革内部经营机制和强化基础理论，运输生产能力迅速提高，也至达到历史最高水平。1978年至1990年间，货物发送量年均656.4万吨，较1978年前的28年年均377.1万吨，增长73.6%；较法国人管理时期的年均15.5万吨，增长42.2倍；较国民政府管理时期的年均20.3万吨，增长32.2倍。1978年至1990年间旅客发送量年均638.7万人，较1978年前的28年中年均454.6万人，增长40.5%，较法国人管理时期年均26万人，增长了24.6倍；较国民政府管理时期的年均120万人，增长了5.3倍。这些数字表明，社会制度的优异，时代社会的进步，必然带来经济、文化的繁荣发展。

社会经济、文化的发展有时是呈螺旋上升的，有时是直线，有时是折线，起伏跌宕，充满坎坷曲折。

祖国西南边陲的滇越铁路一样经历了劫难。

在1958年至1960年3年的“大跃进”中，米轨铁路在“左”的思想支配下，盲目追求高指标，争相“放卫星”，搞浮夸风、瞎指挥，不求实际、不顾安全地加大运输量，至使货运量从1958年的245.2万吨，猛增至1959年的428.4万吨和1960年的546.8万吨，创米轨铁路纪录，但是，在这“辉煌”的“成绩”面前，带来的负效应是规章制度松驰、管理混乱、设备失修、事故迭起。“大跃进”的3个年头，在滇越铁路滇段上年均发生的行车重大、大事故多达160件，真正创了历史上从未有过的“记录”。后来，1961年至1965年经过贯彻“调整、巩固、充实、提高”的方针，积5年的时间，才逐步医治了“大跃进”带来的创伤，得以稳步、健全地发展。

然而，一波刚平，一波又起。1966年起，“文化大革命”十年，瞬间击碎了米轨铁路在调整后出现的健康发展进程，滇越铁路沿线混乱不堪，无政府主义思想泛滥，规章制度名存实亡，运输生产陷于瘫痪，列车运转极不正常，时停时开。1968年全年完成货运量仅155.3万吨，是建国以来货运的最低记录。

但是，无论如何，滇越铁路在1950年到1965年间，它毕竟是云南运输的主动脉、大动脉，运力达到了历史最高峰。当时中国在修建昆明至贵阳、昆明至成都两条铁路，所需大量物质从中国沿海省份由海轮运往越南海防港，然后经滇越铁路运抵昆明，昆明再次成为中国西南货运集散中心。

1978年，春风吹拂，万物复苏，十一届三中全会的召开，标志着“文化大革命”结束，同时也揭开了中国改革开放的帷幕。米轨铁路在改革开放中，锐意进取，确立了以提高经济效益为目标，以实现安全生产为重点，以搞好经济承包、调动职工增运增收积极性为动力，以推行现代化管理为手段，以抓基础上等级和建设文明单位为途径的发展方针。从放权站段，搞活基层入手，实行分类承包，定额上交，多超多留的承包模式，层层落实，形成全员承包格局。分配上采取工资总额包干、利润工资含量包干等分配模式。制定了工资考核办法、安全经济责任制奖励办法、企业升级承包责任制奖惩办法，逐步形成责、权、利相结合的激励机制。如此，不仅大大提高了职工生产劳动的积极性、主动性，而且还大幅度地提高了安全系数和生产效率。

在实行经济承包责任制中，有计划地运用现代化管理方法和手段，使传统的铁路管理步入现代化管理，全面提高了企业素质，成为滇越铁路在建国后的40年中最辉煌的时期。

春风卷扬，悠长浩荡，火树银花，钟声嘹亮。当人们越过20世纪90年代，扣响了21世纪的大门时，云岭大地处处释放着热能，创造着新生，创造着奇迹。然而，再美好的事物也有其不足。历经近百年，已垂垂年暮的滇越铁路（昆河线）却面临现实严峻的挑战和新的发展机遇。一方面云南经济持续、稳定、高速的发展，使滇越铁路昆明至开远段已接近饱和的运输能力与日益增长的运量不适应协调，滇南地区出省物资运输越来越受到准轨车辆不足的制约；另一方面是地区经济发展的不平衡性，使开远以南的运量增长缓慢，运

玉蒙线上宽敞的车站站台

能富余。再有是随着社会主义市场经济建立与发展，铁路死运价对市场活物价的矛盾日益加深，米轨铁路低运价、高支出的情况突出严重。而南昆铁路和昆河高等级公路建成通车后，方便、快速的南昆铁路与昆河公路汽车运输，对标准低、设备老化的滇越铁路面临强劲的竞争，甚至是一种严重威胁，致使一向兴旺发达的滇越铁路，哪怕是昆明、开远段的运输也处于衰减、萎缩状态。

诚然，挑战既是发展的压力，又是发展的机遇、动力。在党中央提出西部大开发的伟大战略部署及云南省委、省政府关于建设云南民族文化大省、旅游强省、国际大通道的重大决策之际，作为云南对外开放、连接东南亚各国的滇越铁路，将成为云南和大西南“打开南门，走向亚太”的前沿通道，并带动铁路沿线外向型经济、文化、旅游业的蓬勃发展。深化改革，转换机制，扩能改造，发展多元经济，是滇越铁路在新时期面临的新的决策及再展雄姿的时刻。

特别是“泛亚铁路”的设想，更为滇越铁路的发展描绘了一幅壮丽的蓝图。据《人民日报》载：中国等亚洲7国共建的泛亚大铁路已提上日程，它将从西南直达新加坡，使这一经济繁荣地区拥有一条便捷的“黄金走廊”。这条铁路起自云南省会昆明，经越南、柬埔寨、缅甸、泰国、马来西亚，最后抵达新加坡。它将把中国与东南亚各国紧密地连接在一起，为各周边国家的贸易往来、金融投资以及经济技术合作创造良好条件。中国在不久前的东盟“10+1”会议上宣布，将出资500万美元资助上湄公河的航道疏浚工程，并启动泛亚铁路，有关官员表示，工程将在明年进入实际操作阶段。中国铁路工程总公司将负责泛亚铁路最先启动部分……建成后，从吉隆坡到新加坡的时间将缩短一半。现代国际关系研究所东南亚问题专家说，修建泛亚铁路是中国政府今年提出建立“中国—东盟自由贸易区”后，迈出的实质性步伐之一。“如果自由贸易区建成，中国与东盟间的贸易额将大幅增加。铁路作为交通命脉，将起到不可估量的作用。”2002年4月，铁道部调研组到云南就泛亚铁路走向做专题调研认为，泛亚铁路是我国连接东南亚、南亚的重要通道，其建设对云南开发丰富资源和旅游，开展扶贫工作、促进经济发展十分重要，有必要纳入国家铁路建设规划。云南省委表示：泛亚铁路的建设激发着云南各族人民发展经济的信心。

在泛亚铁路可能最先形成的东环线上，首要的自然是利用、改造历经百年风雨的滇越铁路。按照建设构想，途径中国昆明、越南河内、柬埔寨金边、泰国曼谷、新加坡吉隆坡——全长5220公里的泛亚东线在云南境内的走向正与滇越铁路基本同向。其中，利用既有昆明—玉溪108公里一级地方铁路；新修通玉溪—峨山—大开门—宝秀准轨110公里铁

铁桥横空，玉蒙铁路跨越鸡街坝

路；改造既有宝秀—蒙自，约142公里米轨；新建蒙自至河口约160公里准轨。全线建成约490公里的昆河线准轨一级铁路。彼时，滇越铁路改为准轨，从昆明经玉溪、建水、蒙自、河口，直达越南和整个东南亚、南亚。包括贵昆、成昆、南昆铁路，以及滇缅铁路的建成，于是形成了云南铁路交通网，以昆明为中心，向全国、向东南亚、向亚太地区辐射……滇越铁路在唱响时代新歌，成为我国西南与东南亚各国连接的国际大通道。不仅具有悠久历史，更有着新时期不可替代的、诸如资源互补，经济技术合作、旅游等多方面的潜动力与发展远景……对于滇越铁路的未来，人们有了更多的企盼。

一百年过去了，历史不会忘记：

滇越铁路是人类伟大的创举，是世界近代史上最艰巨的工程之一，它与巴拿马运河、苏伊士运河并列为历史上三个

最艰巨的工程。在时间起点上它与巴拿马运河基本同步。

滇越铁路，对于云南人来说，是一段屈辱的历史，是一段疼痛的记忆。正如1910年3月31日昆明火车站举行滇越铁路通车庆典时，面对插着法国三色旗的火车，讲武堂总办李根源先生沉痛地对学生们说：滇越铁路通车，云南已沦为法国的势力范围，亡省之祸近在眉睫，希望大家记住这一天。是的，自从滇越铁路通车起，云南人民为了争回路权，进行了数十年不折不挠的斗争。

滇越铁路的建成通车，是当时中国的第二条国际铁路，大西南的第一条铁路。它打破了中国云南落后封闭的自给自足的自然经济状态，标志着云南地区对外开放及现代化之路的开始，最早迎来了西方先进的科技文化和工业文明信息，激活了云南地区经济的发展。

新中国成立后，人民政府做了许多重大的修复重建工作，1957年修复了炸毁拆除的铁路桥梁，恢复通车，并改名为昆（昆明）河（河口）铁路，仍经河口与越南境内铁路连接。1996年2月，又将20世纪70年代中断的滇越铁路再次修复通车，使之成为国际联运列车。

多年来，滇越铁路——云南南北大动脉，在加速云南边疆建设、振兴云南经济，巩固国防的建设中，都发挥了重大作用。

抚今追昔，不禁让人诸多感慨：

历史的车轮载着屈辱与欢乐，
岁月的沧桑伴着几代人在这里拼搏；
翻着陈迹的一页一页，
百年前的今天，
数十万顽强的路工，
在与大自然的勇敢搏斗中，

铸就了惊天的硕果。
从此——
一条长龙穿行于云岭群峰险坡，
它既是云南对外开放的国际列车，
也是一根硕长的吸管，
一把无形的经济枷锁……
往事不堪回首，
功过岂能涂抹，
毕竟——
云南百年列车，
越过了历史的道道旋涡，
满载云南人民的希望与重托，
在云南经济、贸易、文化、旅游事业中，
唱响了新时代的歌！

后 记

我用了半年多的时间，成就了《1910年的列车》一书，所用时间不长。但是，如果说内心酝酿写这本书，以及有意无意地搜集资料，则历时久矣，可以推到20世纪70年代初我在个旧红河州矿史展览馆工作时期。当时由于大量地接触个旧锡矿史与滇越铁路史而使我萌生一种想法，以这两个题材做点什么？后来在80年代写了《锡山史话》的小册子，里边含有滇越铁路的硕长章节。1991年调云南日报社以来，有了很好的机遇，能接触到云南文化的方方面面，特别是云南美术。因而使我有了信心和勇气写了一些东西，如《云南美术50年》《50年精品连环画鉴赏》等，似乎有一点小小的反馈与回声。

小时候我喜欢看古书，喜欢读诗词，自然与其他人一样崇拜古今名人。同时也受文人士大夫思想影响，即诗、书、琴、棋、画均应会应精，因而爱好广泛，文学、音乐、美术齐头并进，各占去了我读书时三分之一的课余时间，当时想，以后一定要以其中之一作为职业，至于"家"是绝不敢想的。愿望实现了，终于后来一直搞美术工作，而最近10年在不丢掉美术的情况下又搞美术评论，算是打了文化艺术的擦边球。而《1910年的列车》则是离开美术的文学创作，算是一种尝试。

写《1910年的列车》需要十足的信心和勇气。近百年来，滇越铁路就在云南人的身边，百年列车并未有一刻停息，始终在奔跑。且它的神秘，它的悠远，它的血泪，它的成果与功绩世人瞩目，但云南的有关历史书籍都不提或完全贬义地提及，似乎这条铁路对云南政治、经济、文化、生活压根就没有产生过任何影响。总之，历史学家、经济学家、作家、记者、画家们很想研究或表现这个题材，却又不约而同地回避、忽略这个题材。原因很简单，因为滇越铁路的修筑是在鸦片战争以后，中国逐步沦为半殖民地半封建社会的历史背景下，法国人为掠夺我国资源而修建的一条殖民性质的铁路。

但事实是：作为尊重历史、尊重事实、珍视记忆，滇越铁路都是一条有存在意义的路，它的建成标志着云南对外开放历史的开始，虽然这种开放是被动、被迫的，而滇越铁路却是当时中国的第二条国际铁路，中国大西南的第一条铁路。它在历史上对云南政治、经济、文化、人们的习俗观念有着较深刻的影响，带动了铁路沿线个旧、蒙自、碧色寨、开远、宜良、昆明等城市建设的发展变化和云南经济、文化的发展变化，促进了个旧锡矿、石龙坝水电站等现代工业的形成。总之，它打破了千百年来云南封闭落后的小农经济、自然经济的状态，促进了云南经济社会的转型发展。

由此看，《1910年的列车》一书之难，不在于文笔之好坏，素材之积累，而在于敢不敢正视滇越铁路的存在和影响，敢不敢正视它是法国人以掠夺为目的，且确实得到很大利益的同时，对云南来说也是一条有存在意义的路。因而我是鼓足了勇气才写作此书的，并力图以史为据，以事实为据，客观真实地反映滇越铁路的这段历史和影响。而尊重历史、触摸历史、勘探历史文化、积淀记忆、搜寻曾经失落的文明、正视它的存在，是我写作《1910年的列车》的目的和初衷。

我从小生长在个碧石铁路一侧的乍甸农村，不止十次百次乘坐过滇越铁路列车与个碧石铁路列车，对它们都怀有深深的情结，早就想为之做点什么？也画过有关“小火车”的画和拍过一些有关“小火车”的照片，但都未能尽泄我胸中之情，而此次写成《1910年的列车》一书，在某种意义上它圆了我儿时的一个梦。

我接触、积累、搜集“个旧矿史”“滇越铁路史”已多年，虽然当时无意成就一本书，现在却成就了。把卷帙浩繁的资料、采访手记、传闻变为一部长篇报告文学作品，实现了由量到质的嬗变，亦为快事。

我是搞美术和美术评论的，曾经出版过一些有关美术、美术理论评论的著述，写长篇报告文学，此书是第一回。而荣幸《1910年的列车》是直接反映滇越铁路的云南乃至全国的第一本研究云南历史文化之书。

如果现在或将来有作家、专家及后生学子在此书中能查到一些所需之资料，于学术上有所益，或对广大读者引起茶余饭后的谈资，让他们更深地了解滇越铁路，将是我最大的快慰。

本书的出版不过是山谷呐喊，更思引来清越的回响。

时间流逝，转眼到了2018年。《1910年的列车》出版至今已逾16个年头，该书出版以来受到广大读者的喜爱与赞誉，曾经在个旧举办该书签名售书仪式，一小时销售600余册，作者签名手都签麻木了；在云南大学举办“滇越铁路与云南”讲座，5分钟时间推出50余册。这种热烈场景令人难忘。在个旧搞签名售书活动时，市委的有关领导说：“这几年个旧搞的大型活动不少，但群众排队踊跃购书的场景确实鲜见!”

近年来滇越铁路在省委、省政府的高度重视下，各有关部门都在认真梳理、调研，提出推动滇越铁路保护、利用的意见和建议。

滇越铁路碧色寨车站为昔日特级站，位于红河州府蒙自市一侧。近年来工业旅游方兴未艾，吸引了省内外、海外诸多游客，特别是近期达到高峰，至2018年春节初一至初五，5天时间参观者逾10万，说明广大群众对滇越铁路依旧保持着关心、关注。因而，配合云南文化旅游事业的发展，努力宏扬云南历史文化，再度推出《1910年的列车》一书亦为必要，亦为必然。

为使再版更为凝炼，并增强视觉效果，在初版基础上删除了两章，合并了四章（合二为一），增加了一章，其余文字均保持原貌，未作大的改动。图片由原书的80余幅增至300余幅。另外，书中少量图片因无法查证作者，在此一并表示感谢！

岁月如流，岁月如痕，当年在艰难困苦中诞生，又走过多少辉煌的滇越铁路，留给人们多少遐思，多少记忆，多少荣耀。大家不忘初衷，思维犹如奔驰的列车，总向前延伸。

作 者

2002年12月初记

2018年4月再记